自助与成长

——大学生心理健康素养

SELF-HELP AND GROWTH: MENTAL HEALTH LITERACY OF COLLEGE STUDENTS

主 编 彭良平 周芝萍

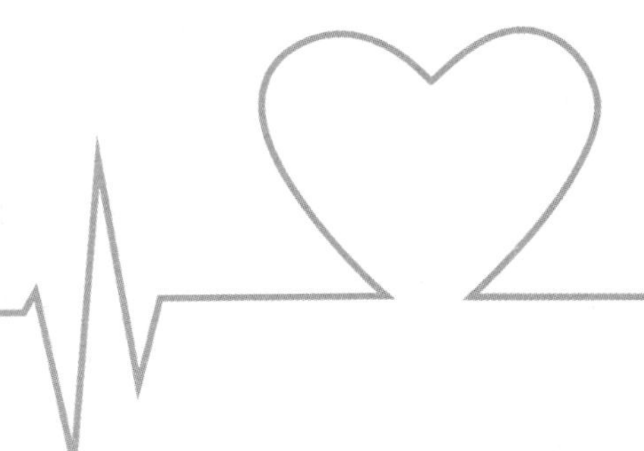

新形态

纸数融合教材

中南大学出版社
www.csupress.com.cn
·长沙·

编委会

◇ **主　编**

彭良平　周芝萍

◇ **编　委**

刘文辉　龚美霞　肖小月　袁盼盼

刘　曼　佘　丹　刘佳慧

前言

FOREWORD

习近平总书记在党的二十大报告中明确提出：要“重视心理健康和精神卫生”。新时代大学生心理健康不仅关乎个人的发展和成长，也关乎家庭和国家的未来。为充分发挥课堂教学在大学生心理健康教育工作中的主渠道作用，教育部印发了《关于加强学生心理健康管理工作的通知》，把全面加强和改进学生心理健康教育工作作为培育担当民族复兴大任的时代新人的重要内容，对大学生心理健康教育课程作了明确的要求。大学生心理健康教育课程是集知识传授、心理体验与行为训练为一体的公共课程。其目的是让学生明确心理健康的标准及意义，增强自我保健意识和心理危机预防意识，学会应用心理健康知识，培养自我认知能力、人际沟通能力、自我调节能力，切实提高心理素质，促进自身全面发展。

苏霍姆林斯基曾说：“教育首先是关怀备至地、深思熟虑地、小心翼翼地触及年轻的心灵。”大学生心理健康教育课程是一门关心大学生心理健康的课程，能够帮助大学生减轻心理压力、培养良好心理素养。大学阶段是人生最值得珍惜、最为美好的时光。在这个阶段，大学生的心理世界不乏热情、乐观等积极的能量，同时也会有面对挑战、挫折时的困惑和烦恼，比如：我是怎样的人？我怎么走出迷茫？我怎么总是快乐不起来？在压力和挫折面前，我该怎么应对？我要怎么做各种选择？爱情来了，我准备好了吗？我的心理要崩溃了，怎么办？大学生需要怎样的职业心理？因而，帮助大学生走出自我认识的迷茫，走过感情世界的风雨，适应社会的挑战，积极扛过挫折和痛苦，面对心灵世界的崩塌，是高校心理健康教育工作者的神圣使命和不容推卸的责任，也是我们编写这本书的初衷——触及大学生的心灵，让他们成为活得快乐、充实而有价值的人。

近年来，我校始终坚守心理育人主阵地，持续推进心理健康教育教学改革。在大学生心理健康教育课程的改革与探索中，我们精心设计了参与式、互动式和体验式的团体辅导活动，并在编委会同仁的共同努力下付梓成册。本书坚持科学性与艺术性的统一，以学生为主体，深入浅出、简洁明了、通俗易懂；贴近大学生的心理世界，源于大学生活，回归大学生活。希望本书能够切实地启发大学生领悟心理健康的意义，让每一个心灵都沐浴阳光。

目录

CONTENTS

第一章　拥抱健康
——大学生心理健康概述

本章知识图谱

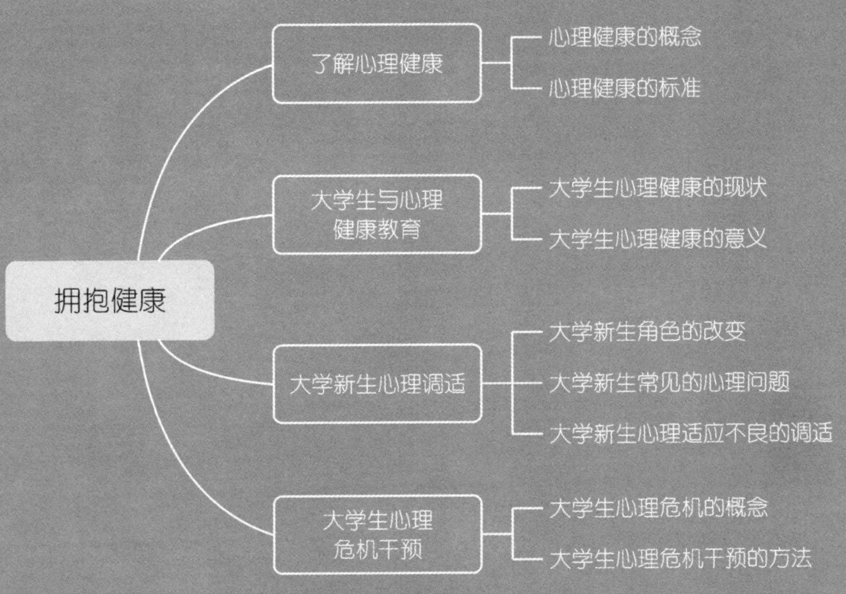

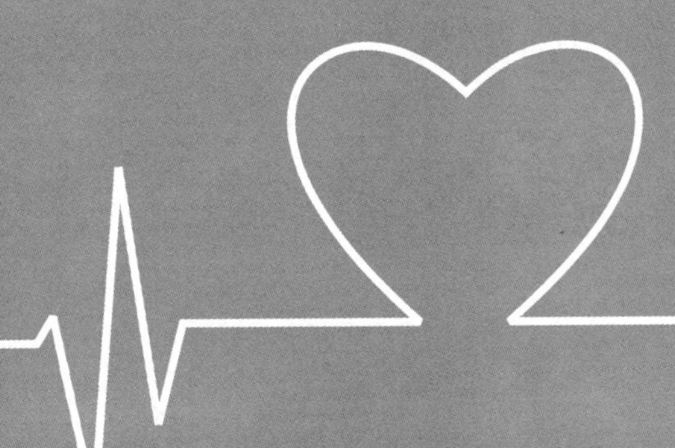

本章学习目标

1. 了解心理健康的概念、标准。
2. 学会用心理健康标准评估自己和他人的心理健康水平。
3. 学会一些促进心理健康的方法。
4. 让大学新生学会自觉进行心理适应的调适。

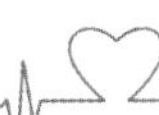

第一节　了解心理健康

心理讲堂

党的二十大报告明确提出，要“重视心理健康和精神卫生”。心理健康是道德人格健康成长的重要基础与前提，对帮助青年学生形成正确的“三观”和塑造健全的人格具有重要作用。

习近平总书记在全国高校思想政治工作会议上强调，“思想政治工作从根本上说是做人的工作”，要“培育理性平和的健康心态，加强人文关怀和心理疏导”。

高校心理健康教育应聚焦于为实现中华民族伟大复兴的中国梦而培养德智体美劳全面发展的时代新人，从心理层面解答高校立德树人中“培养什么人”和“如何培养人”这两个根本性问题；坚持育心与育德相统一，准确把握两者之间的关系，推动两者有机融合；深刻认识高校学生心理健康教育服务体系是高校思想政治工作体系的重要组成部分。

当青春遇上二十大，理想与家国情怀撞了个满怀。愿心理力量汇入同学们的心海，生逢盛世当不负盛世。愿大家都有广阔的舞台和光明的前景，施展才能的同时也要注意身心健康。

一、心理健康的概念

每个大学生都期望自己能有一个充实、幸福、完美的人生旅途，成为一个成功、出色的人。可是，怎样才能算是一个成功的人呢？是学业上的出类拔萃，还是事业上的功成名就？答案是不确定的。随着时代的发展，越来越多的人认识到，人生幸福、事业成功的首要前提是健康。健康是每个人都期待的。然而什么是健康，什么是心理健康，用什么标准衡量心理健康却不是每个大学生都十分清楚的，因为这涉及有关心理学的专业知识。

（一）健康的含义

1990 年，世界卫生组织将健康的含义确定为四个方面：一是躯体健康，就是生理健康。二是心理健康，就是人格完整，自我感觉良好；情绪稳定，积极情绪多于消极情绪；有

较好的自控力，能保持心理上的平衡；能自尊、自爱、自信，有自知之明等。三是社会适应健康，就是自己的各种生理、心理活动和行为，能适应复杂的环境变化，为他人理解接受，使自己在各种环境中有充分的安全感；能保证正常的人际关系，能受到他人的欢迎和信任；对未来有明确的生活目标，能切合实际地在各种社会环境中不断进取，有理想和事业上的追求。四是道德健康，就是不以损害他人的利益来满足自己的需要，有辨别真伪、善恶、美丑、荣辱、是非的能力，能按照社会公认的道德准则来约束、支配自己的言行，愿为人们的幸福做贡献。这是目前为止人类对健康最全面、最完整、最权威的观点，也是本书所采纳的观点。

(二)心理健康的含义

学术界对于心理健康有许多界定。1929 年在美国召开的第三次全美儿童健康及保护会议上，与会者认为：“心理健康是指个人在其适应过程中，能发挥其最高的智能而获得满足、感觉愉快的心理状态，同时在其社会中，能谨慎其行为，并有敢于面对现实的能力。”

我们认为，心理健康是指生活在一定社会环境中的个体，在高级神经功能和智力正常的情况下，情绪稳定，行为适度，具有协调人际关系和适应环境的能力，以及在本身及环境条件许可的范围内所能达到的心理最佳功能状态。

心理健康可以划分为两种状态：一种是正常状态，简称常态。个体具有正常人的遗传素质、生理条件，又生长在一个正常的环境中，生活中没有大的起伏和挫折，因此心理循着正常人轨迹发展。个体的常态行为与其价值观、道德水平和人格特征相一致。这是一种心理健康状态。另一种是不平衡状态，简称偏态。它指个体心理处于焦虑、恐惧、压抑、担忧、矛盾、应激等状态。一旦个体处于不平衡状态，就会首先通过“心理防御机制”来进行自我调节。如果调节无效，就得借助他人疏导来消除不平衡，恢复正常状态。偏态包括神经症、人格障碍、性心理障碍、精神分裂症等。如果出现这些病症，就要到医疗部门求助心理治疗和药物治疗。

二、心理健康的标准

“认识自己”是古希腊的一句至理名言，凝聚着人类的伟大智慧。人类在漫长的历史过程中，充满着对自我的探索。大学生心理尚未完全成熟、定型，在思想上、观念上、行动上都有着极大的可塑性。因此，只有正确地认识自己、了解自己，才能扬长避短，把自己塑造成理想中的人。心理健康的人，能客观地评价自己，并且悦纳自己，既不妄自菲薄，又不目空一切。他们能从现实的角度出发，把握自己的行为，从而使他们的行为与环境相适应。而有心理障碍的人，则总是以歪曲的观念看待自己与环境，把自己放在一个不恰当的位置，以不恰当的方式评价自己，评价自己与他人的关系，缺乏自知之明，这就使自己的心理永远无法平衡，也就不可能正确认识自己。作为一个大学生，我们要如何了解自己

是否心理健康呢？心理健康是否可以用某些标准来衡量？对于这些问题，由于所站的角度不同，心理学家们也有许多不同的观点。目前在我国得到普遍认可的标准主要有以下几个。

（一）心理行为表现符合年龄特征

人的一生要经历不同的年龄阶段，如童年期、少年期、青年期、中年期与老年期等，每个阶段其心理和行为都有其典型特点。处在不同年龄阶段的人均会有相应的行为表现。大学生是一个处在青年期年龄阶段的社会群体，他们的认知、情感、言行、举止应该具有与其年龄相应的心理特征，如精力充沛、朝气蓬勃、勤学好问、反应敏捷、喜欢探索等。反之，如果表现出精力衰竭、暮气沉沉、思维迟钝、懒于探索等症状，就与大学生的年龄特征不相符，就是心理与行为方面存在障碍或问题，就是心理不健康的表现。

（二）人际关系和谐

人际关系是心理健康的一个重要的指标。和谐的人际关系不仅是大学生心理健康的重要内容和指标，而且还是大学生获得心理健康的重要途径。大学生可以通过这条途径走上心理健康之路。和谐的人际关系表现在：能够接受他人，悦纳他人，哪怕是面对与自己意见不同的人也能够以诚相待；在与他人的交往中，能够以尊重、信任、友爱、宽容、理解的态度与人相处；能分享、接受、给予爱和友谊；能与他人同心协力，合作共事，乐于助人；有稳定的人际关系，有可信赖的朋友，社会支持系统强而有力。

（三）情绪稳定、乐观

情绪的健康程度也是衡量心理健康的重要标准。许多心理障碍、心理疾病往往都是由不良情绪引起的。那么，大学生具有怎样的情绪才是心理健康呢？我们认为应该满足以下三个方面的要求。

首先，愉快的情绪多于不愉快的情绪，积极情绪多于消极情绪。也就是说，在生活和学习中，一个心理健康的大学生，其喜、乐多于哀、怒，积极良好的心境占主导地位，具体表现为乐观向上，富有朝气，自信心强，善于自得其乐，对生活和事业充满希望。

其次，善于控制和调节自己的情绪，能使自己的情绪稳定在某种积极的水平上，做情绪的主人，而不是情绪的奴隶。同时，决不会让某种消极情绪“才下眉头，又上心头”，真正做到喜而不狂，忧而不伤，胜而不骄，败而不馁。

最后，情绪反应适度。情绪反应强度应与引起这种反应的情景相符合。例如，在喜悦的气氛中表现出与之相应的喜悦，在悲伤的气氛中表现出与之相应的悲伤，在愤怒的气氛中表现出与之相应的愤怒，即当喜则喜，当怒则怒。反之，一个人若经常在别人高兴时悲伤，在别人悲伤时兴高采烈，在应当义愤填膺时若无其事，显然就是心理不健康的表现。

(四)意志品质健全

健全的意志品质表现为意志的目的性、果断性、坚韧性、自制性。例如，在学习、训练等任务中不畏困难和挫折，知难而上，持之以恒；需要做出决定时，能毫不犹豫，当机立断；还能够为了达到目的而控制一时的感情冲动，约束自己的言行。

(五)自我意识正确

心理健康的人能体验到自己存在的价值，既了解自己，又接受自己，有自知之明，即对自己的能力、性格和优缺点都能作出恰当的、客观的评价；对自己不会提出苛刻的、过高的期望与要求；对自己的生活目标和理想的确立也能做到切合实际；即使对自己无法补救的缺陷，也能正确对待。

(六)个性结构完整

心理健康的人的个性特征是有机统一的、稳定的。如果知道一个人具有某些个性特征，一般就可以预见他在某种情况下会怎样行动。如果一个人的行为表现不是一贯的、统一的，则说明他可能存在心理健康问题。

(七)环境适应良好

对环境的适应能力是人赖以生存的最基本条件，"适者生存"是生物进化的普遍规律。在人的一生中，内外环境是不断变化的，有的变化还很大，因此人必须要对各种变化做出相应的适应性反应。而对变动着的环境能否适应，则是心理是否健康的重要标志。有的人适应能力较差，环境一改变，就紧张、焦虑、失眠；有的人则适应能力良好，很快就能适应已经变化了的环境。

(八)智力正常

智力是人的观察力、记忆力、思维力、想象力与注意力等多种能力的综合。正常的智力是人从事学习、工作、生活等各种社会活动的必要条件，也是反映一个人心理健康的核心标准。所谓智力正常，包括两个方面：一方面，是组成智力的各种要素，如观察力、记忆力、思维力等得到均衡发展；另一方面，是一个人的智力发展水平基本符合其年龄的特征。对于大学生而言，衡量其智力水平的关键是看大学生的智力是否正常地、充分地发挥了效能，即是否有强烈的求知欲和浓厚的探索兴趣；智力结构中的各要素在其认识活动和实践活动中是否都能积极协调地参与并正常地发挥作用；是否乐于学习，并充分体验到学习的乐趣。

心理自助

心理健康症状自评量表

心理健康症状自评量表(self-reporting inventory)，又名90项症状清单(SCL-90)，于1975年编制，其作者是德若伽提斯(L. R. Derogatis)。该量表共有90个项目，对感觉、情感、思维、意识、行为直至生活习惯、人际关系、饮食睡眠等均有涉及，并采用10个因子分别反映10个方面的心理症状情况。同学们可以扫描右侧二维码来测试一下，了解自己的心理健康程度。

注：该测试结果不能作为心理疾病的确诊依据，确诊须经专业医师参照相应疾病的诊断标准进行。

第二节 大学生与心理健康教育

心理讲堂

小明性格开朗、成绩优异，是同学们眼中的佼佼者。然而，在他心中，却有一个难以启齿的秘密。自从高中时期，小明就饱受焦虑症的困扰。每当面临考试、竞争和重要的抉择，他都会感到极度紧张，甚至出现呕吐、失眠等症状。进入大学后，小明的焦虑症状有所加剧。他担心成绩下滑、人际关系处理不当，以及未来的就业压力。这些问题使他在课堂上无法集中注意力，晚上也常常失眠。一段时间后，小明感到身心俱疲，影响了学习和生活。意识到问题的严重性，小明决定寻求帮助。他参加了学校举办的心理健康讲座，了解到自己的症状与焦虑症有关。在心理老师的指导下，小明开始学习一些缓解焦虑的方法，如深呼吸、冥想和积极思考等。同时，他还加入了一个心理健康小组，与同学们一起分享自己的经历，互相支持。

在经过一段时间的心理治疗和自我调适后，小明的焦虑症状得到了明显改善。他不再为未来的不确定性而担忧，学会了正确面对生活中的挑战。此外，他还积极参与学校的心理健康教育活动，将自己的经验分享给更多同学。

（资料来源，腾讯网，有删减）

一、大学生心理健康的现状

要维护和促进大学生的心理健康，必须首先了解大学生心理健康的现状。而要了解大学生心理健康的现状，既要研究大多数正常学生心理健康的状况，也要研究少数不正常学生存在的问题。根据许多大学从 20 世纪 90 年代以来对大学生所作的调查和测试，我国大学生心理现在具有以下三个显著特征。

（一）大学生的心理普遍健康

多所大学所做的大学生心理健康调查报告显示，目前绝大多数大学生的心理状况是健康的，心理不健康的大学生只是少数。值得一提的是，大学生的心理健康水平会随着年级的提高而提高，特别是生活态度与学习动机两项，年级越高得分越高。然而，调查报告中大学生的人际关系一项在各个年级之间波动较大。这说明我国大多数大学生的心理是健康的。

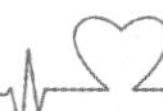

（二）大学生的心理调适能力较弱

大学时期是个人成长过程中又一次面临新的心理矛盾发生、转化并趋向成熟的时期。这个时期产生的心理矛盾，大部分还是在成长过程中出现的发展性问题。如抗挫折能力较低导致受挫后的情绪波动，社交能力不强引发的人际关系紧张，学习能力较差引起的学习困难，生活自理能力缺乏催生的过分依赖心理，自我认识能力不足从而不能正确认识和对待自己等。这些基本上都属于学生正常心理发展中出现的发展性问题，而非心理疾病。

大学生从入学开始，就会面临对环境的适应问题。离开了家庭，离开了中学时熟悉的老师和同学，来到大学这个陌生的环境，新的学校、新的学习秩序、新的老师和同学关系，都会使大学新生因感到生疏而一时难以适应，尤其是新的人际关系常常使他们不知所措。即入学后的另一个问题，就是原有的自我观念面临新的挑战。在中学时，他们都是各自学校的优秀者，受到家庭的宠爱、学校的重视和同学们的尊重。然而，进入大学以后，身处强手如林的集体中，许多同学原来的优势不复存在。有研究表明，重点大学的学生比非重点大学的学生心理问题更严重。有的学生感到自卑，开始与同学和老师疏远；有的学生为了博得新的成功和荣誉而重新努力自我完善，加入了新的竞争行列。大学生开始了自我观念重新调整的过程，而这时正是需要心理健康教育的时候。上大学以后，学习问题又将使他们产生新的心理矛盾：有的学生对所报考的学校或专业不满意，有的学生则不适应大学的教与学的方法，有的对自己的专业成绩感到不满意。到了二三年级，恋爱问题、择业问题等又成为引起他们困惑和让他们焦虑的问题。

这些问题都影响着大学生的思想和情绪，但又都是大学生成长中正常的心理问题，不属于心理障碍或心理疾病，完全可以通过加强心理教育和提高学生的心理调适能力来解决。处于成才道路选择时期的大学生会更加注重自身全面素质的培养，并迫切地期望得到大学高质量的发展型心理指导。因此，大学必须将心理健康教育全面渗透到学校教育的全过程，形成人人接受心理教育的局面。

（三）大学生是心理障碍的高发群体

尽管多数大学生的心理是健康的，但是与其他群体相比较，大学生仍属于心理障碍的高发群体。心理障碍是所有心理与行为失常的总称。通常所说的精神疾病、心理异常和变态行为都属于心理障碍。心理障碍可分为智力落后、身心疾病、神经症、精神病和变态人格等几种类型，这几种类型又可以细分为各种不同的心理疾病。大学生作为文化层次较高的群体，一向被认为是最活跃、最健康的群体。如果仅仅从躯体疾患的角度来看，这一看法是对的。但是如果从心理健康角度来分析这一群体，情况就不一样了。近几年来，国内许多大学应用《心理健康症状自评量表》对大学生的心理障碍进行测查，发现该量表所测的 10 项因子中，除躯体化一项外，其他各项因子皆显著高于国内成年人。这些测查结果都表明，大学生是心理障碍的高发群体，大学生心理健康的总体水平明显低于同年龄青年和中年人。

同时，有关专家学者的调查表明：近年来在校大学生出现心理障碍倾向的人数占总体的20%~30%，有较严重心理障碍者约占10%，出现严重心理异常者约占1%，而且心理不健康的人的占比有逐年上升的趋势。① 大学生心理健康问题已成为社会关注的焦点，且成为当今大学生休学、退学的主要原因②。因精神、心理疾患而休学的人数呈逐年上升趋势。如何使他们避免或消除由生活、学习压力而造成的心理应激、心理障碍，提高大学生的心理健康素养，帮助他们健康地成长，以积极的心理状态适应社会环境，使他们成为一个具备现代科学技术知识和心理健康的人才，是需要我们给予更多关注和深层思考的问题。

拓展阅读

大学生的主要心理问题

(1)学习目标不明确，缺乏学习动力，学习适应困难，考试焦虑，甚至厌学；

(2)人际关系处理不当；

(3)人生目标不明确，信仰危机带来精神空虚；

(4)恋爱与性的困惑；

(5)就业心理困惑，择业心理准备不足；

(6)意志不坚定，不能持之以恒；

(7)抗挫折能力弱；

(8)情绪调控能力差。

二、大学生心理健康的意义

成功，是一个极富魅力的字眼。大学时代，每个人都在设计人生，追求成功。真正的成功，与正确的自我认识、明确的奋斗目标、良好的生活适应能力、学业适应能力和人际关系是密不可分的。健康的心理，能在这诸多方面使个体具备良好的内部因素。可以毫不夸张地说，心理健康是大学生全面发展的前提和基础，也是他们在大学时代应重点解决的人生课题。因此，以维护、促进大学生心理健康为宗旨的大学生心理健康教育工作，便有了十分重要的意义。

---

① 樊富珉. 大学生心理健康教育研究[M]. 北京：清华大学出版社，2002：53，55.

② 彭卫琴. 大学生休学原因调查分析[J]. 护理学杂志，2006，21(15)：61-62.

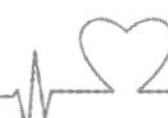

(一) 心理健康是自我确立的条件

自我确立，就是树立自己独立的需要结构与价值观，它是一个人告别不成熟走向成熟的一个重要标志，是一个人全面发展、走向成功时所面临的一个重要课题。有的大学生之所以常常感到失落、无聊，就是因为没有真正达到自我确立。现代社会变化迅猛，价值观趋向多元化，增加了一个人自我确立的难度。而一个人如果长期处于未确立状态，就会陷入一种心理上的混乱。这对于个人人格的进一步成长是极为不利的。心理健康的人，因为能正确地认识自己，知道自己的优势与不足，所以能有效地从纷繁的环境中吸取对自己有用的信息，及时调整自己的认知，比较顺利地确立自己的价值观。而这种价值观，又将作为心理的决定因素，支配着其对事物的看法、想法和行动，进而对统一个性起到重要作用。

(二) 心理健康是生活适应的基础

一个人从进入大学开始，首先面临的就是生活适应问题。大学生能否迅速适应大学环境，很大程度上取决于他们的心理素质如何。心理素质好的同学，能随着环境的变化进行自我调整，在新的环境中找到自己的朋友，建立新的友谊，开拓新的生活空间，产生新的归属感和稳定感；能排除各方面的干扰，很快地投入新的环境，步入学习生活的正轨。可见，生活适应，表现于生活的各方面，虽然细小，却对个人有着极大的影响。

(三) 心理健康是学业的保证

不可否认，成才的一个重要标志是专业领域里的出色表现。大学生是同龄人中的优秀群体，他们的智力潜能是较高的。然而，如何发挥这种潜能，如何尽快地掌握大学的学习方法，如何多方面地猎取知识、博采众长，如何使自己的认识能力、思维能力有一个质的飞跃，凡此种种，都与心理素质好坏息息相关。心理健康的人，有顽强的意志品质，能富有成效地工作；有良好的思维习惯，能正确对待暂时的失败与挫折。所有这些，都为学业上的成功提供了必要条件。而心理素质差的人，即使智商很高，聪明过人，也终日被自己的心理问题所困扰，不能正确地对待和处理所面临的问题，要么不能迅速适应自己的新角色，要么不能承受一时的挫折和打击，因而往往不能持久而有效地学习，也不能获得最终的成功。

(四) 心理健康是实现良好的社会交往的重要因素

社会发展到今天，个人的成功越发离不开群体。要想有所成就，不和他人交流几乎是不可能的，因此，社会交往显示出越来越重要的作用。良好的人际环境，不仅可以使自己心情舒畅，高效率地学习、研究，而且能有效地与他人交流信息，吸取他人所长，开拓自己的视野，转换考虑问题的角度，从别人那里得到有益的启迪。心理健康的人，最重要的一个特征就是能建立良好的人际关系，能接受他人，善于与人相处，能融入集体，能与他人相互沟通和交往，而培养健康的心理，可以帮助大学生有效地实现这一点。

第三节　大学新生心理调适

心理讲堂

静静是家中的独生女，刚刚步入大学生活的她，内心充满了对家的思念和对新环境的迷茫。这种孤独感和思乡情绪让她备受煎熬。事实上，环境适应不良是大学新生中常见的现象。这些新生刚刚经历了高中的学习生活，满怀着对大学生活的憧憬和期待，却没想到面临的是一系列新的挑战。这些挑战包括对自我认知的重新定位，对全新环境的适应，以及对未来规划的思考。面对这些压力，新生们常常会感到困惑、焦虑，甚至想家。长时间的负面情绪可能导致他们出现情绪低落、失眠等心理问题，严重时甚至可能引发心理疾病。

因此，对于静静这样的新生来说，重要的是学会调整自己的心态，积极面对新的生活环境。她可以尝试参加学校的各种活动，结交新朋友，逐渐扩大自己的社交圈子；也可以利用课余时间充实自己，如阅读、学习新技能等，以提高自己的适应能力；同时，还要保持与家人的联系，向他们倾诉自己的心声，寻求他们的理解和支持。

总的来说，大学新生需要时间去适应新环境，面对挑战时要有积极的心态，并寻求他人的帮助。只有这样，他们才能在大学生活中找到属于自己的位置，并健康成长。

（资料来源：腾讯网，有删改）

一、大学新生角色的改变

进入大学的校门，每一个大学新生所面临的都是一个全新的世界，无论是自然环境还是学习方法，无论是个人目标还是社会期望，都发生了很大的变化。长大意味着什么？意味着将面对更多的变化，意味着要不断地适应新的、更加复杂的环境。主动适应正是心理健康的重要标志。对于大学新生而言，知音难觅的孤独、中心地位的失落和强烈的自卑心理都可能成为其适应困难的重要因素。适应大学生活必然要经历一番痛楚，只有迈出这一步，才能体味到化蛹为蝶、凤凰涅槃的快乐，才能给今后的大学生活奠定良好的基础。在短期内尽快调整自己的身心，转变个人的角色，适应大学生活，是大学新生面对的第一个难题。当前大学生的入学适应问题主要包括心理的适应、环境的适应、日常生活的适应、学习的适应、经济状况的适应等。

进入大学后，由于各种环境和条件发生了很大变化，同学之间、师生之间彼此都不熟悉，需要一个相互了解、相互磨合的过程。对于大学生个体来说，这就是一个角色寻找与定位的过程。因为环境变了，一些同学未必能够找到自己原来在中学所扮演的角色，甚至一些原来在中学群体中处于中心地位的学生到了新的群体中也有可能被边缘化。当然，也有一些同学会因条件的变化和自身的努力，改变原来的边缘化地位而成为新集体中的重要角色。因此，在这个过程中往往容易产生角色冲突，如果这种冲突解决不好，就很可能会导致一部分同学出现不同程度的心理不适和心理障碍，如悲观、失望、自卑、嫉妒，与老师和同学形成对立情绪，甚至表现出很强的攻击性、破坏性。这既影响自己的健康成长，也影响集体的和谐安定。

二、大学新生常见的心理问题

(一) 失衡心理

这是一种因自己某种行为后果或境遇与预期相差甚远而感到失望的消极心态。产生这种心态的主要原因是理想与现实的差距，这是一种较普遍存在的、影响新生情绪的消极心理。有的学生认为自己未考好或志愿未填好，对高考结果不满，认为上此学校是一种无奈，带着沮丧、遗憾等复杂情绪入学，有的还产生了退学或转系的意向，更谈不上学习的目标与动力了。他们对录取学校或所学专业的不接纳、不认同，导致其对前途的茫然、失望，心理上的抵触情绪和失落感比较严重。

由于入学前将大学过分理想化，把大学生活想象得浪漫、神秘和多姿多彩，对大学校园充满憧憬，入学后却发现并非如此，有些大学生产生了很大的心理落差。过高的期望值与大学现实生活的反差，导致部分新生入学后出现情绪波动，产生失落感。

(二) 补偿心理

高中时期，高度紧张的学习生活是学子们终生难忘的。经过三年超负荷的拼搏，身心能量过度透支，入学后一时难以恢复，加上老师、家长和朋友当时为了激励他们考上大学，几乎把大学说成“天堂”，使很多新生产生“进大学等于享受”的错误想法，整天沉浸于交朋友、认老乡、玩游戏、看小说、谈恋爱等活动中。

(三) 茫然心理

高中阶段的具体学习目标是考进大学。若已经进入大学了，怎么办？大学是一个自由天地，有的是轻松的课程安排和供自己支配的自由时间。因此，如何选择并确定自己的发展方向成了一个主要课题。有的同学很快找到了位置，明确了目标，制订了周密的计划，然后立即开始行动；有的人则是彷徨的、徘徊的，找不到自己的生活目标。因为目标具有动力、导向和激励作用，中学阶段奋斗目标非常明确与强烈，即一切围绕高考而拼搏。面临严峻的升学压力，每个学生的生活都是高效、专注、充实的，个体的潜能被最大限度地挖掘。考入大学即实现了目标，如不及时建构新的目标，就会导致意志减退、行为懒散、内心空虚。

（四）自卑心理

自卑心理是在自己与别人的比较中产生的一种"己不如人"的心理感受，产生这种心理的原因有很多，如成绩、能力、出身、外貌、气质、经济、社会地位、所处环境等。例如，一些大学生在高中阶段属于学习领先者，有的是尖子生，得到的光环较多，经常被老师赞扬，自我感觉良好，但进入大学后，却发现"山外有山，天外有天"。这种学习和能力位置的重新排列导致一部分大学生产生很大的心理落差，由于对角色地位的变化缺乏足够的认识和准备，他们往往自我评价失真，从而产生自卑心理。

三、大学新生心理适应不良的调适

（一）正确的自我评价

自我评价是心理学中自我意识的一个方面，是指人对自身条件、素质、才能等各方面情况的一种判断。大学新生的自我评价得当与否，将直接影响其大学生活中的学习效能、职业选择和事业奋斗中的自信心。正确地进行自我评价一般可以通过两种渠道：直接的自我评价和间接的自我评价。

1. 直接的自我评价

首先，要认识到自己的自然条件，包括健康情况、心理状态、情感特点、兴趣倾向、知识水平、专业特长、智力情况、能力特点。此外，还可以测定自己的生物节律周期、智商指数、气质类型、性格类型等作为参考。其次，要比较自己在不同领域的实践中（如对各个科目的学习）取得的不同成绩，以发现自己的长处，确定奋斗的目标。

2. 间接的自我评价

间接的自我评价是指通过与他人行为的对照及情况的对比而对自己做出的评价。"不识庐山真面目，只缘身在此山中"，这是一些人不能对自己做出正确的自我评价的原因之一。当局者迷，那么就不妨用与他人相比较的方法鉴别一下。有的人可能不辨音律，却有高超的组织才能；有的人也许不解数字之谜，但心灵手巧，长于工艺；有的人可能不会琴棋书画，但酷爱大自然，精于文学；有的人或许记不住许多英语单词，但有一副动人的歌喉，擅长文艺。"尺有所短，寸有所长"，每个人都有自己的长处和短处。

(二)增强自信心

在大学的校园生活中，人总会有失意的时候。当在学习、生活中遭受挫折的时候，怎样才能重新建立自信心呢？英国心理学家克列尔·拉依涅尔提出了10条帮助人增强自信心的规则。

1. 每天照三遍镜子

清晨走出宿舍之前，对着镜子修饰仪表，整理着装，务必使自己的外表处于最佳状态。午饭后，再照一遍镜子，修饰一下自己，保持整洁。晚上就寝前，在洗脸时再照照镜子。消除对自己仪表不必要的担心，更有利于将注意力集中到学习上。

2. 不要总想着自己的身体缺陷

每个人都有各自的身体缺陷，完美无缺的人是不存在的，对自身的缺陷不要念念不忘。其实，人们往往并没有那么在意你的缺陷，只要少想，自我感觉就会更好。

3. 你感觉明显的事情，其他人不一定注意得到

当你在众人面前讲话感到面红耳赤时，你的听众可能只是看到你两腮红润而已。事实上，你的窘态并没有那么容易被其他人发现。

4. 不要过多地指责别人

如果你常在心里指责别人，这种毛病就可能成为习惯，应逐渐地克服这种缺点，总爱批评别人是缺乏自信的表现。

5. 多数人喜欢的是听众

当别人讲话时，不要急于用机智幽默的插话来博得别人对你的好感。只要认真地倾听别人的讲话，他们就一定会喜欢你。

6. 为人坦诚，不要不懂装懂

对不懂的东西坦白地承认，这不仅不会损害你的形象，还会给人以诚实可信的感觉；对别人的魅力和取得的成就要勇于承认，并致以钦佩和赞赏。

7. 结交知己

在自己的身边找一个能患难相助、荣辱与共的朋友，这样在任何情况下你都不会感到孤独。

8. 保持开朗大方的情绪

如果你害羞腼腆，不要试图用酒来壮胆提神，就算喝完了酒瓶也无济于事。只要你开朗大方，即使滴酒不沾也会受到大家的欢迎。

9. 建立良好的人际关系

拘谨可能使某些人对你含有敌意。如果某人不爱理你，不要总觉得自己有错，也不要勉强对方回应，保持适当的距离即可。

10. 避免使自己处于不利环境

一定要避免使自己处于不利的环境中。否则，当你处于这种不利情况时，人们虽然会对你表示同情，但同时也会感到比你地位优越而在心里轻视你。

(三)学会自我调节

1. 积极参加新生入学教育

参加新生入学教育是十分必要的。通过听报告、座谈等活动，可对自己可能遇到的困难、出现的问题有个思想准备。对校园环境要熟悉，多参加有益、健康的集体活动，并在活动中与老师、同学增加了解、增进友谊，尽快适应新环境。

2. 明确学习目标

许多新生入学后，往往会有意放纵自己，导致目标、理想、方向迷失，这是诱发心理问题的病灶。因此新生入学熟悉环境后，应立即确立一个新的学习奋斗目标。从心理学角度来说，有一个明确的目标，会使心理指向集中于一处。特别是订一些近期目标，会集中注意力，削弱心理问题对人的影响，摆脱因不适应而带来的心理困惑。有了明确的目标，就有了内在驱动力，它可促使人变得积极向上，从而有利于解决各种心理问题。

3. 学会与人相处

为了与同学和睦相处、交往顺畅，首先，应本着诚实的原则，以自己的诚心换取他人的诚心。其次，要了解自己和他人的优缺点和性格特性，找到相同点，这样交往起来就会比较容易方便。与人交往时，既要自尊，不要为了交往而有意委屈自己，同时也要尊重别人。在与同学交往时，应讲信用，学会谦让，积极关心别人；对一些不拘小节的人，要学会容忍，不要过于敏感。与同学产生不快和矛盾时，应通过换位思考，冷静处理。此外，应关心热爱集体，正确处理个人与集体间的关系。总之，要以一种平和、平等的姿态与人交流、沟通、相处。

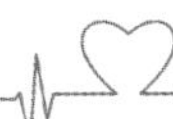

4. 积极寻求社会支持

大量的研究结果表明，在同样的负性情境下，那些受到来自家人或朋友等较多支持的人比很少获得类似支持的人的心理承受能力更高，身心也更健康。英国著名哲学家培根曾说："当你遭遇挫折而感到愤懑抑郁的时候，向知心挚友的一席倾诉可以使你得到疏导。否则这种积郁会致病……只有对朋友，你才可以尽情倾诉你的忧愁与快乐、恐惧与希望、猜疑与劝慰。总之，那沉重地压在你心头的一切，通过友谊的肩头而被分担了。"大学生在遇到问题和困难时，不要把自己封闭起来，应尽快找自己的好友或家人进行沟通，寻求他们的支持和帮助。当受挫后陷入极端恶劣的情绪中不能自拔、亲朋好友也无能为力时，大学生应该主动放弃偏见，学会寻找心理咨询的帮助，在专业咨询人员的指导下及时疏导负性情绪，维护身心健康。

5. 学会面对挫折

挫折对人来说是一种打击，更是一种挑战。一个人能否经受得起挫折，关键在于能否增强挫折承受力。如何提高挫折的适应能力，学会理性地对待挫折和积极化解挫折，是大学生大学期间必须认真面对和思考的人生课题。大学生只有掌握一些挫折心理的自我调适方法，才能够尽快、及时摆脱不良情绪的困扰，恢复心理平衡，更好地适应环境。常用的自我心理调适方法有自我暗示法、放松调节法、想象脱敏法和呼吸调节法等。

（四）善用心理咨询

心理咨询是指专业人员遵循心理学原则，运用心理学及相关知识，通过各种技术和方法，帮助求助者解决心理问题。需要解决问题并前来寻求帮助者称为"来访者"或"咨客"，提供帮助的咨询专家称为"心理咨询师"。来访者就自身存在的心理不适或心理问题，通过语言文字等交流媒介，向心理咨询师述说、询问与商讨，在其支持和帮助下，通过共同讨论，分析问题的症结，进而寻求摆脱困境、解决问题的条件和对策，以便恢复心理平衡、提高对环境的适应能力、增进身心健康。

1. 心理咨询的内容和形式

（1）心理咨询的内容。心理咨询的内容十分广泛，这是由人们丰富多彩、纷繁复杂的心理活动决定的。心理咨询的基本内容也因咨询场所和咨询形式的不同而各异，涉及人们生活、学习、工作的方方面面。例如，在学业方面，如何适应学校新的环境，解决学习动机问题，克服学习中的困难，缓解考试造成的压力及考试焦虑，如何克服学习中遇到的挫折，如何确定个人专长、培养专业兴趣等。在工作方面，如何对待职业的分工与选择，如何避免工作中的疲劳与厌倦情绪，提高工作效率等。在人际关系和社会行为方面，如何克服交往过程中的害羞、孤僻、自卑、角色固着、封闭等心理障碍，如何赢得别人的喜悦、理解、信任和尊重等。在婚姻家庭生活方面，如何处理好恋爱中的问题，如何选择配偶，处理好夫妻、子女、兄弟姐妹等家庭成员之间的关系，如何教育好子女等。在心理发展方面，如何认识各年龄阶段人们的身心特点和发展规律，促进和保证个人在认知、情绪、个性和行为方面正常和协调地发展等。在心理保健方面，如何应对挫折和失败，如何在早期发现和处理心理问题等。在清除心理障碍方面，如何鉴别各种类型的心理障碍，正确诊断并及时治疗心理疾病等。总之，心理咨询的范围和内容远不止上述这些，凡是人们在生活中出现的心理问题，都可以通过心理咨询的方式获得帮助。

（2）心理咨询的形式。从咨询对象的数量来划分，主要有个别咨询和团体咨询；从咨询的途径来划分，主要有门诊咨询、书信咨询、电话咨询、宣传咨询和现场咨询等。个别咨询是由来访求助者单独向咨询机构提出咨询要求，由单个咨询人员出面解答、劝导和帮助的一种形式；团体咨询是由咨询机构根据来访求助者所提出的问题，将他们分成课题小组进行商讨、引导，解决心理障碍的一种形式；门诊咨询是通过医院或咨询中心的心理咨询门诊部进行咨询的一种形式；书信咨询是咨询工作者针对求助者来信描述的情况和提出的问题，以通信方式解答疑难、疏导教育的一种形式；电话咨询是为防止心理危机时一时冲动所酿成的悲剧，利用电话的通话方式给求助者以劝告和安慰的一种形式；宣传咨询是通过报纸、刊物、广播、电视等大众媒介，对读者和听众、观众提出的典型心理问题进行解答的一种形式；现场咨询是咨询人员深入学校、家庭、工厂、农村、企业等实际现场，对来访求助者提出的各种问题给以帮助的一种形式。

2. 心理咨询的原则

（1）保密原则。保密原则是心理咨询的首要原则，是来访者和咨询师建立良好咨访关系的前提，是确保咨询顺利进行的基础。2007 年《中国心理学会临床与咨询心理学工作伦理守则（第一版）》明确规定：“心理师有责任保护寻求专业服务者的隐私权，同时认识到隐私权在内容和范围上受到国家法律和专业伦理规范的保护和约束。心理师在心理咨询与治疗工作中，有责任向寻求专业服务者说明工作的保密原则，以及这一原则应用的限度。在家庭治疗、团体咨询或治疗开始时，应首先在咨询或治疗团体中确立保密原则。”

咨询中也有“保密例外”情况，需要咨询师突破保密原则。《中国心理学会临床与咨询心理学工作伦理守则（第一版）》中明确提出：“心理师应清楚地了解保密原则的应用有其限度。下列情况为保密原则的例外：第一，心理师发现寻求专业服务者有伤害自身或伤害他人的严重危险时；第二，寻求专业服务者有致命的传染性疾病等且可能危及他人时；第三，未成年人在受到性侵犯或虐待时；第四，法律规定需要披露时。”

（2）自愿原则。寻求心理咨询的来访者必须是完全自愿的，这是确立咨询关系的先决条件，也是咨询工作必须遵循的原则。咨询师不会主动邀约谁来做咨询，只有来访者自身感到需要专业帮助的时候，本人有强烈改变愿望的时候，才能促使心理咨询发挥作用。所谓“不求助、不帮助”“来不请、去不留”。当然，现实生活中迫于周围人的压力前来咨询的

情况也不少见。这样的来访者往往处于较强的自我防御中，难以对咨询师敞开心扉，也不会主动讨论实质性问题。因此，咨询师可能要花费更多的精力，才能让来访者放下心理防御，真正建立咨询关系。

(3)价值中立原则。心理咨询师不可以对来访者的所作所为进行价值评判，否则就是违反了心理咨询的价值中立原则。对于咨询师而言，保持价值中立既是咨询原则，也是一种专业素养的体现。保持价值中立有助于双方更好地建立咨询关系，也可以消除来访者的依赖心理，增强心理咨询的实效。

(4)时间限定原则。心理咨询必须遵守一定的设置，其中一项是时间设置。虽然不同流派的咨询频率有所不同，但一般来说，每周 1 次、每次 50 分钟是比较常见的安排，原则上不能随意延长咨询时间或改变咨询间隔。时间限定可以给来访者一种稳定安全的感觉——每周在一个固定的时间段、固定的地点，有一个固定的咨询师在等着他。同时，每次 50 分钟的时长设置了一种“可以终止的关系”，这种关系可以恰当地“压迫”身处其中的人，有助于来访者充分珍惜并有效利用这段时间。

(5)感情限定原则。原则上心理咨询师和来访者在咨询室之外不能有任何接触和交往。咨询师不能将自己的情绪带入咨询过程，也不能对来访者在感情上产生爱憎和依恋，更不能在咨询过程中寻求在爱憎、欲求等方面的满足。对咨询师来说，感情限定是必须遵守的专业原则。

对于来访者来说，也有值得注意的地方，就是不找熟人或朋友做咨询师，否则很容易打破咨询的一些基本设置和边界。更需要提醒的是，即使在咨询过程中感到咨询师人很好，感觉其温暖、亲近和值得信赖，走出咨询室也不要和其发展咨询之外的任何关系，否则会破坏良好的咨询关系，最终影响咨询效果。

来访者在咨询中产生的感情，如依恋、爱慕、厌恶或憎恨都是正常的，不需要强行压制或者逃避，与咨询师一起讨论是比较合适的做法。

3. 大学心理咨询的功能

大学心理咨询是运用心理学理论、知识和方法，通过语言、文字或其他信息传递方式，给来访同学以帮助、启发和教育的工作过程，是一种促进自我认识、自我完善和自我发展的过程，因此，它不同于医疗机构的心理咨询。医疗卫生机构的心理咨询以心理治疗功能为主，大学心理咨询则以心理辅导功能为主。

(1)调节功能。一些同学由于不能适应新的学习生活环境和纷繁复杂的社会环境，而产生各种心理问题，引起不良情绪反应，或形成不良个性倾向。大学可通过心理咨询的手段，调节同学们的不良情绪反应，矫正不良个性倾向，克服行为和心理障碍，帮助同学们建立良好的心境，以适应大学学习和生活，从而满足学校教育的要求，符合学校对学生要求的一般标准。

(2)指导功能。学校可通过心理咨询，指导同学们认识自我，并根据自己的个性特点，确立理想，为自己的自我发展设计方向和道路，从而增强同学们学习和生活的信心和勇气。大学心理咨询还可以指导并帮助同学们增强解决问题的能力，指导并帮助同学们获得人际交往的能力，指导并帮助同学们把握自己的兴趣、性格特征、就业机会，有助于同学们发掘心理潜能，获得健康发展，实现自己的理想。

(3)教育功能。一方面，大学心理咨询在帮助同学们解决学习、工作、生活、交友、恋爱、择业等方面遇到的心理问题，调节心理不适，指导提高各方面能力的同时，就运用认知分析的心理学方法潜移默化地对同学们进行着正确的人生价值观、恋爱观、择业观的教育；另一方面，学校通过心理咨询，能更深入地了解同学们心理的个别差异，便于个别指导，同时也为学校指导学生学习、生活、择业、处理人际关系，为学校教育者们了解学生，开展教学研究，为教育者与受教育者创造互助合作的良好教育环境，提供了良好的基础。

4.心理咨询方法

(1)会谈法。这是由咨询老师同来访同学为特定的目的进行面对面交谈的一种方法。会谈可以有多种方式，一般有结构式会谈和自由式会谈两种方式。结构式会谈通常事先准备好谈话提纲或问卷，交谈时严格按固定程序进行，又称为标准化会谈。自由式会谈的特点是事先无预定问卷或谈话程序，交谈双方可以自由自在地随便交流。在咨询实践中究竟采用哪种会谈方式更合适，要视咨询要解决的问题和咨询的具体情况而定。来访同学要求解决的问题比较简单，咨询老师经验比较丰富，则可采用自由式会谈。

(2)个案法。这是咨询老师通过收集与某个来访同学有关的个案资料来全面、深入、系统了解该同学心理特征，以便更好地帮助来访同学解决心理问题的方法。个案法所收集的个案资料来源不仅由来访同学本身提供，也可以由其家属、朋友、同学、老师等提供。只要与该来访同学所提出的问题有关的材料，都要全面收集，尽可能不要遗漏。对于个案资料中的重要内容，要调查核实，不可道听途说。个案资料的主要内容有：来访同学的姓名、年龄、性别、专业等身份特征；目前的主要心理障碍；过去的各方面资料，如发育、教育、学习等各方面情况；家庭背景；人格特征等。在掌握了充分的资料后，一般要求写出传记体个案记录。对某些心理问题比较复杂的同学，如出现自杀意念的同学、同性恋者，可采用该方法全面深入了解其心理特征，以便对症下药，或转介到专门机构进行治疗。

(3)测验法。这是咨询老师凭借标准化工具对来访同学的心理和行为进行比较客观的测定的一种方法。心理测验的种类很多，在高校心理咨询中，一般使用以下量表来评估来访同学的智力、人格和行为类型及心理状况：龚耀先主持修订的韦氏成人智力量表可用来对来访同学的智力进行测定和分析；宋维真主持修订的明尼苏达多相人格量表或陈促庚修订的艾森克人格问卷，可用来对来访同学的个性特点进行测量；A型行为类型问卷可测量来访同学是否存在心理症状；临床症状自评量表(SCL-90)则可进一步测定来访同学存在哪个方面的心理问题。此外，我国一些心理学工作者还自行编制了一些关于学生自信心、学习兴趣、择业观、恋爱观等方面的测验量表，必要时也可选择使用。

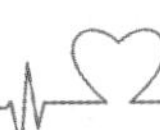

四、大学生心理危机干预

(一)大学生心理危机的概念

1. 心理危机的含义

心理危机是当个体面对重要生活目标受到阻碍，但又无法利用现有资源和通常习惯的应对机制加以处理时产生的一种心理状态。心理危机往往是突发的，出乎人们的意料，如突发的自然灾害、重大生活事件或精神压力等，如果不能得到及时控制和缓解，就会导致人们在认知、情感、意志和行为上出现功能失调，从而陷于痛苦、不安状态。心理危机标志着一个人正经历生命中的剧变和动荡，它会暂时干扰或破坏一个人习以为常的生活模式，其特征是高度紧张，伴之以焦虑、挫折感和迷茫感。当个体面临心理危机时，往往伴随情绪失衡，而情绪的平衡状态是与个体对逆境或事件的认知水平、环境或社会支持以及应对技巧有密切联系的。

2. 大学生常见心理危机类型

根据危机产生的诱因不同，心理危机一般分为两类：一是正常的成长性危机，也就是发展性危机，即一个内在形成的情景，它可能源自生理的或心理的变化，再加上个体的发展、生物性转变与角色变迁等因素，诸如青春期易出现的各种心理危机。二是情景性危机，包括与个人有关的一些危机情景带来的问题，比如家中突遭自然灾害。对某一具体个体而言，以上两种危机会产生不同影响。如以大学生为对象，上述两类危机可能会表现为如下具体形式。

(1)学业危机。学业上的目标未能达成，如考试不及格，未通过英语三级考试；或是面对毕业后的选择问题，是继续深造还是就业。虽然就某件事情而言，这些还称不上危机，但是事件的积累，却可能造成与重大危机事件相同的效果。

(2)经济危机。一方面可能因为经济的缺乏，如无法支付学费，出现消费压力；另一方面因为意外获得奖励和奖金，但考虑人际关系需要有请客送礼等经济支出，从而带来额外的经济负担。

(3)感情危机。与周围的人相处困难，如师生关系、同学关系处理不好，被朋友背叛，寝室关系紧张，被别人批评、嘲笑、攻击，被误会，被老师严厉责骂，被他人排斥，受到身边的人的疏远、不公平对待。

(4)突发危机。遇到意外，身体受到伤害，如残疾、毁容等突发事件；丢失钱包、重要证件等。

(5)家庭危机。因父母离异、家人关系不好、家人受到意外伤害而束手无策。

(6)社会环境危机。校园内发生一些自杀、他杀等暴力事件，流行病暴发校园被封锁，寝室失火、失窃等。

(7)自然灾害危机。地震、洪灾、泥石流、海啸等。

3. 大学生心理危机的表现

大学生在心理危机状态下会表现出一系列的情绪、认知、行为及生理反应，这是识别大学生心理危机的重要指标。我们只有了解这些表现，才有可能在第一时间提供援助和进行危机干预。

(1)情绪表现。情绪是人们对客观事物是否符合人的需要而产生的主观态度或体验，情绪具有外显性。大学生在心理危机状态下，会有特定的情绪反应，主要表现为高度的焦虑、恐惧、抑郁、愤怒、沮丧、紧张等。在心理危机状态下，大学生的情绪表现较为明显，最容易被察觉。

(2)认知表现。认知是指人们认识客观事物的过程。认知是人的最基本的心理过程，它包括感觉、知觉、记忆、想象、思维和语言等。大学生在心理危机状态下，会有特定的认知反应，主要表现为记忆力下降、注意力不集中、思维迟钝、出现幻想、语言不畅、思维偏差等。

(3)行为表现。心理危机中的行为表现是大学生为排解和减轻痛苦而采取的一种防御机制，而处于心理危机状态中的大学生往往会表现出否认、攻击、放纵、逃避、退缩等消极的行为反应，如不承认已经发生的客观事实、回避他人、逃避困难、表现出一些破坏性行为、产生物质依赖、出现过去没有的非典型性行为等。大学生中比较常见的物质依赖就是吸烟、酗酒以及网络成瘾等。

(4)生理表现。人们身体的生理反应主要是由神经系统、内分泌系统以及免疫系统进行调节的。大学生在心理危机状态下，其神经系统、内分泌系统以及免疫系统的活动会出现明显的变化，因而会产生一系列特定的生理反应，如失眠、心慌、血压升高、出汗、胸闷、四肢发冷、头晕、食欲不振、容易疲劳、过敏等。需要强调的是，在心理危机状态下，大学生的情绪、认知、行为以及生理反应并不是互相独立的，而是相互联系、相互影响的。

(二)大学生心理危机干预的方法

心理危机干预是指针对处于心理危机状态的个人及时给予适当的心理援助，通过调动他们自身的潜能来重新建立和恢复其危机前的心理平衡状态。

大学阶段是人生观、世界观、价值观形成的关键时期，大学生在成长过程中会遇到许多困难和矛盾，容易产生心理危机。学校里也应通过建立大学生心理自助体系、完善心理危机预警体系和健全专业危机干预体系等途径，建立多角度、全方位的大学生心理危机的立体应对机制。通过科学的干预策略，有效化解心理危机，促进大学生的心理健康。

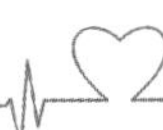

微课空间

大学生心理危机应对

指导老师/刘艳

大学生步入大学校园后将面临许多人生课题，需要应付其人生期望、职业抱负、学业期待引发的学业压力、就业压力、情感压力，心理危机也随之产生。

1. 大学生心理危机预警机制

心理危机预警机制具有预测危机、防范危机的职能，是一种超前的危机管理。

（1）建立大学生心理档案。大学生心理档案是大学生心理发展变化特点、心理测验结果、学校心理咨询与辅导记录等材料的集中保存。这些材料按照一定的程序排序，组成了一个有内在联系的体系，如实反映了大学生的心理面貌。下述12类大学生是危机高发人群，应予以高度关注：①有自杀未遂史或自杀企图与计划者；②曾患抑郁症及尚在治疗者；③曾有妄想或其他精神病症状及尚在治疗者；④人格偏执者；⑤近期失恋者；⑥意外怀孕或近期堕胎者；⑦情绪长期低落不与人往来者；⑧有生理缺陷或长期患病者；⑨极贫困者；⑩学习困难及不能毕业者；⑪近期丧亲者；⑫极度自卑或自感生活能力低下者。

（2）建立预警指标体系。准确识别心理危机的表现是心理危机干预的前提。心理危机的预警指标体系主要是指通过一系列的指标评判，有所选择或有所先后地关注、干预特定个体的一系列指标。预警指标主要包括：

①个体发展状态指标，包括学习动力、兴趣、成绩、信心、机遇、人格、气质和个人对挫折的应对方式等。

②社会环境指标，主要包括与家庭成员的关系，家教环境，对学习生活的满意度及对社会的认同度。

③人际交往指标，包括与同学、老师的关系和满意度，对亲情、友情、爱情的看法和满意度。

④负性情绪指标，包括负性情绪类型、强烈程度、持续时间、排解方式、刺激源、躯体症状等。

（3）大学生常见心理危机征兆。以下10种情况是大学生常见的心理危机征兆：①直接表露自己处于痛苦、抑郁、无望或无价值感中；②易激动，过分依赖，持续不断地悲伤或焦虑，常常流泪，注意力不集中、成绩下降、经常缺勤；③孤僻、人际交往明显减少；④无缘无故地生气或与人敌对；⑤酒精或毒品的使用量增加；⑥行为紊乱或古怪；⑦睡眠、饮食或体重明显增减，过度疲劳，体质或个人卫生状况下降；⑧日记或其他发挥想象力的作品透露出的主题为无望、脱离社会、愤怒、绝望、自杀或者死亡；⑨任何书面或口头表达出的内容像是在临终告别或透露出自杀的倾向，如“我会离开很长一段时间”；⑩出现自伤或自杀行为。

2. 大学生心理危机干预的主要策略

（1）学习建立良好的沟通和合作关系。消除内外部的“噪音”（或干扰），以免影响沟通双方诚恳沟通和表达的能力；避免双重、矛盾的信息交流，如有人口头上对当事者表示关切和理解，但在态度和举止上并不给予专心的注意或体贴；避免给予过多的保证，尤其是那种“夸海口”，因为一个人的能力是有限的；避免应用专业性或技术性难懂的言语，多用通俗易懂的言语交谈；具备必要的自信，利用可能的机会改善个案的自我感知，发掘其内省的能量。

（2）适当使用支持技术。支持技术主要是指给予精神支持，而不是支持当事者的错误观点或行为。这类技术的应用旨在尽可能地解决目前的危机，使当事者的情绪得以稳定，可以应用暗示、保证、疏泄、环境改变、镇静药物等方法，如果有必要，可考虑短期的住院治疗。有关指导、解释、说服主要应集中在放弃自杀观念、取消自杀行为上，而不是对自杀原因的反复评价和解释。同时，在干预过程中必须注意，不应带有教育的目的。教育虽是干预者的任务，但它应是危机解除后和康复过程中的工作重点。

（3）学会运用干预技术。干预技术也称解决问题的技术，因为危机干预的主要目标之一是让当事者学会对付困难和挫折的一般性方法，这不但有助于度过当前的危机，而且也有利于以后的适应。在进行干预时的基本策略应为：①主动倾听并热情关注，给予心理支持；②提供疏泄机会，鼓励当事者将自己的内心情感表达出来；③解释危机的发展过程，使当事者理解目前的境遇、理解他人的情感，树立自信；④给予希望，使其保持乐观的态度和心境；⑤培养兴趣、鼓励积极参与有关的社交活动；⑥注意社会支持系统的作用，让其多与家人、亲友、同学接触和联系，减少孤独和心理隔离。

3. 大学生危机干预的步骤

引导当事者学会解决问题是解除危机的一个有效方法，尤其是帮助他们按照危机干扰的步骤进行思考和行动，常能取得较好效果（图 1-1）。

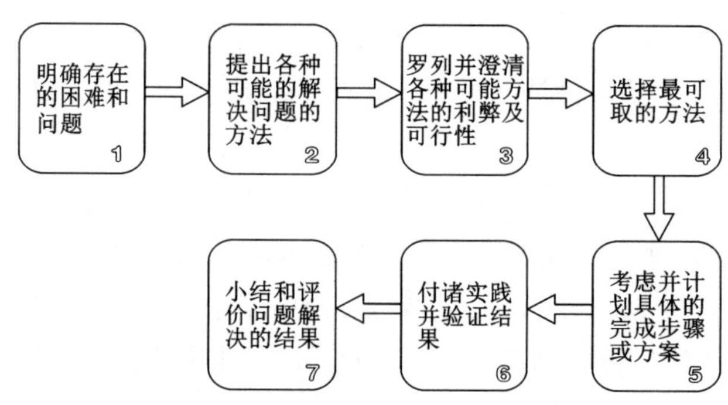

图 1-1　大学生危机干预的步骤

认识心理健康团体辅导活动

——让阳光洒进心灵

一、团体辅导活动——我的烦心事

二、心海沙盘——绘制我的社会支持网络图

一、团体辅导活动——我的烦心事

【活动目的】

通过团体辅导，协助学生认识到心理健康的重要性，并能在日常生活中正确对待和处理存在的心理问题，树立心理健康“三助”意识，保持身心健康，促进和谐发展。

【活动内容】

请同学们写写最近的烦心事，想想写下来的烦心事和我们脑海中所想的烦心事有何不同。

1. 请每个小组学生填写“我的烦心事清单”练习表，写完后在小组内分享每个人的烦恼，看看大家的烦恼都有哪些和有没有共同的烦恼。

2. 让学生围成一个大圈坐好，为每位学生准备一张纸，指导老师请每位学生把目前最大，以及最想解决的烦恼写在纸上，不署名。写完后将纸折好，放在盒子里。

3. 指导老师随机抽取一张纸，大声念出纸上的内容，请学生共同思考，一起出主意，帮助提问题的人解决困难。讨论完一张再讨论另一张，直至所有纸上的问题都逐一解决。

4. 指导老师引导成员思考分享：心理健康与我们的学习、生活息息相关，我们应如何和它“和谐共处”呢？

二、心海沙盘——绘制我的社会支持网络图

请大家拿起笔，静下心来想想我的朋友圈是什么样子，以及在自己需要帮助的时候，比如需要物质支持或者精神支持时候，打开通讯录，想想有哪些人愿意帮助你。

1. 根据与周围人亲疏远近，以我为中心，画出等距离的圆圈，每一圈不得多于 5 人，离中心越近代表关系越亲近。请好好感受下，在写下每一个代号时，你的身体感觉、内心感受怎么样的？想到什么？

2. 每一个圆圈精确到个人，每一个圆圈尽量细分，比如“朋友”可以细分为“知心朋友”“一般朋友”（图 1-2）。

3. 画完后，小组内分享讨论：这些人都是谁？这些人都写在了哪里？想到这些人，你有什么感觉？在印象最深刻的场景中，你做了什么获得了他们足够有效的帮助？

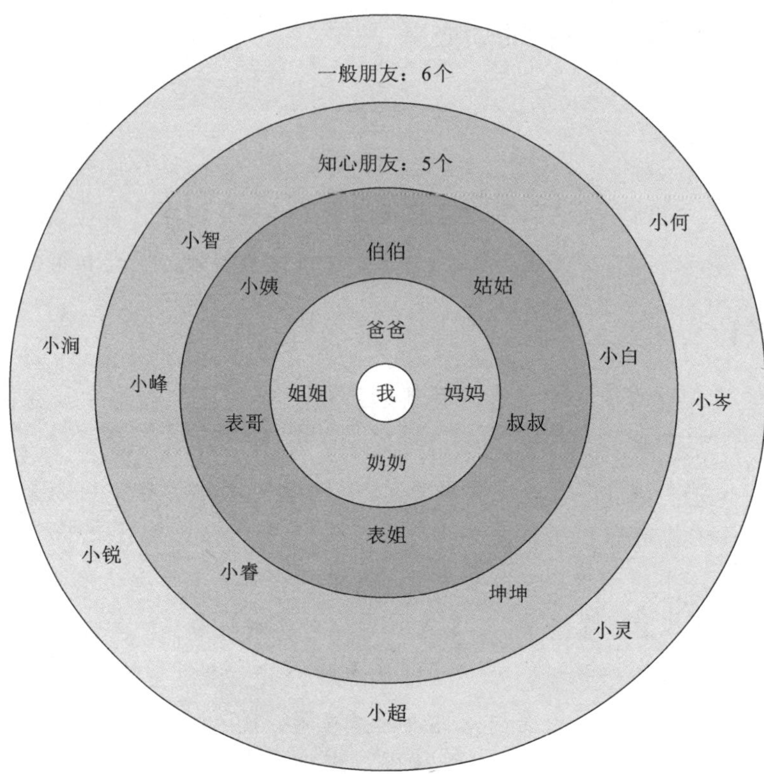

图 1-2　我的社会支持网络图

第二章　探寻自我
——大学生自我意识的完善

本章知识图谱

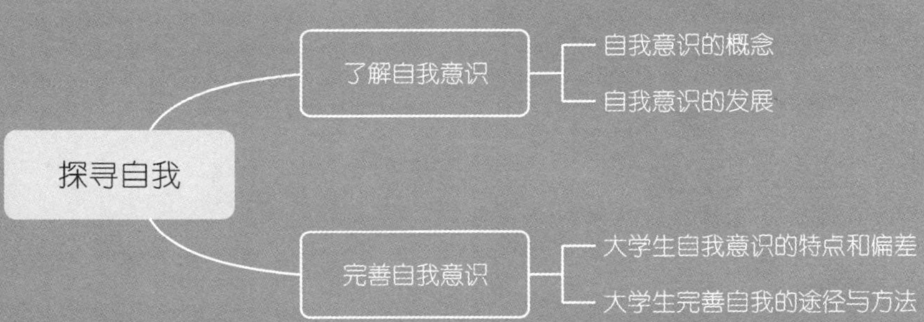

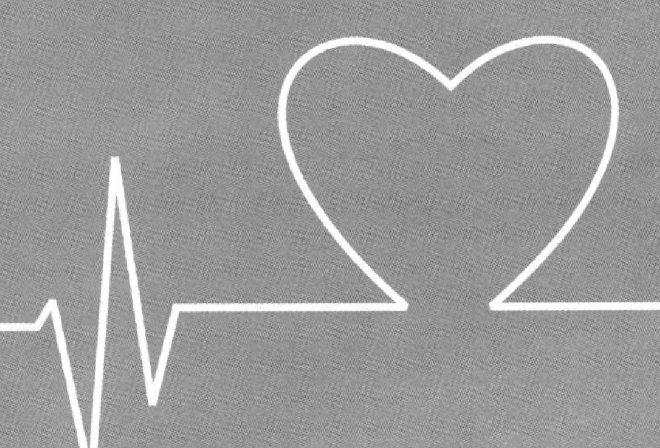

本章学习目标

1. 了解自我意识的概念，以自我意识的发展。

2. 了解自我意识的偏差，掌握自我意识调适的方法。

3. 理解并熟练掌握完善自我意识的途径与方法。

第一节　了解自我意识

心理讲堂

“中国男孩”洪战辉在《当苦难成为人生的必修课》一书中写道：“苦难不是财富，没有人想要去经历苦难，我宁愿世界上没有人经历苦难，因为那样就代表大家都过上了美好的生活。但现实是残酷的，如何直面困难、改变自己的境遇，才是我们要学习的。别人真正欣赏的不是你的苦难，而是你的奋斗。”这种自我体验的深刻性和不可替代性，使得洪战辉在完善自我的人生历程中，克服了一个又一个困难，形成了独特的人格魅力。有人说，每份体验都是独特的。要用心体会自我的成长，体会成长中的每一次阵痛、每一次受伤、每一份微笑，因为这些都将构成一个人灿烂人生中美丽的风景线。

一、自我意识的概念

“自我”最初是临床心理学中的一个核心概念，是弗洛伊德 1923 年在《自我与本我》一书中提出的。弗洛伊德认为人格是由本我、自我、超我三部分组成的。

自我意识一般包括自我认识、自我体验、自我控制三层含义。自我认识是其中最基础的部分，决定着自我体验的主导心境以及自我控制的主要内容；自我体验又强化着自我认识，决定着自我控制的行动力度；自我控制则是完善自我的实际途径，对自我认识、自我体验都有调节作用。以上三方面整合一致，便形成了完整的自我意识。

（一）自我认识

自我认识包括自我认知和自我评价。前者是个体对自身各种状况的了解，后者则是在前者的基础上，对自我各方面作出评价，然后给自己下一个结论。例如，生理自我评价，即对自身这样一个生物个体的基本认识；社会自我评价，即对自身社会性要素的认识；心理自我评价，即对自己的认知、情绪情感、意志、个性倾向性及个性特征等的全面认识。

人要想认识自己，必须学会在产生自我的生活情境中去认识自己，包括现在的以及过去的，甚至是将来的。因此，自我认识并非一种状态性的了解，而是跨越时空的动态的过程分析、比较与综合评价。在这一过程中，我们会发现有很多个“我”存在。

首先，是因“自省”而来的“主观的我”。这里所要解决的就是“我如何看我”。简单地说，认识自我就必须了解产生和形成自我的生活、文化、社会背景。正是在具体的氛围中，我才成其为我，成其为现在的我，任何一个环境的改变都可能铸就不同的我。

其次，是因“人言”而来的“客观的我”。“人言”即他人的反馈，包括外显性反馈与内隐性反馈，这将解决“我在他人的眼里是个什么样的人”的问题。

（二）自我体验

自我体验是自我认识基础上的一种情绪体验，即自己对自己是否满意的问题。“满意”则自我肯定，信心十足；反之，则自我否定，垂头丧气。自我认识决定自我体验，而自我体验往往强化自我认识并影响自我控制。因此，自我体验往往存在两对交织的矛盾：其一，客观自我与主观自我的矛盾，源于自省与“人言”的差异。其二，现实的我与理想的我的矛盾，前者综合了自我评价和他人评价后的存在于现实中的“我”，后者则是综合了自我要求与他人要求的虚拟的令人向往的“我”。

（三）自我控制

自我控制就是自己对自己的控制。自我认识是了解“我”，自我体验是感受“我”，自我控制则是表现“我”。自我控制包含两层含义，即自己对自己的设计和自己对自己的指导。

自我控制，不仅是对自我行为的控制，也是对自我认识、自我体验的控制，应通过发挥主观能动性，选择认识角度，转变自我观念，调整自我评价系统，修正自我形象，从而积极地感受自我。

总之，自我认识、自我体验与自我控制是自我意识中三个不可分割的部分，它们相互作用、相互影响。它们的协调一致、积极互动正是自我意识发展的动力所在。

拓展阅读

道德自律

一名沉溺于网络的大学生曾经这样写道：“我的理想是做一个有抱负、有成就、成功、非凡的人，我在大学要为我将来的成就奠定基础，我的理想自我是一个优秀大学生。可在现实中，我却发现自己意志薄弱、缺乏奋斗精神而且比较懒散，约束不好自己。当我第一次为上网而逃课时，我对自己说：仅这一次。但每次的决心都在网络巨大的诱惑面前败下阵来。我觉得现实自我距离理想自我越来越遥远，甚至有时都不敢正视自己。”因此，在道德他律作用越来越淡化的网络上，大学生一定要努力让自己成为一个能够“自己把握自己”“自己规范自己”“自己创造自己”的人，这样才能让自己的道德自律意识经受考验和锻炼。

二、自我意识的发展

(一)个体自我意识的发展

人的自我意识并不是生来就有的。自我意识是隐藏在个体内心深处的心理结构，是一种复杂的心理现象。

人的自我意识的全新发展和最后成熟，是从青年初期(高中阶段)开始的，并且会在青年期内基本完成。它的显著特征就是把原来主要朝向外部的认识活动，转向自己的内心世界，探索自己的内心活动。比如，这时的青年会提出一系列的问题要自己回答：我是一个什么样的人？我要成为一个什么样的人？我的长相如何？我的脾气、性格怎样？我有什么特长和才能？我在别人心目中的形象如何？我能成就什么事业？我应怎样走人生之路？……这是在个体智力成熟、生理成熟、社会地位和社会化迅速发展的基础上形成的。

(二)大学生自我意识发展的特点

大学阶段是自我意识迅速发展的阶段，一般具有以下特点。

1. 自我意识开始分化

进入大学以后，一方面，由于学习、生活方式的改变和空间上的特殊性给大学生提供了更为广阔的发展可能性，大学生可以通过接触不同的人、不同的思想、不同的文化、不同的价值观逐步在比较中形成自己的价值体系；另一方面，由于大学空间的多元性，诸如东方文化与西方文化、传统与现代、城市与乡村等多种文化的交织以及来自不同背景的同龄人的差异等会给大学生带来自我定位上的迷惑感与矛盾感。随着心理意识的发展，大学生的自我意识有了明显的变化，出现了理想自我和现实自我的分化。大学生对自己的生活充满信心，对未来抱有幻想，而现实往往不是他们所想象的那样，于是就出现了所谓理想自我和现实自我的分化。这种分化，使得大学生越来越多地注意到“我”的许多细节，发生自我意识的改变，并且经过自我体验和自我调控而表现出各种激动、焦虑、喜悦与不安情绪。当理想自我占优势时，往往会将“客体我”萎缩到实际能力以下，总认为自己事事不如人，从而产生较强的自卑感，甚至放弃努力，形成自我怜悯或伤感的心理状态。相反，当现实自我占优势时，往往表现出较强的虚荣心和自我陶醉，特别在乎别人对自己的评价，担心暴露自己的缺点。另外，大学生自我意识中投射出的自我意识成分明显增强，人际关系也因此变得较为复杂，同学之间的矛盾也相对增多，常常会产生自己不为别人所理解的想法，常常要求别人理解自己，出现“理解万岁”的观念。

2. 自我意识矛盾日益突出

由于自我意识的分化，“主体我”和“客体我”、“理想我”和“现实我”之间的种种矛盾开始出现，随着自我意识的进一步发展，这些矛盾也越来越突出。在这类矛盾心理的作用下，他们对自己的评价常常是矛盾的，对自己的态度常常是被动的，对自己的调控也常常是不自觉、不果断的。他们忽而看到自己的这一面，忽而又看到自己的另一面；时而能客观地评价自己，时而又高估或低估自己；时而感到自己很成熟，时而感到自己很幼稚；时而步入憧憬世界，仿佛回到了童年，时而又厌恶长大；时而对自己充满信心，时而又对自己不满，感到自己什么都不行等。面对自我意识中的种种矛盾，大学生便开始通过各种活动来重新认识自己，自觉或不自觉地在调节矛盾中认识自我、完善自我。他们常常会问自己：“我聪明吗？”“我长得美吗？”“我的性格如何？”“我有什么能力和特长？”“我应该成为什么样的人？”“我应该怎样度过自己的一生？”……经过一段时间的矛盾冲突和自我探究后，大学生的自我意识就会在新的水平和方向上趋于一致，达到暂时的自我统一。然而新的自我意识矛盾又会产生，需要不断地进行自我调控和自我探究。但大学生的这种自我调控能力相对较弱，往往需要借助外界环境的影响。而且，在自我意识的统一过程中，可能会出现消极的、错误的、不利于心理健康的统一，例如想得多，做得少；自我认识清楚，但自我调控能力太低；过多关注自己、看重自己，而对他人、集体、社会考虑较少等。

3. 自我意识在矛盾的不断转化中渐趋成熟

大学生自我意识在“矛盾—统一—新矛盾—新统一”的转化发展过程中，不断发生重大变化，由刚进校的“依赖性”和“盲目性”渐渐转变成“想入非非”，再到毕业前的相对沉稳。正是这种矛盾转化，使得大学生自我意识发生了明显的飞跃，个体之间也出现了较大的差异。

由此可见，大学时期是大学生自我意识的“转折”时期，也是其自我意识和自我矛盾表现最突出的阶段，对个体的人生观、价值观、世界观形成有着非常重要的意义。因此，针对大学生自我意识的发展特点，采取相应的自我意识教育和培养，是帮助大学生健康成长的一个重要方面。

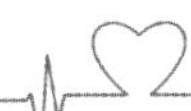

第二节　完善自我意识

心理讲堂

一天清晨，一只山羊来到一个菜园旁边，它想吃里面的白菜，可是一道栅栏把它挡在了外面，它进不去。这时，太阳慢慢从地平线上升起来了。在不经意中，山羊看见了自己的影子，它的影子拖得很长很长，它以为自己很高大，于是自言自语地说："我如此高大，定能吃到树上的果子，吃不吃这白菜又有什么关系呢?"在距离菜园子不远的地方，还有一大片果园，园子里的树上结满了五颜六色的果子。于是，山羊便朝着果园的方向奔去，到达果园时已是正午太阳当头。这时，山羊的影子变成了很小的一团。"唉！原来我是这么矮小，看来是吃不到树上的果子了，还是回去吃白菜吧。"于是，它又匆匆忙忙转身往回跑，等跑到菜园子的栅栏外时，太阳已经偏西，它的影子又变得很长很长。"我干吗非要回来呢?"山羊很懊恼，"凭我这么大的个子，吃树上的果子是一点儿问题也没有的!"

山羊烦恼的主要原因就在于它对自己没有一个正确的认识，当它看到自己被阳光拉长的身影时就认为自己十分高大，无所不能，然而当正午的阳光照在它身上时，它又忍不住因为自己缩小了的身影而妄自菲薄。世界上没有完全相同的树叶，人也一样，每个人都是老天的宠儿，天生我材必有用。我们应当正确地认识自己，既要看到自己的长处，又要认识到自己的不足，给自己一个准确的定位。

（资料来源：腾讯网，有删改）

一、大学生自我意识的特点和偏差

对大学生而言，自我意识的特点和偏差具体体现在自我认知、自我体验和自我控制三个方面。

（一）大学生自我认知方面

进入大学，大学生将面临许多深刻的问题：我将来做个什么样的人？要成就什么样的事业？今天如何努力才能符合未来事业的要求？针对这些问题，他们积极地思考和设想未来生活的理想蓝图。这种思考和设想比少年时期更主动、更自觉、更符合实际，具有较高水平。他们不但能清晰地意识到自己的心理活动，也能在实际学习活动中按照社会要求去不断地认识和发展自己。但他们的理想自我一般都比较完美且高于现实自我，这导致他们容易在实际中出现对现实自我的不满意而产生自卑，甚至自弃。大学生的自我认知以真实自我为轴心上下摆动，在取得一点成绩时，便显示出自负的一面；而在遇到挫折时，便会产生自卑的否定性评价。

1. 大学生自我认知的意识明显增强，但矛盾突出

进入大学后，大学生的视野更开阔了，关心的社会问题也更多了。这时，他们的自我认识不仅涉及自己的气质、风度和性格等一般问题，而且涉及自己的社会地位、社会责任、自我的价值等问题。通过对这些问题的分析和思考，大学生自我意识达到新的广度和深度，较中学时代自我意识明显增强，且更加自觉和主动。他们已不满足于“别人说我怎么样”，而更倾向于“我是一个有主见的人，我认为我怎么样”。他们不仅主动地通过把自己和周围的人进行比较来认识自己，而且力图将社会期望内化为自我品质。他们不仅关注自己的外表、行为举止等外在因素，而且关注自己的性格、智力、交际能力、组织能力等内在因素。他们明显感觉到了自己身上的历史使命，并且自觉地赋予自我以重要地位的角色。然而，由于理想自我与现实自我的矛盾冲突，他们的自我意识难以统一。

2. 大学生自我评价能力增强，但欠客观

自我评价是自我认识的核心。大学生活的拓展，增加了学生们的知识量，丰富了他们的社会经验。大学生自我评价的途径进一步完善，他们借助一定的社会评价来认识自己，但又不完全依赖别人的评价。大多数青年学生对自己的分析、评价逐渐变得全面、客观和主动，对自己的优缺点也有了较正确的认识和评价，并能选择自己的长处进行发展，开始具备在自觉基础上的“自知之明”。但是，大学生自我评价的能力有很大的个体差异。而且，部分大学生在对客观事物的理解和判断上具有肤浅性和片面性，对自我的理解和判断只看到一面而看不到另一方面，只看到表象而看不到本质，所以就有可能时而过分夸大自己的长处而忽略自己的短处，时而完全相反，使得自我评价欠客观。

（二）大学生自我体验方面

大学生随着自我认识的不断发展，自我情感体验也更加深刻。积极的情感体验使大学生蓬勃向上，消极的情感体验使大学生低沉、忧郁。当自己的情感与别人的情感相同，自己的言行举止被别人接纳时，他们就会愉悦、高兴。反之，就会把自己的情感体验埋藏于心底，寡言少语、精神不振。

1. 大学生的自我情感体验更加丰富，但易波动

虽然大学生的情感体验是丰富的，但也还是不成熟的，主要特点是具有波动性和敏感性。例如：当取得成绩受到表扬，便会出现积极的、肯定的情感体验，骄傲自满，甚至忘乎所以，目

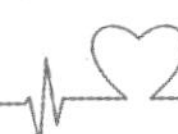

空一切；当受到挫折或批评，就会产生消极的、否定的情感体验，自我否定甚至自暴自弃，极不稳定；当涉及自己心理矛盾的问题时，就会更加敏感。在这些体验中，大学生自我体验的基调是健康、积极的。一般来说，在自我体验方面，男生比女生更具自信心，更富有活力，但容易急躁；女生则更热情，更迫切地要求取得成功，内心舒畅感更明显，但容易郁闷。

2. 大学生的自我情感体验从封闭向开放过渡

人是社会的人。进入大学学习，大学生热切地期盼与别人诚挚交往，期望得到他人的认可。但是相当一部分大学生自跨入大学之日起，就产生了一种莫名的孤独感，现实生活中人际关系的复杂化，使他们对正常的人际交往望而却步。所以，总是自觉或不自觉地以一种封闭的方式来处理自我体验的矛盾。但一个人想完全封闭自己是不可能的，生活中总有一些东西是别人可以体察到的，大学生情感体验必然要从封闭走向开放。一方面是大学生自己寻求认同感，以认知他人对自己的态度；另一方面是在社会现实交往中，必然会扩大自我开放的程度。

3. 大学生的自尊心增强，但把握不准

自尊心是一个人对自己持肯定态度的情感体验。大学生的优越感和自尊心都很强，对自己的能力、才华和未来充满信心，希望得到别人的重视和尊重。但大学生自尊心增强的同时，常出现矛盾和不稳定。他们常常希望在正确认识自己的基础上肯定自己，他们希望别人尊重理解自己，却常常不尊重理解别人，甚至伤害别人；他们希望自己是一个了不起的人，但又不善于学习别人的长处；自己想成功，一旦受挫又极易灰心丧气；表面上不在乎别人对自己的看法，但内心却十分计较。他们还会随着生理的逐渐成熟，从心理上产生一种前所未有的成人感，并要求别人能把自己看成社会成人。适度的自尊心会促进大学生维护尊严，创造成绩，保持荣誉和社会地位。当他们得到称赞、尊重、鼓励时，会因感到心理满足而更加积极向上。诚恳善意的批评，会使他们感到内疚和自责。当然，自尊心过强或过弱都是有害的。自尊心过强，遇到挫折，就会转化为自卑感，常常感到失意与痛苦，轻视自己，甚至一蹶不振。自尊心过弱，则会使人情绪消沉、无所追求、一事无成。适宜的自尊心，才会催人奋进，使人朝气蓬勃，奋发向上。

（三）大学生自我控制方面

1. 自我控制的自觉性提高

随着专业定向、知识积累、个人存在价值的确认，大学生进入了一个角色定位的稳定时期，这时大学生的自我监督、批评和教育的认识水平提高了，他们不是在感知水平、表象水平上驾驭自我，而是能够在信念水平上驾驭自我。他们都能较为明确地树立长远目标，并根据长远目标建立近期目标，及时调整自己的行为，以适应实现目标的要求。

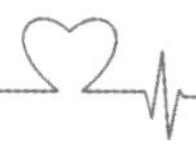

2. 自我控制的主动性增强

大学生自我控制主动性的增强主要表现为独立性的发展，这种独立意识促使他们对自己的控制方式逐步从外部控制转变为内部控制，即主动掌握自己的心理变化，特别是在规划自己的职业理想、生活理想和人格理想时基本上克服了由家长、老师和长辈帮助规划的被动情况，而转变为主要依靠自己的想法来主动规划。

3. 自我控制的社会性突出

这主要表现在大学生对主观自我和客观自我认识的统一。大学生有自己的兴趣爱好，他们主观上非常希望按照自己的需要阅读自己感兴趣的书籍，从事自己感兴趣的工作；而学校、家长和社会则对大学生提出了不同的要求，择业现实的严峻性也迫使大学生的自我天平由主观自我向客观自我倾斜，按照社会标准、社会期望、社会条件来规划自己的未来。

但是，由于大学生涉世不深，经验不足，往往易脱离社会实际去追求所谓的自我设计和自我完善，产生独往独来的行为；又因为现实社会的诱惑太多，大学生会感到难以自控，而出现无能感、无效感；因为科技的发展、竞争的激烈，大学生会产生困惑感、失败感等。

心理自助

自我意识偏差的调适方法

(1)恰当的自我设计；

(2)正确全面地认识自我；

(3)努力提高自尊水平；

(4)进行积极有效的自我控制；

(5)创造良好环境，促进自我意识的健康发展。

二、大学生完善自我的途径与方法

(一)全面认识自我

全面认识自我是形成自我意识的基础。如果一个人能够全面地、正确地认识自己，客观地、准确地评价自己，就能够量力而行，确立合适的奋斗目标，并为实现这一目标而不懈努力。因此，大学生只有打破自我封闭，拓宽生活范围，增加生活阅历，扩展交往空间，积极参加活动，扩大社会实践，才能找到多种参考系，才能凭借

参考系来多方面、多角度地认识自我，做到不自卑也不过于自信，不骄傲也不过于谦虚，才能充分发挥自己的聪明才智，实现自己的人生价值。一般可通过以下途径来认识自我。

1. 通过对他人的认识来认识自我

深刻的自我认识是以深刻认识和理解他人、理解社会为前提的。大学生应积极主动地投身于认识世界、改造世界的社会实践活动中去，不断丰富自己对自然、社会和他人的认识。通过认识他人、认识外界事物来进一步认识自我。

2. 通过分析他人对自己的评价来认识自我

正确地认识他人对自己的评价，是自我认识的一条重要途径。大学生一般很在乎别人对自己的看法，尤其是有影响力的评价者。他们对别人的评价往往产生两方面的反应，一方面积极地接受别人的看法，另一方面也许认为别人的评价不符合自己的实际。因此评价者的特点及评价的性质将会影响到他们对评价的接受程度，开展同学之间的互评，教师给予具体而有个性的评价，都有助于大学生自我意识的提高。但应注意评价的准确性、全面性、公正性，不切合实际的、片面的、不公正的评价，也可能导致自我认识的误区。当然，大学生应正确对待他人对自己的评价，从分析他人对自己的评价中进一步认识自我。不应对别人指出自己的缺点耿耿于怀，更不应对别人表扬自己的优点沾沾自喜。

3. 通过与他人的比较来认识自我

人总是不由自主地将自己和他人进行比较，在比较的过程中发现自己的优势，看清存在的问题，认识自己能力的高低、道德品质的好坏、追求的目标是否恰当等。因此对大学生进行自我意识的培养时，要引导他们不仅与自己情况差不多的人比较，更要敢于与周围的强者比较。通过比较来认清自己的优势和劣势，长处和短处，达到取长补短，缩小差距的目的。

4. 通过自我比较来认识自我

人们不仅可以通过与他人的比较来认识自我，也可以从比较自己的过去、现在和将来中认识自我。因此，对大学生自我意识的培养，一方面应鼓励学生超越自我，不要满足于现有的成绩，另一方面也要引导学生确立恰当的抱负水平，不要一味地跟自己过不去，要从自己的发展历程中进行比较，在比较中认识自我。

5. 通过自己的活动表现和成果来认识自我

大学生在从事各方面的活动中展现自己的聪明才智、情感取向、意志特征和道德品质。通过活动认识自己，用“实践是检验真理的唯一标准”来检查自己。因此在培养大学生自我意识的过程中，要引导他们正确分析自己的活动表现和成果，客观地认识自己的知识才能，兴趣爱好，进一步发挥自己的长处，弥补自己的短处。

6. 通过自我反思和自我评价来认识自我

大学生已具备了一定的自我反思和自我批评能力，尤其是高年级的学生。在自我意识的培养中，要教育、引导他们不断地对自己的心理活动进行反思、分析，勇于解剖自己，敢于批评自己，在自我解剖和自我评价的过程中加深对自己的认识。

拓展阅读

蚕食自信的思维模式

(1)全或无的思维方式。你用全好或者全坏的方式看待事物。比如，“假如我在这次比赛上失败了，我就是一个彻底的失败者。”

(2)心理过滤作用。只用消极的方式看待自己，歪曲了一个人或者处境甚至你整个的生活。比如，“我在这次活动中犯了一个错误，现在每个人都会认为我是个失败者了。”

(3)把积极的想法转换成消极的。通过“那算不了什么”来贬低你的成就和其他积极的经历。比如，“只是因为那考试太简单了，所以我才考得不错。”

(4)自我击败。你低估你自己，击败自己。这会带来对一种情境的过激反应。比如，“我配不上任何更好的东西”“我又虚弱又愚蠢又丑陋”。

增强自信的思维模式

(1)运用充满希望的结论。乐观是自我实现的预言。假如你认为你的未来不太妙，也许你就真的会绊倒。试着告诉自己“虽然很难，但我还是能够搞定”。

(2)原谅自己。每个人都会犯错，错误并不代表你永远是这样的人了，它们只是时间的一个片段。告诉自己：“我是犯过错，但是这并不会让我成为一个坏人。”

(3)聚焦在积极方面。想想你生活中好的一面：“最近生活中有哪些事比较顺利?”“过去我是用了哪些个性来处理具有挑战性的局面?”

(4)鼓励自己。相信你自己能够做出积极的改变，就像对待一个你爱的人一样对待你自己。告诉你自己“我现在干得不错。也许并不完美，可是我的同学都说我干得不错。”

(二)积极认可自我

大学生如果以积极的态度认可自己，便会形成自尊，如果以消极的态度拒绝自我，便形成自卑。自卑者往往片面地夸大自身的缺点、短处，甚至否认自我存在的价值，从而极大地阻碍正确自我意识的形成。

1. 积极而准确地评价自我

这是促使自我产生自尊感，克服自卑感的关键。俗语云：“金无足赤，人无完人。”每一个人都有自己的优点和缺点、长处和短处，对自己的长处要充分发挥，对自己的短处要正确对待，既不能护短，也不应因具有某些短处而灰心。一般来说人的短处有两种：一种是可以改变的，如不良习惯、脾气不好、缺乏毅力等，对此要有闻过则改的精神；另一种是无法补救的，如其貌不扬、身材矮小、四肢残疾等，对此要面对现实，有勇气接受自己的缺憾。同时，应注意提高自己的内在修养，在学问上狠下功夫，培养内在的心灵美，以“内秀”补偿“外丑”，明白“腹有诗书气自华”的道理。

2. 正确对待挫折和失败

一个人在成长过程中，难免会有失败，要有勇气面对挫折，认真总结教训，树立不达目的不罢休的信心。人常说“吃一堑，长一智”“从哪里跌倒，就从哪里爬起来”。因此，大学生应正确地对待学习、生活中的种种困难与挫折，从困境中走出来，总结教训，吸取经验，认可自己的能力，提高自己的能力，实现自己的理想。

拓展阅读

你不必自卑

作者/曾奇峰　朗诵/陈贞

人人都自卑。形成自卑的过程大约有两种。一是在小时候跟成人的比较过程中，每个人都有不如成人的深刻体验；再加上某些不太利于成长的环境，自卑的状态就可能凝固在心里。二是每个人对自己的事情都比较了解，对别人的事情比较不了解，在自己的视野下，神秘的那边被不自觉地赋予了一些同样神秘的力量或者光环。

自卑源于所有生物都具有的攻击性。这种攻击性的呈现方式，就是在心理和行为层面，时时、处处跟他人的比较。比较就是竞争，竞争就是在智力和体力上对他人实施攻击。

自卑者的攻击多半是在其内心完成的。在面对一个他假想的竞争对手时，攻击自动发射。如果对手显得比自己强大，攻击就很快朝向自己，于是出现自卑者都有的内心世界：自责、压抑、焦虑或者恐惧。这个复杂而迅速的过程，自卑者和旁人通常都察觉不到。

表面看来，自卑是瞧不起自己。但是，如果一个人从来没有把自己跟别人比较之后而瞧不起别人，那也就不会有在比较之后的瞧不起自己。换句话说，没有攻击别人，也就不会有技不如人的结果和失败后的自卑了。

有一点点自卑，不是一个太大的问题。过度自卑却可能对生活的方方面面都产生不良的影响。过度自卑者的外在表现形式可以完全相反。有些自卑者，毫不掩饰自己的自卑，经常在自己的言行中呈现弱小和胆怯；另一些自卑者，则“自欺欺人”，他们外在的表现形式，却是自鸣得意、目空一切的自傲和自信。

跟过度自卑的人打交道，是一件危险的事情。因为他们的极大的攻击性不是消失了，而是转向了自身，一旦有了时机，这些攻击性便会以出人意料的方式攻击他人。我们看到的事实就是，有些人自卑到了经常受欺负的程度，当他们忍无可忍反击的时候，通常是“一鸣惊人”。

向内攻击的表现，或者说自卑的表现，证明这个人的人格水平已经发展到很高的阶段。比较而言，总是向外释放原始攻击性的人，则处在心理发展的较低阶段，极端的例子是反社会型人格，他们不断地攻击他人和社会，跨越法律的边界，往往会受到法律的制裁。

一个著名大学的研究生告诉我，他如何如何自卑。具体地说就是对自己的一切，包括长相、身材、智力、成绩等都不满意，而且还对自己使用了很多尖刻的贬义词，我听了都替他心痛。有一次我感慨地对他说：“你实在是太瞧不起别人了啊。”当时他听了很吃惊。几个月之后他告诉我，他回去仔细体会了这句话的含义，开始学习瞧得起或者说欣赏别人，奇迹般的效果是，慢慢地他都忘记自己的自卑了。

每个人都是大自然独一无二的创造物，所以每个人都不必自卑。这句话等于是说：每个人都不必通过瞧不起他人来瞧不起自己。苍天在上，它会毫不吝啬地给予那些抬举别人的人以抬举自己的力量。

(三)坚持自尊自爱

坚持自尊自爱能促进一个人的正确行动、事业成功与身心健康。坚持自尊就是要坦然接纳自我，包括自己的体貌与优缺点。一个人应该坦然接受遗传决定的自己的高矮胖瘦、壮弱美丑，承认与接纳自己的不足，而无须自视清高或伤悲。坦然接受即是抛弃毫无意义的掩耳盗铃式的虚荣，也可以说是自尊的坚实基础。坚持自爱就是适当地关心自己。在坦然接受自身的同时，适当关心自己的仪表和身体的各种官能，要调整休息、饮食、游玩与休闲。只有放松了身体各部分官能，才能保证人的体貌有活力而动人。关心自己，更为重要的是开放思想与开阔心境，使行动充满活力。在竞争激烈的社会里，不多关爱自己一点，过量的工作、过度的紧张、过多的责任，就会使自己像机器人一样只有固定化的反应

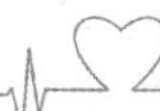

和磨损老化的趋势，身心疾病就会接踵而来。

（四）努力完善自我

自我完善是个体在认识自我、认可自我的基础上，自觉规划行为目标，主动调节自身行为，积极改造自己的个性，使个性全面发展，以适应社会要求的过程。

1. 确立正确的理想自我

正确的理想自我是在自我认识、自我认可的基础上，按社会需要和个人的特点来确立自我发展的目标。大学生要积极探索人生，理解人生，树立正确的人生观、价值观和世界观，为理想自我的确立寻找合适的人生坐标，从个人与社会的联系中，认识有限人生的价值和意义，并通过实现这一目标而努力地完善自我。

2. 努力提高现实自我

不断战胜旧的自我，重塑新的自我。既要努力发展自己，又绝不能固守自我。要积极主动地为社会服务，勇于承担重任，既注重自我价值的实现，又在为他人和社会服务、为国家和民族作贡献的过程中实现自我价值。当然，提高现实自我是一个长期的过程，必须坚持不懈，持之以恒，才能使现实自我不断地向理想自我靠拢，并最终实现自己的人生目标。这一过程，也就是大学生努力完善自我的过程。

3. 逐步获得自我统一

认真进行自我探究，逐步获得积极的自我统一。自我统一意味着“主体我”和“客体我”的统一，自我认识、自我体验和自我调控的统一。大学生在认真探索人生的过程中，逐步获得积极的自我统一，实现自身的价值。在获得自我统一的过程中，首先要分析和确认“理想自我”的正确性和可行性，然后与现实自我相对照，最后有针对性地、有计划地解决二者之间的矛盾，缩小差距，最终获得统一。

总之，自我意识的发展是一个漫长的过程。大学阶段是自我意识发展的重要阶段，因此正确认识自我意识发展的特点，引导大学生全面认识自我，积极悦纳自我，努力完善自我具有重要意义。

拓展阅读

我的三个"我"

理想的我可以激发我们上进，引导我们完善自己。但如果理想过于脱离实际，根本无法实现，则可能对个人的自信心造成致命的打击。一个心理健康的人，三个"我"应该是基本一致、协调和谐的。当一个人自己与他人眼中的"我"没有太大的差距，个人理想也没有脱离现实，就是一个自我形象明确而健康的人。但当三个"我"不协调时，我们就应该问问自己，别人为何不了解我？我的目标是否定得过高？

不过，我们也不必期望自己的三个"我"完全一致，因为那是不切实际也不现实的期望，只会给我们带来负面情绪。如果有人总是急切地用理想自我的标准去苛求现实自我，那么就会难以忍受二者之间的矛盾与差异，就注定要承受自己摧残自己的痛苦。而一旦一个人的自信被摧垮，他与理想的自我便永远无缘了。

(五)利用潜能，超越自我

每个正常人身上都会有一些未被注意或发现的潜力，充分挖掘这些潜力，就会使"自我"不断地得以发展。人脑为超越自我提供了无限发展的可能性，研究表明，人的大脑的利用率还很低，所以首先要开发利用大脑尤其是右脑。其次，要发现和利用自己的感官潜能。有的人嗓音好，有的人听力好，有的人平衡感好，有的人心灵手巧……这些都是个人成才的潜在力量。再次，要战胜惰性。追求快乐和舒适是人的本性，但它会阻碍人去奋斗。因为要奋斗就会有痛苦，这与快乐原则相违背。惰性是超越自我的大敌，它会使人放弃一切努力，或得过且过，或畏难不前。每一个成功者的经历都证明了"一分耕耘一分收获""一分辛苦一分才华"。因此，我们在现实生活中，要与惰性作斗争，以勤补拙、以长补短，努力超越自我。

自我意识团体辅导活动

——探寻最美的我

一、团体辅导活动——20个“我是谁”

【活动目的】

从自我察觉的角度帮助团体成员进行自我探索，强化积极的自我体验，建立合理的自我认知。

【活动内容】

1. 写出20句“我是怎样的人”，要求尽量选择一些能反映个人风格的语句，避免出现类似“我是一个男生”这样的句子。

我是一个__________的人。

我是一个__________的人。

……

2. 将陈述的20项内容做下列归类：

A. 身体状况（你的体貌特征，如：年龄、身高、体形、是否健康等）。

B. 情绪状况（你常持有的情绪情感，如：乐观开朗、振奋人心、烦恼沮丧等）。

C. 才智状况（你的智力、能力情况，如：聪明、灵活、迟钝、能干等）。

D. 社会关系状况（与他人的关系、如何和别人应对进退、对他人常持有的态度、原则，如：乐于助人的、爱交朋友的、坦诚的、孤独的等）。

E. 其他。

分类是为了了解对自己各方面的关注和了解程度，某一类项目多，说明你对这方面关注和了解多；某一类项目少或没有，说明你对这方面关注和了解少或根本就没关注、不了解。健全的自我意识应能较为全面地关注和了解自己。

3. 评估你对自己的陈述是积极的还是消极的。在你列出的每句话的后面加上正号（+）或负号（-）。正号表示“这句话表达了你对自己肯定、满意的态度”，负号的意义则相反，表示“这句话表达了你对自己不满意、否定的态度”。看看你的正号与负号的数量各是多少。

如果你正号的数量大于负号的，说明你的自我接纳状况良好。相反，如果你的负号将近一半甚至超过一半，则说明你不能很好地接纳自己，你的自尊程度较低。这时你需要内省一番，寻找问题的根源，比如是否过低地评价了自己，是什么原因使你变成这样，有没有改善的可能。

4. 分组交流。将团体成员分成8~12人的小组，在组内进行交流。交流对自己的认识，以及对活动的感受。

5. 团体内分享。每组派一名代表在团体内进行小组情况交流或发表个人体会，供大家分享。

我是谁

1. 我是一个________________的人。　　类型______ 评估______
2. 我是一个________________的人。　　类型______ 评估______
3. 我是一个________________的人。　　类型______ 评估______
4. 我是一个________________的人。　　类型______ 评估______
5. 我是一个________________的人。　　类型______ 评估______
6. 我是一个________________的人。　　类型______ 评估______
7. 我是一个________________的人。　　类型______ 评估______
8. 我是一个________________的人。　　类型______ 评估______
9. 我是一个________________的人。　　类型______ 评估______
10. 我是一个________________的人。　　类型______ 评估______
11. 我是一个________________的人。　　类型______ 评估______
12. 我是一个________________的人。　　类型______ 评估______
13. 我是一个________________的人。　　类型______ 评估______
14. 我是一个________________的人。　　类型______ 评估______
15. 我是一个________________的人。　　类型______ 评估______
16. 我是一个________________的人。　　类型______ 评估______
17. 我是一个________________的人。　　类型______ 评估______
18. 我是一个________________的人。　　类型______ 评估______
19. 我是一个________________的人。　　类型______ 评估______
20. 我是一个________________的人。　　类型______ 评估______

类型	A. 身体状况	B. 情绪状况	C. 才智状况	D. 社会关系状况	E. 其他
数量					
评估					

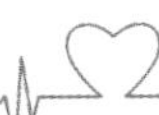

二、心海沙盘——战胜自卑　重塑自信

自卑，就是自我评价过低，自己瞧不起自己，有己不如人的感觉，担心自己笨拙，对自己的价值产生怀疑，是一种人格上的缺陷，是一种失去平衡的行为状态。自卑常以一种消极防御的形式表现出来，如嫉妒、猜疑、羞怯、孤僻、迁怒、自欺欺人、焦虑紧张、不安等。自卑使人变得十分敏感，经不起任何刺激。

心理学家阿德勒认为，每个人都有先天的生理或心理欠缺，这就决定了每个人的潜意识中都有自卑感存在。处理得好，会使自己超越自卑去寻求优越感，而处理得不好就将演化成各种各样的心理障碍或心理疾病。另外，自卑容易销蚀人的斗志，导致人就像一把潮湿的火柴，再也燃不起奋斗的火花。而长期被自卑笼罩的人，不仅心理活动失去平衡，而且也会诱发生理失调和病变。最明显的是自卑对心血管系统和消化系统有不良影响。自卑是由过多的自我否定而产生的自惭形秽的体验。有自卑感的人轻视自己，过分看重自身短处，否定自己的长处或对自身长处没有足够的认识，因而常表现出胆怯、畏惧、怀疑，担心被人嫌弃和拒绝，在行为中采取逃避方式。可以说，自卑对人的心理发展有很大的影响。现在，我们先来填写一份意志测量表做个小测验来看看是否感到自卑。

【重塑自信的训练方法】

1. 确定令人不安的条件或情况。想想你的生活中哪些事在困扰你并且贬低你的自尊。你也许容易动怒，总以为会发生最坏的事，而你想改变这样的个性和行为。你也许在与抑郁作斗争，觉得对改变生活处境无能为力，或者亲人逝世，或者你想改善跟同学、老师、家人的关系。

2. 认识你自己的信念和想法。一旦你界定了困扰你的情境，注意你相关的想法，包括你对自己说些什么，你觉得这样的情境对你来说意味着什么，以及你对自己、别人和事件的看法。你的想法也许是积极的、消极的或者是中性的。它们可以是理性的（基于事实和推理），也可以是不理性的（基于错误的想法）。

3. 指出消极和错误的想法。你对特定事情的想法会影响你的反应。对人和事消极或失真的想法，会导致不健康的身体、情感和行为反应。包括：身体反应，如脖子僵硬、背部酸痛、心跳过快、胃病、盗汗和睡眠问题；情绪反应，如注意力难以集中，觉得沮丧、愤怒、悲伤、紧张、自责、忧虑；行为反应，如在不饿的时候也吃，避免工作，比平时更加努力地工作，独处的时间越来越长，怨天尤人。

4. 挑战消极和错误的想法。你对处境的认识也许可以换一种看法，所以，检查你思想的准确性。问问你自己，你关于处境的想法是否出于事实和逻辑，看看它是否还有其他解释。

5. 改变你的想法和信念。最后一步是用积极的想法代替消极的想法，这样能够让你用建设性的方法去处理问题，增强你的自信。

第三章　解读面具

——大学生健康人格的塑造

本章知识图谱

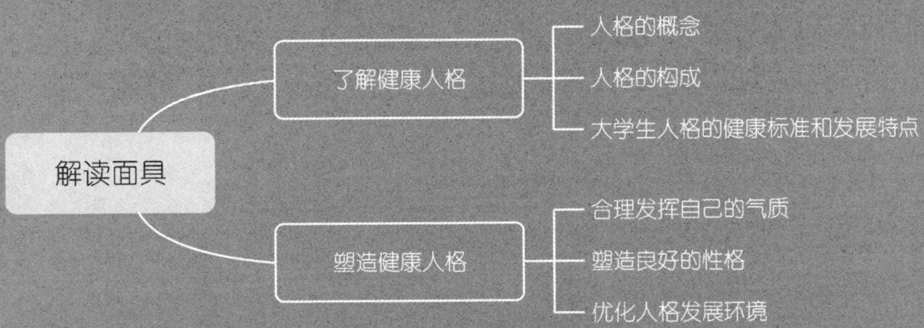

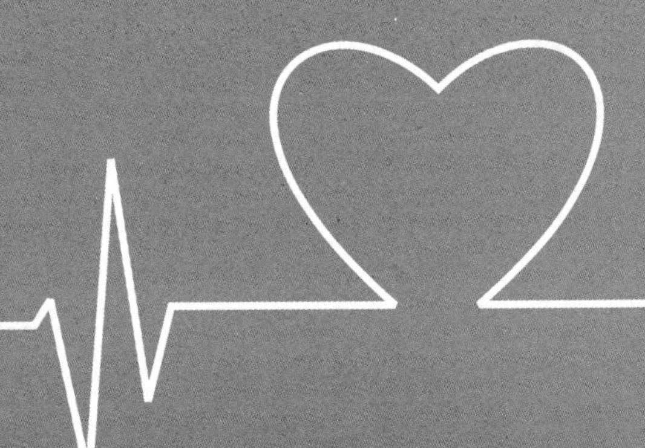

本章学习目标

1. 了解人格的概念和构成。
2. 了解大学生人格的健康标准和发展特点。
3. 了解不同气质类型的优势与不足，以及在现实生活中如何扬长避短。
4. 学会在现实生活中合理运用自己的气质，塑造良好的性格，培养良好的意志品质。

第一节　了解健康人格

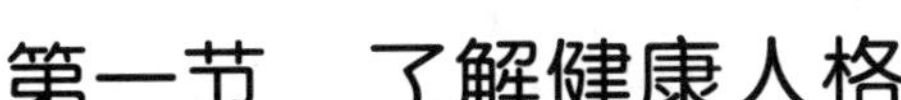

一个现象近年来越来越突出——非常优秀的年轻人，成长过程中没有明显创伤，生活优渥、个人条件优越，却感到内心空洞，找不到自己真正的目标，就像漂泊在茫茫大海上的孤舟一样，感觉不到生命的意义和活着的动力，甚至找不到自己。这背后的根源到底是什么？物质越来越丰富，为什么精神世界却越来越贫乏和苍白？

这让我想到一个词——“空心病”。

“空心病”是什么意思呢？我征得一些典型个案来访者的同意，把他们写给我、说给我的一些话，念给大家听：

“我感觉自己在一个四分五裂的小岛上，不知道自己在干什么，要得到什么样的东西，时不时感觉到恐惧。19年来，我从来没有为自己活过，也从来没有活过。”一位高考状元在一次尝试自杀未遂后这样说道。

“学习好工作好是基本的要求，如果学习好，工作不够好，我就活不下去。但也不是说因为学习好、工作好了我就开心了，我不知道为什么要活着，我总是对自己不满足，总是想各方面做得更好，但是这样的人生似乎没有头。”这是又一个同学的描述。

他们共同的特点，就像他们告诉我的：徐老师，我不知道我是谁，我不知道自己是要成为什么样的人。

“空心病”是人格发展缺陷的具体呈现，也称为“价值观缺陷所致心理障碍”，主要是由于缺乏支撑其意义感和存在感的价值观。

（本文选自徐凯文在2016年11月5日第九届东方家庭教育高峰论坛上的主题演讲《时代空心病与焦虑经济学》，有删改）

一、人格的概念

（一）人格的定义

人格（personality）也叫个性，这个概念源于古希腊语 persona，当时是指演员在舞台上戴的面具，与我们今天戏剧舞台上不同角色的脸谱相类似。后来心理学借用这个术语，用来说明不同的人在人生舞台上各自扮演的不同角色及其不同于他人的精神面貌。“人格”是我们日常生活中经常使用的词语，例如：“某某人格不健全”“某某出卖了自己的人格”“某某人格高尚”“某某人格卑劣”等，这些描述包含了人格的多重含义，有道德意义上的人格，有社会学意义上的人格，还有法律意义上的人格和文学意义上的人格。那么，在心理学中，人格的准确含义究竟是什么呢？美国心理学家伍德沃斯(R. S. Woodworth)认为：“人格是个体行为的全部品质。”美国人格心理学家卡特尔(R. B. Cattell)认为：“人格是一种倾向，可借以预测一个人在给定的环境中的所作所为，它是与个体的外显与内隐行为联系在一起的。”总的来说，人格是指一个人在其生活、实践活动中经常表现出来的、比较稳定的、带有一定倾向性的个体心理特征的总和，指一个人区别于其他人的独特的精神面貌和心理特征。

（二）人格的本质特征

1. 独特性

人格具有独特性。人格是在遗传、成长、环境、教育等先天和后天因素的交互作用下形成的，不同的遗传、生存环境和教育方式等形成了各种独特的人格。人与人之间没有完全一样的人格特点。

2. 稳定性

一个非常朴素、节俭的人，在各种不同的场合都会表现出这种特征，而且这种特征在短时间内不会发生很大的变化，这就是人格的稳定性。在行为中偶然显现的短暂的心理特征，不能称为人格。当然，人格具有稳定性并不是说它在人的一生中都是不变的，随着生理、心理的成熟和环境的改变，人格也有可能发生一些改变。

3. 统合性

人格是由多种成分构成的一个有机整体，受自我意识的调控，具有内在的一致性。人格的统合性是心理健康的重要标志。当一个人的人格结构在各个方面和谐统一时，他的人格就是健康的。否则，就会出现一些困难，严重时可能出现人格分裂。

4. 功能性

人格决定一个人的处事方式和生活态度。面对同样的挫折、困难，具有不同人格的人在承受这些挫折时会有不同的表现，例如乐观者视其为成功之母、必经途径，悲观者则可能视其为命运的不公，怨天尤人，这就是人格功能性的表现。

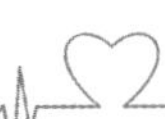

二、人格的构成

人格是一个复杂的结构系统，由不同成分构成，不同成分从不同侧面反映出人格的差异。人格结构系统包括认知、动机、气质、性格、自我调控等。其中，气质和性格是人格心理特征的重要组成部分。

（一）气质

1. 气质的含义

人们通常所说的“江山易改，秉性难移”，其中的“秉性”指的是一个人的气质。气质是个人生来就具有的心理活动的动力特征，表现在心理活动的强度、速度、灵活性与指向性等方面的一种稳定的心理特征。如感知觉的敏锐度、思维的灵活性、情绪的反应性等，它使个体的心理活动染上一层独特的色彩。气质是人格的基础之一，是人格结构中比较稳定的并与遗传联系密切的成分。人的气质差异是先天形成的，孩子刚出生时，最先表现出来的差异就是气质差异，有的孩子喜欢哭闹，有的孩子喜欢安静。气质是人的天性，无好坏之分。任何一种气质类型的人既可以成为品德高尚、有益于社会的人，也可以成为道德败坏、有害于社会的人。气质不能决定一个人的成就，任何气质类型的人经过自己的努力都可能在不同的社会领域中取得成就，也可能沦为平庸无为的人。

2. 气质的类型与特点

关于气质的学说有很多，其中影响力比较大的是希波克拉底的“四液说”。公元前 5 世纪，古希腊医生希波克拉底（Hippocrates）觉察到不同的人有不同的脾气，由此他假设人体内有四种体液：血液、黄胆汁、黏液和黑胆汁。人体的液体就是这四种体液按一定比例组成的混合液。他把这种混合液称为 crasis，译成现代汉语就是气质。由于这四种液体在人体里的比例是不同的，人的气质也被分成了四大类：多血质、胆汁质、黏液质和抑郁质。多血质的人体内血液占优势，胆汁质的人体内黄胆汁占优势，黏液质的人体内黏液占优势，抑郁质的人体内黑胆汁占优势。当然希氏的说法是不科学的，但这四种气质类型的划分名称及现实表现被现代心理学继承下来。在现实生活中，纯粹属于某一种气质类型的人为数极少，更多的人往往是以一种为主，兼有其他一种或两种的混合型。

（1）胆汁质（兴奋型）——这类人精力旺盛，直率、热情，行动敏捷，情绪易于激动，心境变换剧烈。他们有理想、有抱负、有独立见解，反应迅速，行为果断，表里如一；不愿受人指挥，而喜欢指挥别人；一旦认准目标，就希望尽快实现，遇到困难也百折不挠。但往往比较粗心，学习和工作带有明显的周期性特点，初期能以极大的热情和旺盛的精力投入学习和工作，一旦精力消耗殆尽，便会失去信心，情绪顿时转为沮丧而心灰意冷。

(2)多血质(活泼型)——多血质的人喜怒哀乐形于色，情绪都在展现中，可塑性强，具有活泼好动、反应迅速、情绪发生快而多变、兴趣广泛但容易转移等特征。这类人易于适应环境的变化，性情活泼、热情，善于交际，在群体中精神愉快，相处自然，常能机智地摆脱困境；他们在学习和工作上肯动脑筋、主意多，不安于机械、刻板、循规蹈矩，常表现出较强的工作能力和较高的办事效率；对外界事物兴趣广泛，但容易失于浮躁，见异思迁。

(3)黏液质(安静型)——黏液质的人安静、稳重，反应缓慢，沉默寡言，情绪不易外露，注意力稳定难以转移，善于忍耐。这类人反应较为迟缓，但无论环境如何变化，都能基本保持心理平衡；凡事深思熟虑，力求稳妥，一般不做无把握的事情，在各种情况下都表现出较强的自我克制能力；他们外柔内刚，沉静多思，不愿流露内心的真情实感；与人交往时态度适度，不卑不亢，不爱抛头露面和作空泛的清谈；学习、工作有板有眼，踏实肯干，恪守既定的生活秩序和制度。但他们过于拘谨，不善于随机应变，固定性有余而灵活性不足，有墨守成规、因循守旧的表现。

(4)抑郁质(抑制型)——抑郁质的人孤僻，行动迟缓，情感体验深刻，善于觉察别人不易觉察到的细小事物。这类人在生理上难以忍受或大或小的神经紧张，厌恶那些强烈的刺激；他们的感情细腻而脆弱，常为区区小事引起情绪波动；自己心里有话宁愿自己品味，不愿向别人倾诉；喜欢独处，与人交往时显得腼腆、忸怩，善于领会别人的意图，在团结友爱的集体中，很可能是一个容易相处的人；遇事三思而行，求稳不求快，对力所能及的工作能认真负责地完成。在学习、工作一段时间后，常比别人更感疲倦；在困难面前常怯懦、自卑和优柔寡断。

3. 气质与学习的关系

不同气质的人，对同一件事情的反应是完全不同的。苏联的一位心理学家曾形象地描绘了四位不同气质的人对同一情景所表现出来的不同行为。四位不同气质的人去剧院看戏，都迟到了。这时，多血质的人看到楼下检票员很严，马上会想到设法另寻门路，结果他从楼上的门进去了；胆汁质的人会和检票员争吵，并不顾阻拦闯入剧院；黏液汁的人会很规矩地等在大门外，等幕间休息时再进去，并自我安慰“第一场戏总是不太精彩的”；抑郁质的人则会叹息自己不走运，接着便掉头回家。由此可以看出，不同的气质类型会使人在学习、工作、生活中，对于同样的事情做出不同的决定。

我们要了解自己的气质类型和气质特征，做到“一把钥匙开一把锁”，有的放矢地调整学习方法，使学习成绩更上一层楼。比如胆汁质学生学习热情高但粗心、急躁，因此要培养自己的耐心，养成自制、坚忍、镇定的性格；多血质学生机智灵敏，适应性好，兴趣广泛，但不踏实，因此不能放松对自己的要求或使自己无所事事；黏液质学生刻苦认真，但迟缓、不灵活，因此需要积极主动地探索新问题，多参加集体活动；抑郁质学生思维深刻，谨慎细心，但迟缓、精力不足，因此要培养自信心，消除顾虑感。

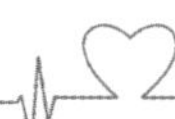

心理自助

气质类型自测

气质类型无好坏之分。可以把人们相对地分为不同的气质类型，但却不能据此就把人区分为优劣、好坏，因为气质类型并不是人品的标签。任何一种气质类型在此一种情况下可能是具有积极意义的，而在另一种情况下则可能是具有消极意义的。因此并不能说这种气质是好的，那种气质是坏的。我们不必要为自己类属于哪一种气质而忐忑不安或者沾沾自喜。

（二）性格

1. 性格的含义

性格是什么？“性格”一词源自于希腊语，为标记、特征之意，常常被用于表示事物的某种性质或性能。现在，心理学中一般把性格定义为具有核心意义的人格心理特征，是指一个人对周围事物的一种稳固的态度和与之相适应的习惯化了的行为方式。因此，性格是人们具有核心意义的稳定的人格特征。性格的含义可从以下三个层次来理解。

（1）性格是人对现实的态度和行为方式概括化与定型化的结果。人们生活在社会中，不可能不对各种有关事物产生一定的看法，作出一定的选择，采取一定的行为方式，这种过程就是性格的表现。例如，“愚公移山”反映了坚忍不拔的性格特点；“守株待兔”反映了一个人懒惰、愚顽的性格特点。可见，性格的态度体系并不是孤立存在的，人对现实的态度总是自觉或不自觉地渗透到他的生活和行为方式中。那些对社会、对工作、对他人抱积极态度的人，在生活中总是为人热情、坦诚，工作认真、勤恳；而对现实持消极态度的人却时常表现出吝啬、斤斤计较、不负责任、独断专行等。人们对现实的态度和与之相适应的行为方式共同构成了人的性格。

（2）性格指一个人独特的、稳定的人格心理。性格有很大的个别差异，每个人对事物的看法都自成体系，行为表现也有其独到之处。性格是比较稳定的，因为它是人对事物的态度、行为方式的概括化和定型化的结果。那种属于一时的、情境性的、偶然的表现，不能构成人的性格特征。例如，一个人在偶然的场合表现出胆怯行为，不能就此认为这个人具有怯懦的性格特征。因此，如果我们了解一个人的性格，就能预料他在某种情况下会表现出什么样的态度和行为。在“空城计”的故事中，诸葛亮由于掌握了司马懿多疑寡断的性格，才敢于空城设疑等援兵，最后取得胜利。性格的稳定性又不是绝对的，性格还有可塑的一面。除了重大事件的影响外，性格的改变一般都要经过较长时间的环境影响和主体实践。

(3)性格是人格特征中最具核心意义的心理特征。性格在人格特征中的核心地位表现在两个方面。一方面，在所有的人格特征中，唯有人的性格与个体需要、动机、信念和世界观联系最为密切。人对现实的态度直接构成了个体的人生观体系，人的各种行为方式也是在这种态度体系的影响和指导下逐渐形成的。因此，性格是一个人道德观和人生观的集中体现，具有直接的社会意义。另一方面，性格对其他人格特征也具有重要的影响。性格的发展规定了能力和气质的发展，影响着能力和气质的表现。成语中的“勤能补拙”，就说明性格对能力有巨大作用；某一种气质的消极方面，也可以通过性格的优点加以改造或掩盖。总之，具有良好性格品质的人能最大限度地发挥自己的聪明才智，适应现实生活。

2. 性格的构成

一般认为性格由四个方面的特征构成。

(1)态度特征：人对现实世界的态度是性格最重要的组成部分，主要指个人在对社会、集体、单位、工作、学习和生活等的态度中所表现出来的性格特征。例如，对社会有高度责任感、义务感者通常为人正直、诚恳，对工作认真负责等。

(2)认知特征：人们在感知、记忆、想象和思维等认识过程中表现出的个别差异。在感知方面表现出来的性格差异，有被动感知型和主动观察型、详细罗列型和概括型等；在思维中也表现出性格上的差异，有独立思考型和模仿型等。

(3)情绪特征：一个人的情绪活动在情绪强度、稳定性、持续性以及心境稳定等方面表现出来的个别差异。例如，有的人情绪活动比较强烈，很难平息；有的人情绪体验比较微弱，总是冷静地对待现实，容易平息。

(4)意志特征：在意志行动中所表现出来的性格特点，具体表现在一个人习惯化的行为方式中。例如，一个人是否具有明确的行为目标的意志特征，有些人有明确的目的性，有些人没有计划；对行为自觉控制水平的意志特征，有些人具有良好的自制力和主动性，有些人则反之；在紧急或者应激状况下表现出来的意志特征，有人遇事沉着镇定，有人遇事慌张；在长期的工作中表现出来的意志特征，有些人坚持不懈，有些人则半途而废。

3. 性格的类型

人们的性格是千差万别的，有的让人感到和谐，有的则让人觉得不舒服。归根结底，是因为各种性格特征独特而有机的结合造成了不同的性格类型。我们可以从不同角度和侧面对性格类型进行不同的划分。

(1)按照知、情、意在性格中哪种心理机能占优势可以把性格分为理智型、情绪型和意志型三种。理智型的人以理智支配自己的行动；情绪型的人，情绪体验深刻，举止容易受情绪左右；意志型的人具有较明确的目标，行为主动。

(2)按照个体的心理倾向把性格划分为外倾型和内倾型。外倾型的人心理活动倾向于外部，活泼开朗，善于交际，感情易于外露，处事不拘小节，独立性较强，但有时粗心、轻

率；内倾型的人心理活动倾向于内部，一般表现为感情含蓄，处事谨慎，自制力强，交往面窄，适应环境比较困难。

(3)按照个体独立性程度可以把性格划分为独立型和顺从型。独立型的人不易受外来事物的干扰，他们具有坚定的信念，能独立地判断事物，独立地发现问题和解决问题，在紧急和困难的情况下不慌张，易于发挥自己的力量，但有时会把自己的意志强加于人，固执己见，不易合群。顺从型的人亲和力强、随和、谦虚，易与人合作，容易接受别人的意见，但独立性较差，易受暗示的干扰，在紧急情况下易惊慌失措。

(三)气质与性格的关系

性格和气质都是人的个性心理特征，它们的关系十分密切。在实际生活中，人们经常把二者混淆起来，把气质特征说成性格，或把性格特征说成气质。例如，有人常说某人的性格活泼好动，有的人性子太急或太慢，其实讲的都是气质特点。性格与气质是既有区别又有联系的两种不同的个性心理特征。

1.气质与性格的区别

气质和性格的区别主要表现在以下三个方面。首先，气质是先天的，更多地受个体高级神经活动类型的制约，一般产生在个体发展的早期阶段。性格是后天的，在个体的生命开始时期并没有性格，它是人在活动中与社会环境中相互作用的产物，具有社会性。其次，从可塑性来看，气质受先天因素影响大，变化比较难、比较慢，可塑性不大，即使可能改变，也较不容易。性格主要是在后天形成的，具有社会性，变化比较容易些，可塑性较大，即使是已经形成的性格，如果意志力坚定，想要改变也是能够改变的。再次，气质是个体心理活动的动力特征(即强度、速度等)，与行为的内容无关，因此气质无好坏善恶之分。性格涉及行为的内容，表现个体与社会的关系，因而有好坏善恶之分。

2.性格与气质的联系

从联系上看，性格和气质是相互渗透、彼此制约的。先从气质对性格的影响上来看。首先，气质可按自己的动力方式渲染性格，使性格具有独特的色彩。比较明显的是在性格的情绪性和表现的速度方面。例如，同样是具有勤劳性格特征的人，多血质的人表现为精神饱满、精力充沛，黏液质的人表现为操作精细、踏实肯干等。其次，气质还会影响性格形成和发展的速度。例如，自制力或忍耐性格的形成，对抑郁质的人比较自然容易，而胆汁质的人往往需要经过极大的克制和艰苦努力，形成之后也很不稳定。再次，气质会影响个人性格的形成。因为性格是通过教育和环境作用后天形成的，具有社会性，而气质在个体发展的早期阶段就表现出来，是先天的。比如有些婴儿一出生就喜欢哭闹，一些婴儿一出生就很安静，这些婴儿的不同表现方式会影响父母对其的教育方式，所以会形成不同类型的性格。再从性格对气质的影响上来看，性格可以在一定程度上掩盖或改造气质，使之符合社会实践的要求。例如，从事精细操作的外科医生应该具有冷静沉着的性格特征，在职业训练过程中有可能掩盖或改造容易冲动和不可遏止的胆汁质的气质特征。

三、大学生人格的健康标准和发展特点

（一）大学生人格的健康标准

健康的人格就是要求大学生要有远大的奋斗目标和强烈的道德责任感；有奋斗目标才有动力，才会不断地汲取知识去充实自己；有了正确的道德感才会形成正确的行为，才会履行自己应承担的责任；具有正确的自我意识和良好的情绪调控能力；具有良好的社会适应能力与和谐的人际关系；具有合作精神，自律、自强、自制是人格的基石；具有乐观向上的生活态度和健康、崇高的审美情趣；具有健康的心态和宽容的精神。对生活要有积极的心态，做什么事都要充满激情和热情。

（二）大学生人格的发展特点

当代大学生在人格发展中呈现出如下五个方面的特点。

1. 对自己有正确的认识和评价

首先是能自我认识，对自己有一个正确的、中肯的评价，对自己所有的与所缺的都比较清楚和明确，理解现实自我与理想自我之间的差别。其次是自我接受，接受自己的一切，不管是优点还是缺点。大多数人都有明确的奋斗目标和愿望，并能为之努力。

2. 智能结构健全

能够考入大学的学生可以说智商大部分都在常态范围之内，具有良好的观察力、记忆力、思维力、注意力和想象力等，没有认知障碍，各种认知能力能有机结合并发挥其应有的作用。

3. 有较强的适应能力

当代大学生对外部世界有着浓厚的兴趣和爱好，喜欢广交朋友，人际交往范围逐渐扩大，并积极参加各种社会实践活动。同时，认知也越来越成熟，能够接受别人与自己在人生观、爱情观、价值观等方面存在的差别，并能根据实际情况客观地正确地看待事物，而不是根据自己的主观愿望来看待事物。

4. 具有一定的创造性和竞争意识

能把学业、事业看成生活的重要组成部分。在学业上有较强的进取心和责任感，具有

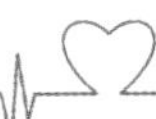

竞争意识和开放的思想观念，少有保守思想。喜欢创造，勇于创新，甘愿冒险，独立性强，富有幽默感，态度务实。

5. 情感饱满适度

我国当代大学生在情绪、情感体验上稳定性与波动性、外显性与内隐性等并存。积极的情绪、情感在学习、生活中占主导地位。

这些特点表明，我国大学生人格发展状况基本良好，大学生在人格教育方面具有良好的自觉性。

第二节 塑造健康人格

心理讲堂

2016 年 2 月，吴谢宇弑母案引发社会关注。吴谢宇具有双面人格：一面是被大家封神的学霸，一面是弑母案的犯罪分子。吴谢宇给他的律师留下了深刻的印象，他人前显得轻松，背后学起来非常累非常苦，特别希望被人认可，很在乎别人的评价。他虽然很会考试，但实际上很自卑，“从小就毫无主见、人云亦云，从没有自己的判断力，对书上写的东西从来都迷信盲从，极容易钻牛角尖地彻底陷进去”。

吴谢宇认为高中是他最快乐的时光，这也是他作为学霸被大家“封神”的几年。高考被吴谢宇看作挫败的经历，“高考我才考了 670 分，省里才排 114 名，幸亏之前已有自主招生 60 分才上了北大。高考考砸，我对自己极度失望，我觉得我输掉了此生最大的战役。”在北大的学习，他觉得自己已经学到了呕心沥血的程度，却考不了第一名，挫败感很强。再加上身体偶有不适，他觉得自己可能因为家族遗传，也会很快死于癌症，以至于后来在北京的日子“惶惶不可终日”。

吴谢宇弑母之后，他每天一遍遍给自己洗脑，“用尽力气，想象着我和妈妈在美国生活着的每一个细节，我和妈妈在哪里，吃什么，在做什么，上什么课，心情如何”，因为“争气，这原本是我最大的执念，是我活着的意义啊。我从小到大最想要的，就是我要争气来让妈妈为我骄傲啊”。他编造其母陪同其出国交流学习的事实，以需要生活费、学费、财力证明等理由骗取亲友人民币 144 万元用于个人挥霍。

2021 年 8 月 26 日，福建省福州市中级人民法院判吴谢宇犯故意杀人罪、诈骗罪、买卖身份证件罪，数罪并罚，决定执行死刑，剥夺政治权利终身，并处罚金人民币十万三千元。2023 年 5 月 30 日，福建省高级人民法院对吴谢宇故意杀人、诈骗、买卖身份证件上诉一案二审公开宣判，裁定驳回上诉，维持原判。

吴谢宇案引发我们怎样的思考？大学生应怎样完善自己的人格？希望同学们能够深入探讨与交流。

（本文选自《吴谢宇弑母案：最后的悲剧发生之前》，载《三联生活周刊》，有删改）

一、合理发挥自己的气质

(一)正确认识气质,促进人格完善

我们应该具有这样的认识：气质类型无好坏之分，不能根据气质类型区分人的优劣好坏。因为气质类型并不是人品的标签。任何一种气质类型在此一种情况下可能是具有积极意义的，而在另一种情况下则可能是具有消极意义的。因此并不能说这种气质是好的，那种气质是坏的。举例来说，多血质的人情绪丰富，工作能力较强，容易适应新的环境，但注意力不稳定，兴趣容易转移。抑郁质的人工作中耐受力差，容易感到疲劳，但感情比较细腻，做事审慎小心，观察力敏锐，善于体察到别人不易发觉的细小事物。因此，我们不必要为自己类属于哪一种气质而忐忑不安或者沾沾自喜。

气质也不决定人的社会价值和成就高低。同样气质的人可以是对社会贡献差别极大的人，而不同气质的人也可能在成就上相差无几。当然，不同特性的工作或职业对人的心理品质有不同的要求，这决定了不同气质可能适合于不同的工作。比如，有些工作要求具有灵活、机敏的反应能力，这对于多血质和胆汁质很适合，而对于黏液质和抑郁质的人则是勉为其难了。相反，有的工作要求持久、细致的操作，在这方面，黏液质和抑郁质就更容易胜任。

(二)各种气质的扬长避短

我们不可以改变气质，但是却可以利用自己的气质特点来选择不同的职业。某些气质特征往往能为个人从事某种职业活动提供有利条件。例如，胆汁质者可以成为出色的导游、推销员、节目主持人、演讲者、外事接待人员等，他们适合于喧闹、嘈杂的工作环境，而对于需要长期安坐、细心检查的工作则难以胜任；对于多血质者适宜的工作有外交官、管理者、公关人员、驾驶员、新闻记者等，但他们不适宜做过分细致的工作，单调机械的工作他们也难以胜任；外科医生、法官、会计、话务员、播音员等是黏液质者比较适合的工作；对于抑郁质者来说，胆汁质者无法胜任的工作他们倒恰好适合，如校对员、打字员、检查员、化验员、保管员、机要秘书等都是他们理想的工作。

了解自己和他人的气质类型在人际交往中也有重要意义。如向黏液质者提出要求，应让他有时间考虑，对抑郁质者应多给予关心和鼓励，与胆汁质者打交道应避免发生冲突等，当然，这都是从一般意义上来说的。

大学生了解了自己的气质类型，就要经常有意识地控制自己气质的消极方面，发扬积极方面，以利于形成良好的个性。充分发挥气质积极的一面，克服气质消极的一面，可利于自己将来选择各种不同的职业和专业，以求人尽其才。

胆汁质者应保持自己有抱负、自信、热情、主动的长处，在学习、工作、生活中尽量发

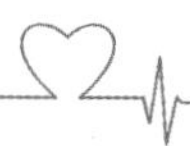

挥自己擅长独立思维的特点，用自己的坦诚去结交朋友，成为一个受欢迎的人。但要注意克服粗心大意、简单化的毛病，平时在日常生活中可有意地“三思而后行”。对自己的信任应该建立在实事求是的基础上，否则就成了刚愎自用。对自己奔放的情感要有所控制，并使其维持长久。

多血质者可充分发挥机智活泼、善于适应环境变化的特长，在集体生活中出谋划策，以自己的朝气、生动的语言和表情为整个活动增色。但要注意保持情绪的稳定，不要养成忽冷忽热的习惯。多血质者反应灵敏、兴趣广泛，这并不意味着的学习就可以耍小聪明，一知半解。要改正做事情只求速度，不讲质量的缺点。

黏液质者学习作风踏实，工作起来有条不紊，情绪稳定，善于自我控制，这些都是要发扬的积极面。但稳定并非死板固执，尤其是对新生事物应从新的角度、以新的方法来对待，不能墨守成规。在人际交往中冷静之外如能加上一些热情，相信会更受人欢迎。平时可有意多参加一些群体活动，在群体活动中逐渐形成活泼机敏的习惯，与黏液质的积极面相得益彰。

抑郁质者能体察到一般人不易察觉之处，感情细腻深沉，应保持“细致”特色，从而认真地完成工作学习任务。但要防止细致过了头变成多疑。对生活中碰到的不愉快，不必要长时间耿耿于怀，因为挫折是生活的必需。应多与人交往，学会正常地发泄感情的方法，这样生活会变得轻松许多、美丽许多。

二、塑造良好的性格

(一)大学生常见的不良性格品质

1. 悲观失望

有些人遇到不如意、失败时便垂头丧气、怨天尤人，面临重任、挑战便自认无能为力甘愿失败，对前途失去信心、心灰意懒，这些都是悲观的表现。引起悲观的既有人生态度、意志品质方面的原因，也有认知错误、人格不成熟的因素。有的人常从消极的角度去看问题，总把眼睛盯着弱点和困难的方面，或认为失败无法改变。这实际上是用悲观来对待挫折，结果是“帮助”挫折来打击自己，在已有的失败感中又增添新的失败感，就像在伤口上又撒了一把盐。这种悲观心理的发展，会使人浑浑噩噩、毫无生气，甚至厌世轻生。

2. 胆小羞怯

胆小羞怯在大学生中并不少见。一般而言，害羞之心人皆有之，但过分地害羞，就不正常了。它会阻碍人际交往，影响一个人正常地发挥才能，还会导致压抑、孤独、焦虑等不良心态。

胆小羞怯是一个自我防御心理过强的结果，其特点表现为：

(1)过于胆小被动，过于谨小慎微。羞怯者说话时，意思往往表达不清楚，说话、做事总怕有错，担心被人议论、讥笑。因此每说一句话，总要在心中反复酝酿，每做一件事，总要思前想后，为此把自己搞得神经紧张、坐立不安，而且往往为错过说话、做事的时机而后悔、沮丧、自责。

(2)过于关注自己。羞怯者特别注意自己在别人心目中的形象，总觉得自己时时刻刻处在众目睽睽之下，从而敏感、拘束。

(3)自信不足。羞怯者总是对自己的社交能力、表达能力、做事能力乃至自我形象缺乏信心，因而使本来可以做到、做好的事难以如愿。

3. 敏感多疑

敏感多疑者往往缺乏合理的思维逻辑，喜欢盲目地猜测或怀疑。敏感多疑的人往往对人对事过分敏感，看到同学背着自己说话，常疑心是在说自己的坏话；某同学没和自己打招呼，便猜他(她)对自己有意见等。

敏感多疑是很有害的性格品质，它会导致人际关系紧张、伤害他人感情、无事生非等；自己则会陷入庸人自扰、苦恼惶惑的不良心境中。

4. 盲目急躁

盲目急躁是常见的不良人格品质。表现为碰到不称心的事情马上激动不安；做事缺乏充分的准备，没准备好就盲目行动急于达到目的；缺乏耐心、细心、恒心。性情急躁之人说话办事快、竞争意识强、容易冲动、时刻处于紧张状态，常常什么都想学，而且想短时间内学会，生怕比别人落后而急于求成，但实际效果常常达不到期望的目标，从而泄气、发怒，既影响自己的健康和效率，又妨碍良好人际关系的建立。

5. 狂妄自大

狂妄自大是对自己的品质和才能给予过高的估计而产生的一种虚狂的心理状态。它具体表现为：自以为是，任性逞能，头脑发热，忘乎所以，目中无人；自我评价过高，事事以我为中心，好极度表现自己；常常无休止地陈述自己的见解，听不进别人的意见，即使在事实非常明显的情况下，也要强词夺理或推诿于客观原因等。

造成一个人性格上狂妄自大的原因是多方面的。一是家庭过分溺爱、娇惯，导致个人长期习惯于支配别人、命令别人，而不懂得怎样与别人合作；二是个人天分较高，学习成绩突出，在同学面前有一种“众星捧月”的感觉；三是青年人具有较强的自尊心与好胜心，容易造成他们固执己见、争强好胜的性格特点。

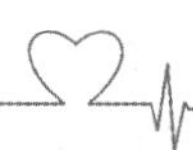

6. 冷漠无情

冷漠无情是个体遇到挫折后，对付焦虑的一种防御手段。它包括缺乏积极的认识动机、活动意向减退、情感淡漠、情绪低落、意志衰退、思维停滞等。

在生活中，当一个人不断地面临他无力战胜的困难与挫折时，他就会索性不去感受这些困难与挫折，同时表现出漠不关心的态度，并以此来保护自己。因而，从某种意义上说，冷漠无情是一种奇特的状态，是一种使人们免受打击，避免受实质损害的方式。这种状态持续时间愈久，冷漠无情愈会延续下去，并最终发展成为一种不健康的性格特性。具有这种性格特征的人，缺乏开拓进取精神，总是安于现状。

（二）培养良好性格品质

每个人的性格或多或少总会有这样那样的弱点或缺陷。俗话说："先打量自己，再纠正自己。"追求人格完善必须对自身人格中的不足之处有充分、客观的认识。一个意识到自身的弱点与缺陷并为之苦恼的人，也许可从"人无完人，金无足赤"这句古训中找到一丝安慰。然而，人不能因为不可能变成"完人"就对自己的弱点与缺陷无动于衷，而应当通过各种努力尽可能地修正自己人格的不足。其实，从某种意义上说，一个人的完美之处恰在于能够找出自身的缺点，并力图对其进行修正或控制。

我们所说的人格弱点与缺陷主要是指个体在气质、性格上的表现。因此，完善人格需从发挥气质积极面、培养良好性格方面着手。

1. 经常自省

自省即自我反省，是通过自我意识来省察自己言行的过程，是充分认识自我，提高自我的前提。朱子曰："日省其身，有则改之，无则加勉。"同学们应腾出一定的时间，对自我的言行、思想以及他人对自己的反映进行反思，分析自己存在哪些优点与不足，应该坚持或发扬什么品质。

2. 善于自警与自砺

自警就是自我提醒，自砺就是自我磨砺。宋代的司马光曾用石头做枕头，并给它取名"警枕"，提醒自己别消沉、怠惰。因为改善人格往往是在与自我的强大惯性作斗争，若不经常提醒自己，磨炼意志力，一旦碰到某种阻力，很可能会前功尽弃。

3. 不断汲取知识

古希腊哲学家苏格拉底说过：知识是精神的食粮。一个人的知识越深、越广，其人格的优化就有了强大的精神基础。很多人的人格缺陷往往是知识匮乏的结果，例如，无知容易使人鲁莽、粗俗、空虚、自卑，而丰富的知识使人理智、谦和、充实、自信。

4. 从点滴做起

千里之行，始于足下。个体的许多人格特征都是经过日积月累逐渐养成的。要改善自身的性格也绝不是一蹴而就的，而是必须从一件件小事做起，一步一步地形成新的性格。古人云："勿以善小而不为，勿以恶小而为之。"忽视平时良好习惯的养成，而想拥有良好的性格，无异于建造空中楼阁。

5. 常与他人交流

人格形成、发展的过程，也是人社会化的过程。人在与他人互动、沟通的过程中，能更好地以他人的人格特征或信息反馈为参照，全面、客观地认识自身人格的长处与短处。通过人际交流，人还可以从他人那里获得改变自身性格的力量或帮助。有些具有优良性格特征的交流对象，往往也是个人完善自身人格最直接的学习榜样。一滴水怎样才能不干涸？"把它放到大海中去。"一个人的性格怎样才能富于生机与活力？"把自己放到人们中间去。"

6. 把握增强独立性的机会

一个人的性格既要能融入到所处的群体之中，又要具有相当的独立性。追求独立的人格，需要人逐步减少对他人的依赖，更多地依靠自己的能力和价值体系，同时对家庭、学校、工作及社会承担更多的责任。

塑造大学生的健康人格除了通过上述途径，还要注意把握好人格塑造的"度"。人格的优劣往往取决于人格特征所表现的程度。一个人的某种优点如果超过了应有限度，表现得不是时候、不是地方，很可能会变成缺点。具体地说，优良的人格特征应该是活泼而不轻狂，认真而不刻板，坚定而不执拗，勇敢而不莽撞，豪爽而不粗鲁，好强而不逞强，机警而不多疑，果断而不冒失，忍让而不软弱，稳重而不寡断，谨慎而不胆怯，老练而不世故，自信而不自负，自珍而不自骄，自爱而不自赏，自谦而不自卑等。

从某种意义上讲，塑造健康人格的过程也就是个体走出心灵误区的过程。人格的自我完善贯穿于生命的始终，在日常生活中，塑造良好的性格，发扬积极的气质特征，悦纳自己、悦纳别人，以健康的人格去面对生活的磨难，这样，你心中就会拥有一片晴朗的天空！

三、优化人格发展环境

（一）创造健康的人格塑造环境

对于人格发展起作用的最大因素是环境因素，包括家庭、学校和社会。其中，学校在培养大学生健康人格方面起着举足轻重的作用。它可以将学生的无意识的存在带入学生的自我意识领域。通过学生获得的新知识、学习的新经验，拓宽意识领域，从而促使学生人格发展。首先，学校应该利用自身的物质文化和精神文化条件创造一个相对稳定的健康文化氛围，以爱启真、以爱怡情，对大学生人格成长进行多方面、多层次渗透，以利于大学生健康人格的形成。其次，学校应开展心理健康教育，提高大学生心理素质。只有提高大学生的心理素质，才能有利于其健康人格的形成。同时学校应成立专门的心理健康教育部门，对象是全体学生，旨在普及心理健康知识，帮助他们提高心理素质，使自己能够克服生活中的挫折并能较好地适应社会环境。为了满足个别同学的需要，学校还应该开设心理咨询室，配置专业心理咨询师，让心理咨询真正为广大同学服务，让真正有心理问题的学生得到及时有效的帮助，防患于未然。再次，学校应多给同学们提供社会实践的机会。实践是塑造健康人格的最重要途径。健康人格的培养，决不能搞封闭教育，学校要从社会、市场需要出发，走出校园了解市场的需求和自身的价值，让学生在善恶美丑的现实社会中接受正反两方面的教育和锻炼。最后，学校还应将当今的形势立体地展示给学生，同时加以必要的分析指导，促使其增强自身各方面的素质，做生活的强者。

（二）结合科学多元的教育方法

从人格塑造的方式方法上看，要多种方式相结合，实行多元化教育。人类的本性是多元性的，与此相适应，对大学生人格的塑造也应采取多元化形式。不仅要考虑到人格教育内容的需要，还要符合学生的年龄、心理特点。首先，学校应加大心理健康教育课堂教学力度。课堂教育具有受众面大、知识传递直接等特点。大学教育应该充分发挥课堂教学的优势，加大心理健康教育力度。事实证明，心理健康的水平影响着人格发展的水平，普及心理健康知识，对于培养大学生心理调适能力，发展良好的个性品质，具有重要的作用。其次，学校应注重专业化心理辅导工作。学校应建立心理健康指导机构，培训专业心理辅导者，为学生提供各种问题的专业咨询，这样不仅可以对部分出现了各种人格问题的学生进行有针对性的矫治、修正，还可以通过团体咨询形式在学生之间发展支持系统，帮助他们建立更有利于人格发展的环境。最后，学校还可以通过丰富大学生生活、建立健全人格健康发展的激励与约束机制，为大学生人格的培养构筑宽厚的基础。

健康人格团体辅导活动

——叩开成功的大门

一、团体辅导活动——拔掉胸中的荆棘

二、团体辅导活动——意志伴我行

一、团体辅导活动——拔掉胸中的荆棘

人的任何心理困扰的背后，都是人自身性格的不完善，当我们产生心理困扰的时候，首先应该从自己的性格上追根溯源。性格的缺陷就像“胸中的荆棘”，既刺伤别人，也扎伤自己。

【活动目的】

通过团体辅导，进一步帮助学生了解自己，找出自己的性格缺陷，积极完善人格，实现个人成长。

【活动内容】

1. 指导老师给每位学生发一份“性格缺陷类型及表现”的表格(表3-1)，要求学生认真阅读，不讨论不交流，觉察其他学生的个性，把自己的想法、认识记下来。可以选择多项，要求如实反馈，不虚构夸张。

表3-1　性格缺陷类型及表现

类型	表现
自恋	对批评过分敏感，感到愤怒、羞愧或耻辱
	喜欢指使别人，认为自己应该享有他人没有的权力
	渴望持久的关注与赞美，听到赞美就沾沾自喜
	在和别人相处时，很少能设身处地地理解别人的情感和需要
	嫉妒心强，有一种“我不好，也不让你好”的心理
回避	敏感，易因他人的批评或不赞同而受伤害
	很少有好朋友
	除非确信受欢迎，一般不愿卷入他人事务中
	行为退缩，尽量回避需要与人打交道的活动与工作
	在社交场合缄默无语，担心自己言行不当而被人讥讽
	夸大潜在的困难或危险，因而显得安分守己，很少接受挑战
依赖	怕被别人遗弃，所以明知他人错了，也随声附和
	过度容忍，为讨好他人而做自己不愿做的事情
	常常让别人为自己做重要决定
	没有他人的建议和保证，对日常事务很难做出决策
	独处时就会产生无助感，亲密关系中感到无助或崩溃
攻击	情绪急躁易怒，行为鲁莽冲动缺乏自控
	容易被人唆使而不计后果做出攻击行为
	外表顺从，内心充满敌意和攻击，常故意暗地使坏，或拆台拖延

续表3-1

类型	表现
强迫	做事要求完美，犹豫不决，优柔寡断，拘泥细节，拘谨吝啬
	对自己要求严格，常以责任义务与道德规范来苛责自己，很容易产生悔恨和内疚感
	做事按部就班，有条不紊，有时反而影响工作效率
	对别人做事不放心，总要求别人也严格按照自己的方式做事

2. 每个学生写完后，指导老师随机找出其中一人，请其他人说出对他的看法，并列举生活中的事例来说明。

3. 最后由被分析的学生发表对别人评价的感受及自我分析。

二、团体辅导活动——意志伴我行

【活动目的】

通过团体辅导，协助学生认识到意志对学习、工作的重要作用。帮助学生找到意志薄弱的原因并采取措施克服。引导学生(学员)体验意志的重要性，并找到适合自己的方式锻炼意志。

【活动内容】

1. 体验意志：10个学生一组围成一圈练习“站桩”，即两手自然下垂，单腿站立面向圆心，上身保持平直。请最先放弃和坚持到最后的学生谈一谈感受：是什么让自己放弃？是什么让自己坚持到最后？

2. 意志力检测：每组学生分享自己最近一个月最没有意志力坚持的事情。小组长将本小组较集中的一两件事件写在白纸上交给导师。导师挑选5种最普遍的情况，向学生征集帮助信息。

3. 导师提出自己的建议：

(1) 明确具体的目标，目标宜小不宜大，如“我计划多读一点书”不如“我计划每天晚上读一小时的书”，只有这样才不至于半途而废。

(2) 从小事做起，如今天应练琴，要把练琴一事放在自己随处可见的地方提醒自己。

(3) 正确对待失败、挫折、逆境和困难，不要害怕失败，不要害怕遭受挫折，把这些看作对自己意志力培养的过程。

(4) 积极参加体育锻炼。健康的体魄是培养意志力的基础。

4. 实践与探索：让学生创设实际情境，自我探索修炼意志力的方法。情境包括：设定情境目标、目标达成度、原因分析、个人建议。如：节约零花钱5元。原因分析买零食用了较多零花钱。个人建议：少去小卖部、一日三餐吃饱、自我监督、语言暗示。

第四章　学会学习
——大学生学习心理调适

本章知识图谱

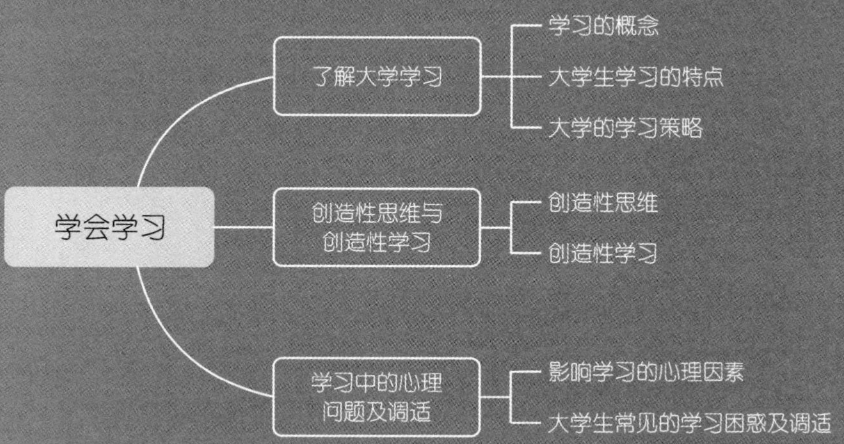

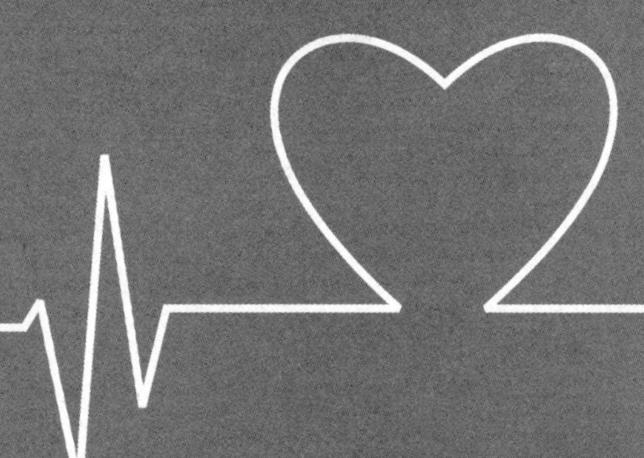

本章学习目标

1. 了解学习的基本含义，以及大学生学习的主要特点。

2. 学会运用大学常用的学习策略。

3. 了解创造性思维，学会创造性学习。

4. 学会科学地对待学习中的心理问题，掌握有效克服考试焦虑的方法。

第一节　了解大学学习

心理讲堂

一位古代国君，政绩出色，学问也不错，但总觉得自己所掌握的知识非常有限。在70岁的时候，他依然还希望多读点书，多长点知识。可是国君对自己的想法有些不自信，于是他去询问他的一位贤明臣子。国君叹气说："有很多东西我还不知道，可我现在已70岁，再想学也太迟了吧！"这位臣子笑着答道："那您就赶紧点蜡烛啊。"国君有些不理解。臣子回答说："我听说，人在少年时代好学，就如同获得了早晨温暖的阳光一样，那太阳越照越亮，时间也长久；人在壮年的时候好学，就好比获得了中午明亮的阳光一样，虽然中午的太阳已走了一半，可它的力量很强，时间也还有许多；人到老年的时候好学，虽然已日暮，没有了阳光，可他还可以借助蜡烛啊，蜡烛的光亮虽然不怎么明亮，可是只要获得了这点烛光，尽管有限，也总比在黑暗中摸索要好多了吧。"国君恍然大悟，高兴地说："你说得太好了，的确如此！我有信心了。"

一、学习的概念

学习是人类生存与发展的永恒主题。早在两千五百年以前，我国著名教育家孔子曾说过："学而时习之，不亦说乎？"他不仅把"学"与"习"连在一起使用，还阐述了学习的方法。然而迄今为止，"学习"在心理学界尚没有一个公认的定义。但是，现代心理学家普遍都认为学习是一种十分复杂的心理现象。一般说来，学习的概念有广义和狭义之分。

（一）广义的学习

广义的学习是指有机体由后天获得经验而引起的比较持久的行为和行为倾向的变化。个体行为或行为潜能的持久变化，是学习者反复练习而形成经验的结果。这里所说的有机体既可以是动物也可以是人类。这就是说广义的学习是人类与动物共有的现象。经验是学习的必要条件，笔者认为凡不是由后天获得的经验或练习而引起的行为变化，都不能叫学习。比如由生理成熟而引起的行为变化，由疾病引起的体力减弱以及由药物引起的行为减弱或增强都不是学习。所谓比较持久的行为变化，是指学习所得结果可以长时间地影响有机体，成为有机体的第二天性。当个体表现出一种新的技能，如游泳、驾车等，我们就认为学习已经发生了。然而有些学习引起的变化并不是立刻就表现出来的，它甚至要经过很长时间才能显现出来，如对艺术的鉴赏或对某种新思想的接受，这类学习并不一定在人们的当前行为中立即表现出来，却影响着人们日后的行为表现。因此，只要是由经验引起的个体行为或行为倾向的持久变化就可以认为学习已经发生了。

然而，人类的学习与动物的学习有着本质的不同。这种本质差异是从以下几个方面表现出来的。第一，人类的学习与动物的学习在内容上有很大的不同。人类的学习借助语言和思维的参与，除了获得个体经验以外，还可以掌握人类积累的全部经验；而动物的学习只局限于其自身的直接的经验。第二，人类的学习是在改造客观世界的劳动中，在同其他人的交往过程中进行的，而动物的行为是有机体对于一定刺激所作出的单一反应。第三，人类的学习是一种自觉的、积极的、主动的过程，动物的行为是一种被动的适应。

（二）狭义的学习

狭义的学习即学生的学习，是指学生在教师的指导下，有目的、有计划、有组织、有系统地掌握前人的知识、技能，发展智力和能力，培养个性和思想品德的过程。学习不仅指有组织的知识、技能、策略等的学习，也包括态度、行为准则等的学习。学习不仅指学生在学校内的学习，也包括个体自出生就存在的持续终身的日常生活中的学习。学生的学习有两个明显的特点：首先，学生是以学习前人积累的间接经验为主，而不是以直接实践为主。因此，它可以避免人类认识过程中的许多曲折和错误，直接接受人类经过千百次实践获得的认知成果。其次，学生的学习是在教师指导下有目的、有计划地进行的，因而它比单枪匹马的自学有更高的效率。

二、大学生学习的特点

大学阶段是人才成长由“求学期”进入“创造期”的过渡阶段。大学阶段的学习与中学阶段的学习活动有着明显的区别。

（一）学习内容上的特点

大学和中学虽然都是人生求学的重要阶段，但中学主要是学习基础知识，而大学是在继续巩固基础知识的同时，重点学习某一个专业的知识，它与中学学习相比，具有专业性、探索性、职业定向性、社会服务性等更高的要求。此外，大学的培养目标是高级技术应用型人才，也就是说大学生的学习具有较高层次的职业定向性。因此，它的教育更突出职业性，学习过程中更注重实践性和实训性。所以，在大学期间，大学生应培养对专业的热爱，形成对本学科知识的浓厚兴趣，既要在本专业所涉及的学科领域内博览群书，又要对本专业的某一方面有深入的了解和钻研。

(二)学习方法上的特点

中学的学习，常常离不开老师的监督、家长每时每刻的检查和接二连三的考试，学习是被动的。而大学的学习则不再是由老师、家长督促，更多的是宽松自主的学习。大学生在逐步适应学习方式、学习要求转变的过程中，应形成以下主要的学习心理特点。

1. 自主学习的理念基本形成

大学阶段的学习以自学为主，以课堂教学为辅，即我们平常所说“师傅领进门，修行在个人”。随着主体意识萌芽，大学生自我意识和学习意识也基本成熟，自主学习的理念基本形成。这种理念主要表现为热爱学习、自觉学习和创造性地学习，学习方式由依赖老师转为学生自己主动安排学习，表现出更强的独立性、自主性和可控性。例如，对学习内容主动选择程度的提高，对学习时间安排上较大的自主支配，尤其是自学能力已成为决定他们学习效果好坏的主要因素，这是学会学习的关键。

2. 学习动机发展到了核心层

大学生学习动机的一般发展进程是直接性学习动机随学习年级的升高而加强，专业性的学习动机也随着学习年级的升高而日益巩固和发展。这表明，大学生的学习动机不断向以学习的社会意义、人生意义为内容的深层动力的核心层发展。

3. 学习途径更加丰富

课堂教学或听课依然是大学生学习的主要途径，但已不是学习的唯一方式了。课外阅读、同学讨论、参与实践、听各种学术报告和讲座，利用影视和网络等，也是大学生进行学习、获取知识的重要方式，大学生要通过这些方式锻炼自己的实践能力和社交能力，为日后走向社会获得职业成功打下坚实的基础。而且，高职院校的目标定位是培养高素质实用型人才，所以学生希望有更多的机会参加实训实习活动，真正实现“零距离上岗”。

4. 学习的自我评定力日益增强

随着知识的丰富、能力的提高，大学生的自我评定力也不断增强，他们能对自己的学习效果进行合理评价，包括对学习动机的性质、内容、方向、动力大小的自我评定，对智力、能力活动及效率的自我评定，以及对知识、技能掌握程度的自我评定，并据此制订出一套适合自己智力和能力发展的计划，对学习活动进行调节和控制。

5. 学习具有更高的探索性和研究性

大学生的学习不仅要掌握知识，而且要掌握科学知识的形成过程、科学的研究方法，培养分析问题和解决问题的能力，了解行业发展前沿，学会对未知领域的探索。注重对大学生探索性和研究性学习能力的培养已成了高等教育的发展趋势。各大学在课程设置、课程安排、课程衔接上都越来越突出学生的主体地位，大量增加了专业的实践环节，旨在提高大学生的研究能力、创新能力以及实践能力。

三、大学的学习策略

(一)了解自己所擅长的学习风格

学习风格是指学习者在学习的过程中经常采用的学习方式。根据不同的角度，学习风格可以分为不同的类型。了解自己的学习风格，适应自己的学习风格，对提高学习的兴趣和效率具有非常重要的作用。

1. 清晨型/上午型/下午型/夜晚型

每个学习者都有自己的生物节律，表现在学习时间上有不同的偏爱，有的人喜欢清晨(也叫百灵鸟型)，有的人喜欢上午，有的人喜欢下午，有的人喜欢晚上(也叫猫头鹰型)。根据自己的生物节律安排学习时间，效率会更高。

2. 视觉型/听觉型/动觉型

不同的学习者对不同的感觉通道有所偏爱，或者有某些知觉优势。视觉型喜欢通过观察图片、图表、实验演示等来学习；听觉型喜欢通过听讲来学习；动觉型喜欢通过动手操作来学习。

3. 安静型/背景声音型/适度噪音型

学习者对学习的环境，诸如声音等也有不同的要求。有的喜欢非常安静；有的喜欢有背景声音相伴，以避免其他干扰因素；有的在一定的噪音环境下照样能集中注意力学习。

4. 安静型/活动型

学习者在学习中也会表现出一定的活动偏爱和坐姿偏爱。有的同学喜欢在一段时间后活动或休息一下再接着学习，有的喜欢一直安静地学习直到最后完成任务；有的喜欢正襟危坐，有的喜欢随便坐着，有的喜欢坐在桌上，有的喜欢斜靠或躺着。

5. 独立型/依赖型

在学习上，有的同学喜欢独立自觉地学习，靠内在的学习动力支配；有的同学容易受暗示，需要周围的学习氛围感染，学习不太主动，需要外在的学习动力。

6. 左脑型/右脑型

学习者左右脑使用情况不一样，较多地使用左脑的同学，表现在学习积极主动，爱用言语、逻辑方式处理信息，做事有计划性，自控性，责任心强；较多地使用右脑的同学，表现在空间概念较强，喜欢接受新东西，以直觉方式处理信息，善于把握整体，灵活，但自律性、计划性不强。当然也有些同学属于左右脑协同型。

根据自己的体验，判断一下你属于哪一类学习风格，思考在以后的学习中如何有意识地加以利用。

(二)运用科学的学习策略提升学习能力

学习策略是学生学习中极为重要的机制，直接影响到学生的学习效率，甚至对学生的学习行为和学习态度都有一定的作用，它有助于提高学生的认知水平与学习能力，已成为衡量学生学习能力的重要尺度。大学生的几种主要的学习策略如下。

1. 自主学习策略

自主学习是指个体自觉确定学习目标、制定学习计划、选择学习方法、监控学习过程、评价学习结果的过程和能力。它是一种新的、能促进学生知识和技能的有效迁移，使学生在扩展新知识基础上较少依赖或不依赖教师的学习方式。在某种意义上讲就是采取各种调控措施使自己的学习达到最优化的过程，能够提高自己的学习质量。

自主学习包含内在动机激发、认知策略应用、元认知调节，以及资源利用等子过程，这些子过程的核心是自主学习策略的合理运用，主要可以分为认知策略、元认知策略和资源利用策略三类。

(1)认知策略是学习者将外部信息转换为内部认可的信息的方式方法，比如精加工策略、组织策略、问题解决策略等。正确运用认知策略能够显著提高学习者短时间内的学习效率。

(2)元认知策略体现在学习者对学习活动的监控过程中，它是学习活动能够持续下去、及时调整学习策略的基本保证，尤其对于长期的学习过程具有重要的作用。自主学习能力的一个重要体现就是有效地管理和利用好学习资源。

(3)资源利用策略包括学习时间管理策略、努力管理策略和学业求助策略。其中，后两种资源利用策略很容易被众多学习者忽略。努力管理策略包括意志控制和自我强化，学习者通过有意识地控制并强化自己的意志可以对努力起维持和促进作用。学业求助策略则必须通过与他人的互动完成，它是在学习时遇到自己不能解决的困难时采取的一种求助策略。值得注意的是，采取适当的学业求助不等于别人包办解决问题，这是获取正常知识的一种途径而不是自身缺乏能力的表现。

2. 合作学习策略

合作和与人共事的能力是作为社会成员必备的基本素质和能力。学生在学校不仅要学会竞争，更要学会合作。合作学习既可以增强大学生的主体地位，又有利于开发学生的多元智力。大学生的合作学习可以在课堂、社团、宿舍、社会活动以及网络等各个层面展开，既包括课堂内外的小组合作学习，也包括社团活动、协会活动和自发的团队活动的合作学习，还包括个人自发参与的各种交流活动以及针对具体的项目所开展的合作学习。

3. 研究性学习策略

研究性学习，是指学生在教师指导下，以类似科学研究的方式获取知识和应用知识的学习方式。大学生不再是被动接受和再现来自教师、教科书上的理论知识，而是要把所学的知识积极运用到专业实践中，将理论与实际联系起来，通过运用知识、获取知识、解决问题的过程获得深切的体验，激发科学探究的欲望，培养探索求真的理性精神、实验取证的求实精神、开拓创新的进取精神。要达到这个目标，离不开学生对研究性学习策略的掌握。

在实际的学习情境中，这三种学习策略存在着一种相互交叉、互为补充的关系，我们应本着充分利用三种学习策略的优势和促进个人发展的原则寻求一种最佳的学习方式(图 4–1)。

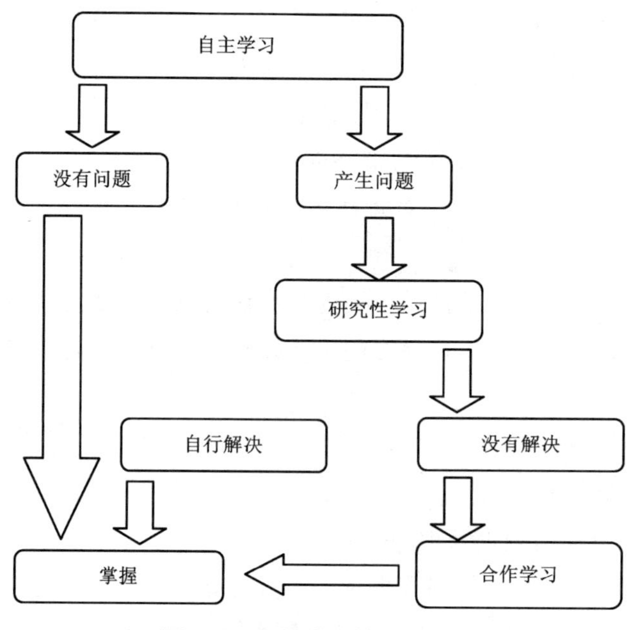

图 4–1　三种学习策略的关系

第二节　创造性思维与创造性学习

心理讲堂

小米科技有限责任公司创始人、董事长雷军，在大学期间就展现出了强大的技术创新能力。他与同事合著了《深入 DOS 编程》《深入 Windows 编程》等书，这些书在当时的程序员群体中引起了广泛的关注和讨论。他还写过加密软件、杀毒软件、财务软件、CAD 软件、中文系统及各种实用小工具等，这些软件的开发和应用，不仅体现了他对技术的深入理解和掌握，也显示了他在技术创新方面的天赋和潜力。同时，雷军在大学期间积极参与各种实践活动，锻炼了自己的实践能力和团队协作能力。虽然雷军主修计算机科学专业，但他并没有局限于这一领域。在大学期间，他涉猎了多个学科领域的知识，如经济学、管理学等。这种跨界思维的培养，使他在解决问题时能够更加全面和深入地考虑各种因素，为他的创造性思维提供了更多的可能性。大学的这些经历为他日后的创业之路奠定了坚实的基础。

一、创造性思维

创造是人的天性，是人的本质属性，没有创造力的人也就不成其为真正意义上的“人”。人类知识累积和发展的过程，就是新的观念和心智不断产生和累积的过程。可以说，人类所有光辉灿烂的思想文化和科学技术，无一不闪烁着人类的创造之光。

（一）创造性思维的概念

创造性思维是指有创见的思维，即通过思维不仅能揭示事物的本质，还能在此基础上提出新的、有建设性的设想和意见。通俗地说，凡是突破传统习惯所形成的思维定式的思维活动，都可以称为创造性思维。创造性思维过程具有强烈的探索动机，经过质疑、假设、推理、验证等阶段，可以达到对事物的深刻认识。创造性思维的具体表现是创造性地提出问题和创造性地解决问题。它不仅能揭示客观事物的本质及内在联系，而且能指引人们去获得新知识或以前未曾有过的对问题的新解释，从而产生新颖、颠覆性的思维成果。培养大学生的创造性思维，能提高其学习的主动性和积极性，大大提高其认知水平和学习效率。

微课空间

为什么会产生思维定式?

老师：

我想向您请教一个问题。那天一个同学问我：“三点水加一个‘来’字是什么字?”我想了一下，答道：“不认识，没有这个字吧?”他马上接着问我：“那三点水加一个‘去’字是什么字?”我不假思索地答道：“不知道!”他哈哈大笑，告诉我不就是“法律”的“法”吗?我恍然大悟。自己刚才是怎么回事呢?后来分析了一下，我觉得这可能是前面那个问题使我产生了思维定势的缘故。老师，人为什么会产生思维定势呢?

小徐：

你好！很高兴你能把问题拿出来交流。

思维定式是指思维在形式上常常采用的、比较固定的甚至是相对凝固的一种思维逻辑、思维推理。思维定式从另一个角度讲，也可以说是思维的惯性，或思维的惰性。最典型的思维定式莫过于“刻舟求剑”。它对个体创造力的发挥无疑会起到一定的阻碍作用。思维定式之所以力量强大，还在于它是一种最经济最简单的力量，多次以某种方式思考应对事物后，大脑的权力就会下放，意识的行为就会变成无意识的行为。思维定式虽然可以提高我们的效率，但也会使我们走进习惯的误区。因此我们要克服思维定式的消极作用，也就是说要不断地突破固定的思维方式和方法，养成批判地接受知识的习惯。

(二)创造性思维的特点

1. 独创性和新颖性

创造性思维贵在创新，它在思路的选择上，或者在思考的技巧上，或者在思维的结论上，具有“前无古人”的独到之处，具有一定范围的首创性、开拓性。在学习过程中对所学定义、定理、公式、法则、解题思路、解题方法、解题策略等提出自己的观点、想法，提出科学的怀疑与合情合理的“批判”，特别是在解题上不满足于一种求解方法，谋求一题多解。

2. 灵活性

创造性思维并无现成的思维方法和程序可循，所以它的方式、方法、程序、途径等都没有固定的框架。进行创造性思维活动的人在考虑问题时可以迅速地从一个思路转向另一个思路，从一种情境进入另一种情境，多方位地试探解决问题的办法。这样，人可以自由地、海阔天空地发挥想象力。

3. 艺术性和非拟化

创造性思维活动是一种开放的、灵活多变的思维活动，它的发生伴随有“想象”“直觉”“灵感”之类的非逻辑思维，并且这种思维活动往往因人而异、因时而异、因问题和对象而异，所以创造性思维活动具有极大的特殊性、随机性和技巧性，他人不可以完全模仿或模拟。

4. 对象的潜在性

创造性思维活动从现实的活动和客体出发，但它的指向不是现存的客体，而是一个潜在的、尚未被认识和实践的对象。即创造性思维的对象或者是刚刚进入人类的实践范围，尚未被人类所认识的客体，人们只能猜测它的存在状况，或者是人们虽然有了一定的认识，但认识尚不完全，还可以从深度和广度上加以进一步认识的客体，这两类客体无疑带有潜在性。

5. 风险性

由于创造性思维活动是一种探索未知的活动，因此要受多种因素的限制和影响，如事物发展及其本质暴露的程度、实践的条件与水平、认识的水平与能力等，这就决定了创造性思维并不能每次都能取得成功，甚至有可能毫无成效或者得出错误的结论。

（三）创造性思维的方法

1. 发散思维

发散思维又称辐射思维或求异思维，指的是个体从多方面、多思路、多层次、多因素去寻找解决问题答案的思维方法和角度。就是充分发挥人的想象力，突破原来的知识圈的束缚的一种思维方法，主要是指想象、推测的过程。它包括正向发散思维、侧向发散思维、反向发散思维和多向发散思维等具体形式。发散思维的主要特点是灵活多变，它与单一死板的直线思维方式形成鲜明的对照和反差，它仿佛有许多“触角”，奋力冲破单一、刻板的思维外壳，向四面八方延伸、放射，使思路交错，构成多姿多彩的“思维网络”。

2. 逆向思维

逆向思维法是相对于习惯思维而言的，也就是从相反的方向来考虑问题的思维方法，它常常与事物常理相悖，但却达到了出其不意的效果。因此，在创造性思维中，逆向思维是最活跃的部分。如历史上被传为佳话的司马光砸缸救落水儿童的故事，实质上就是一个逆向思维的例子。由于司马光不能通过爬进缸中救人的手段解决问题，因而他就转而寻求另一手段，破缸救人，进而顺利地解决了问题。

3. 联想思维

联想思维是指由某一事物联想到另一种事物而产生认识的心理过程，即由所感知或所思的事物、概念或现象的刺激而想到其他的与之有关的事物、概念或现象的思维过程。联想是每一个正常人都具有的思维本能。由于有些事物、概念或现象往往在时空中伴随出现，或在某些方面表现出某种对应关系，这些联想由于反复出现，就会被人脑以一种特定的记忆模式接受，并以特定的记忆表象结构储存在大脑中，一旦以后再遇到其中的一个，人的头脑会自动地搜寻过去已确定的联系，从而马上联想到不在现场的或眼前没有发生的另外一些事物、概念或现象。

4. 头脑风暴法

头脑风暴法(brain storming)又称智力激励法。由美国创造学家奥斯本于1957年在《应用的现象》一文中首次提出，是一种在小组讨论中普遍采用的旨在激发创造性思维的方法。头脑风暴法又可分为直接头脑风暴法(通常简称为头脑风暴法)和质疑头脑风暴法(也称反头脑风暴法)。前者是在专家群体决策下，尽可能激发创造性，产生尽可能多的设想的方法。后者则是对前者提出的设想、方案逐一质疑，分析其现实可行性的方法。

实施头脑风暴法应遵循五大原则：不对观点进行批评；鼓励狂热或夸大的观点；追求观点的数量而非质量；在他人观点基础上提出新观点；每个人和每个观点的价值相等。参加讨论的人可以毫无顾忌地提出各种想法，不用担心自己的观点被批评，彼此面对面相互激励，相互诱发灵感，引起联想，产生众多的创造性设想。

用头脑风暴法进行问题讨论时，一般可以采用以下步骤：首先由主持人讲明讨论的问题是什么，明确问题的内涵，便于讨论者理解；在明确上述五大原则后，鼓励每一位参与讨论的人积极地、尽可能多地找出问题的现象和原因，并开动脑筋提出解决问题的方法，同时由记录者记录每个人提出的观点；在讨论激烈时，可能会出现违背五大原则的现象，此时主持人应立即加以制止；讨论结束后，对记录进行分类整理，并加以补充和完善。

(四)创造性思维的作用

1. 提升人类的认识水平

创造性思维因其对象的潜在特征，表明它是向着未知或不完全知的领域进军，不断扩大着人们的认识范围，不断地把未被认识的东西变为可以认识和已经认识的东西，科学上每一次的发现和创造，都增加着人类的知识总量，为人类由必然王国进入自由王国不断地创造着条件。

2. 提高人类的认识能力

创造性思维的特点已表明，创造性思维是一种高超的艺术，创造性思维活动及过程中的内在的东西是无法模仿的。这内在的东西即创造性思维能力。这种能力的获得依赖于人们对历史和现状的深刻了解，依赖于敏锐的观察能力和分析问题能力，依赖于平时知识的积累和知识面的拓展。而每一次创造性思维过程就是一次锻炼思维能力的过程，因为要想获得对未知世界的认识，人们就要不断地探索前人没有采用过的思维方法、思考角度去进行思考，就要独创性地寻求没有先例的办法和途径去观察问题、分析问题和解决问题，从而极大地提高人类认识未知事物的能力。所以，认识能力的提高离不开创造性思维。

3. 开辟实践新领域

创造性思维的独创性与风险性赋予了它敢于探索和创新的精神。在这种精神的支配下，人们不满足于现状，不满足于已有的知识和经验，总是力图探索客观世界中还未被认识的本质和规律，并以此为指导，进行开拓性的实践，开辟出人类实践活动的新领域。相反，若没有创造性的思维，人类躺在已有的知识和经验上，坐享其成，那么，人类的实践活动就只能停留在原有的水平上，实践活动的领域也非常狭小。

二、创造性学习

有人认为，学习只是接受前人的知识，学习书本上的知识，不是什么创造发明，根本谈不上什么创新。我们则认为，学习固然不同于科学家的研究，但也要求学生敢于除旧，敢于创新，敢于用多种思维方式探讨所学的东西。

（一）创造性学习的概念

创造性学习是适应变化万千的未来社会所应具有的一种学习体系和形式，要求学生在学习知识的过程中，不拘泥书本、不迷信权威、不墨守成规，以已有的知识为基础，结合学习的实践和对未来的设想，独立思考、大胆探索，对学习中遇到的问题勇于提出自己的见解，勇于寻求新思路、新方法、新途径。创造性学习倡导的是学会学习，鼓励学生在学习中积极主动地发现问题、提出问题、解决问题，并有所创新和创造，从而在潜移默化中增长自己的创造才能。

（二）创造性学习的方法

1. 系统化学习

系统化学习就是将知识浓缩，形成体系。如编制学习提纲，浓缩学习内容，使“点的记忆”变成“线的记忆”，构成网络，整合到自己的大脑中。系统科学的理论认为“整体大于部分之和”，这里的“大于部分”就是创造性学习的收获。怎样将知识系统化？一要在教师的指导下，在不同的阶段将一节、一章、一单元、一部分和一本书的知识重新分析、比较和归纳，使知识条理化、整体化和网络化。二要将所学各科知识从相关联的地方出发进行类比联想和迁移，使其融合为一个整体，成为你知识宝库中的一部分。三是在以上两个方面的基础上善于将知识升华，如多用辐射思维，寻找知识的内涵及新关系、新规律，将所发现的问题和创造联系在一起，在不断综合中使知识产生质的飞跃。

2. 问题式学习

问题是获得知识的突破口，是新知识涌现的源泉。当你在学习中始终把提出新问题放在第一位，那么创造性的学习就会时刻伴随你。问题式学习有两点非常重要。提哪些问题？教师讲解中没理解的问题，解题中发现的新问题，将知识应用于实践中遇到的问题等。第二，怎样提问题？一方面，可以从大问题向小问题方向分解，最终找到问题的关键，问题越小越易找到恰当的解决方法。另一方面，可以从小问题向大问题方向不断综合。提问题时多用求异思维、逆向思维和发散思维，尤其是提出具有独到见解的问题时，就表明具备了一定的创新性。

3. 变式学习

这里说的变不是乱变，而是在一定的知识基础上来求变。一是变知识的结构。从不同角度重新对知识进行分类，特别是在复习时，应针对自己所学内容的不足对知识分类，进行再分析、归纳，以提高复习效果。二是变条件，实现一题多变、一题多解、一文多变和多题归一等，达到对相关知识有新理解的目的。对于实验，则可以设计不同的条件，观察其结论变化。三是变方法，学习方法很多，应因人制宜，如对常用方法加以改进，找出更具体、更实用、更有效的方法。

4. 应用式学习

学习的最终目的是应用。应用的范围是全方位的，用于新的学习、生活、生产、思想等。学习的目的应超越应付考试这一狭隘的目的，应用知识能深化对所学知识的认识。当你不满足于学习、生活的现状时，你就应该创造性地应用所学的知识。

5. 探索式学习

知识是人类在漫长的探索中不断创新的结果。探索式学习就是要激发自己主动地发现问题，然后通过观察、实验以及分析、比较、归纳、想象、概括等思维过程来解决问题，从而学会发现和创造知识的基本方法。在创新活动中，还要敢于挑战权威，敢于挑战自我，在挑战中实现自我。

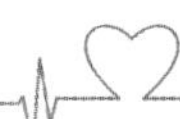

学习有法，但无定法。任何一种学习方法都有它的局限性，万能法是没有的。上面谈的只是对创造性学习思路的部分提示，并不是创造性学习方法的模式，更何况再好的学习方法都是他人创造的，只能借鉴而不能照搬，真正有效的创造性学习方式只能由自己通过实践去创造。

（三）大学生创造性学习的途径

1. 树立正确的创新学习观

创新的含义是“抛弃旧的，创造新的”。这里“抛弃旧的”，绝对不能视为对旧的东西全盘抛弃。任何新事物的生成都不是空穴来风的，都是在旧事物中孕育、发展的，都不能完全离开旧事物。学习也是如此，只有在掌握了基本的理论与知识之后，才有可能谈创新，在进行创造性思考时，也必须以经典的理论与知识为起点，正确处理好创造性思维的继承性与创新性的关系，在继承的基础上，进行科学的创新。

2. 制订正确的学习策略

“学而不思则罔，思而不学则殆”，讲的就是学习过程中学习与思考的关系问题，由此可见学习策略的重要性。因此，大学生学习得好与不好，关键在于是否制订了正确的学习策略。一个正确的学习策略，应当包括以下内容。

（1）要选择真正感兴趣的学科或专业学习。兴趣是学习的动力。一个人能否自觉地去学习，主要取决于兴趣。

（2）要树立明确的学习目标。无论做什么事都必须要有明确的目标。正确的目标往往能使自己立于不败之地。美国伊利诺依大学社会学研究中心通过研究发现，有明确目标的人与无目标的人相比，其学习与工作效率可以提高10%~40%。

3. 坚韧持久的信念和动力

学习本身是一份苦差事，要进行学习创新更是不易。没有锲而不舍、永不放弃的信念，不达目的不罢休的精神作为动力，就很难取得成绩。还须强调一点，学习的过程是非常寂寞的，只有静下心，才能真正投入，然而很多人往往因忍受不了寂寞，思想浮躁、急功近利，而功亏一篑。只有耐得住寂寞，才能潜下心来勤学苦研；只有耐得住寂寞，才能在一次次失败后又一次次奋起；只有耐得住寂寞，才能谱写出成功之曲！

第三节　学习中的心理问题及调适

心理讲堂

大学生小A，大一入学时自我期望很高，被遴选入学校某英才班，但进入该班后感到适应不良。他本身性格内向，加之周围同学在争先创优方面太"卷"，自己"有心卷"却"卷不动"，"真躺平"又"心不安"，内心"无意义感"强烈，常感空虚焦虑。为逃避现实，他沉溺于网络，从不参加集体活动，出现在课堂上玩电子产品或上课迟到、旷课的情况，伴有抽烟、喝酒等不良习惯，多次督促均无效。直至大二上学期结束，他挂科达到20学分，其中不乏专业核心必修课程，如不改正学习态度，将逼近该校挂科25学分留级的临界点。了解这一学业预警情况后，原本学业优秀的他情绪变得更加焦灼不安，故决定向辅导员求助，希望挣脱"学困"泥沼、还清"学债"。

"学困生"是各高校目前普遍存在的一类群体。看似"学困"的背后往往存在错综复杂的原因或者心理问题，更加需要积极关注。

一、影响学习的心理因素

（一）兴趣

教育学家乌申斯基说："没有兴趣的强制性学习，将会扼杀学生探求真理的欲望。"兴趣是一个人走向事业成功的开始。有人总结世界上数百名诺贝尔奖获得者的成功因素，其中之一就是他们对所研究的科学事业有浓厚的兴趣。无论是谁，持久地从事一项无兴趣的活动，不仅难以成功，而且有损身心健康。广泛的兴趣使人精神生活充实，并能应付多变的环境。兴趣使人充满欢乐，长期稳定的兴趣能促使人勇于探索、深入思维，爆发出创造性的智慧。兴趣对大学生的学习活动以及提高学习效率都十分重要。兴趣是可以培养的，也是大学生学习最好的老师。所以，大学学习，关键是要培养学习兴趣，从而养成一种自觉学习的习惯，培养一种自我探究的学习意识。

（二）情感

人对客观事物的态度和体验叫情感。情感是人对客观现实的一种特殊反映形式。它

对学习有较强的调节作用，与认知过程相互促进，相互干扰，与需要相互制约。积极向上的情感推动人的智力发展，特别是理智感，能使人不断地探索新的知识，保持学习的主动性、积极性，努力克服困难。

孔子将学习分为三个不同层次，“知之者不如好之者，好之者不如乐之者”。三个层次呈递进状态，乐学是最高层次的学习。教育家苏霍姆林斯基也说过：“情感如同肥沃的土壤，知识的种子就播种在这片土壤上。”可见，积极向上的情感是推动学习的强大动力，消极无为的情感会阻碍学习。因此，大学生应该注重情感与学习的关系，努力培养正性的、积极的情感，在学习中保持适当的激情、良好的心境和饱满的热情，把握最佳学习状态，从而获得最佳的学习效果。同时，大学生应该经常了解和反思自己的学习感受，适时调整学习情绪，摆脱脆弱的情感和自卑心理，承受各种学习压力，使自己拥有健康的学习理念和正确的人生目标。

（三）意志

意志对大学生学习的影响，比天资聪明更重要得多。因为，创造发明和事业的成功，一般都不是一帆风顺的，总要历经千辛万苦，克服重重困难，才能实现。俗话说：“宝剑锋从磨砺出，梅花香自苦寒来。”对于意志在学习中的作用，古今中外的学者都有深刻认识。荀子提出：“骐骥一跃，不能十步；驽马十驾，功在不舍；锲而舍之，朽木不折，锲而不舍，金石可镂。”苏轼也说过：“古之成大事者，不惟有超世之才，亦必有坚忍不拔之志。”可见，在学习活动中，光有智力不行，有了学习热情也不够，还必须有坚持到底的意志，有时意志还要求克制自己的欲望、爱好，去做自己不喜欢但又必须要做的事，即我们常说的“战胜自己”，这样才能克服困难，取得学业上的成功。如果把成功比作大厦，那么顽强的意志、坚忍不拔的毅力，就是人学习成功的柱石。“原子说”的创立者道尔顿说：“如果我有什么成绩的话，那不是我有才能的结果，而是勤奋和毅力的结果。”有人曾对大学生的学习做了这样的描述——大学生差别最小的是智力，差别最大的是毅力。

（四）动机

学习动机是直接推动学生进行学习活动，以达到一定目的的内部动力。学习动机从形式上看可以表现为崇高的理想、强烈的求知愿望、对未知世界的好奇心和兴趣，以及认真积极的学习态度等。它是激发学习热情，维持和推动学习活动的心理过程。

动机是在需要的基础上产生的，没有需要就不可能产生动机。学生的学习动机是社会和教育对学生学习的要求转化为学生的内部需要时产生的。学生的学习动机形成是多元化的：一是报答性和附属性学习动机，如为了报答父母的养育之恩，为了不辜负老师的教诲，为了取得其他同学的认可和获得朋友的支持等；二是自我实现和自我提高的学习动机，如为了满足荣誉感、自尊心、自信心、求知欲等；三是谋求职业和保证生活的学习动机，如为了获得一个理想的职业和高回报的收入而学习；四是事业成就的学习动机，如希

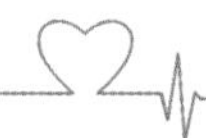

望自己在专业上有所建树，希望自己能对社会有所贡献的使命感、责任感和义务感等。

二、大学生常见的学习困惑及调适

（一）走出学习适应不良

进入大学，有些人一味追求高分而忽视综合能力的锻炼，有些人仍采用中学的学习方法而颇感学习压力巨大，有些人总是等待老师来安排学习任务而无所事事，等等。而要克服这些学习适应不良问题，我们可以从以下 3 方面着手：

1. 熟悉新的环境，做好充足的心理准备

人的一生会经历许多不同的新的生活环境，每面临一个新情境都会有一个适应过程，只要用心去熟悉新环境的新特点，就会有新的体验、新的欣喜、新的收获。要努力发现新的学习环境的特点，做好充足的心理准备，迎接新环境的挑战，并尽快处理新环境给自己学习上带来的不便。

2. 利用身边的资源，寻找应对方式

在学习目标定位方面，可以请教一个或几个自己敬佩的专业老师，以更深一步了解专业内涵、更妥善地树立学习目标；在学习方式方法方面，可以设法找机会和往届同学进行交流，由此可以获得许多学习的间接经验；在具体的学科学习方面，可以同任课老师、同班同学多交流，以提高自己该学科的知识水平。

3. 规划学习时间，学会主动学习

生命就是时间的表达。作为一个大学生要学会成为时间的主人。要充分提高时间的利用率，把主要的时间用在最关键的问题上，做到张弛有致、有劳有逸、劳逸结合。大学学习模式和节奏与中学有很大的不同，大学生学习的主动性是提高学习适应水平的关键。主动在课余时间里学习，主动去图书馆拓展自己的知识，都能让自己慢慢适应大学的学习模式和节奏。

（二）调整学习动机不当

在大学生的学习中有一部分学生的学习成绩不够理想是因为学习动机过弱或过强。研究表明，学习者在学习中动机太强或太弱都会对学习产生不利影响。一般说来，当学习比较容易的课题时，或是学习力所能及的课题时，学习效率会因动机的增强而提高。可是当学习比较困难的课题时，学习效率反而会因动机强度的增强而下降。

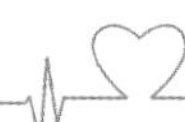

1. 学习动机过强的调适

(1)正确认识自己的学习能力。学习动机过强者往往是因为抱负和期望值与自己的实际情况不相符合，或者过低估计了学习任务的难度，或者过高估计了自己的能力。因此，在学习中要不断获得反馈信息，随时知道自己学习的阶段性效果，并不断对这种学习过程和学习效果进行反思，并参照同学、朋友对自己的评价，这样就会不断提高自我评价水平。

(2)制订恰当的学业目标与学业期望，调整成就动机，与此同时，脚踏实地，循序渐进，不好高骛远。首先，要设置合理的学习目标。学习目标是学习的出发点，也是学习的归宿。合理的学习目标能够使学习任务具体化、系列化，使学习任务具有质与量的规定性、实施评价的程序性。因此，应学会将相对宽泛的总体目标分成多个具体的子目标，将一个长远目标分成多个近期子目标。其次，要建立正确的认知模式，找出自己的不合理的信念，如"只要努力就一定有对等的回报""我付出了努力，我必须获得成功，别人可以失败，我必须成功"等错误认识。正确的认知模式应为：成功=努力+能力+方法+基础+机遇+环境+心态。

(3)要学会以宽容的心态对待自己，降低对学习成败的敏感度，保持情绪的稳定，积极参加各种有益于身心健康的校园文化活动，并注意培养自己多方面的兴趣爱好。

2. 学习动机不足的调适

(1)明确自己的学习目标。正确认识学习的价值与大学的目标，重新规划学业与人生。在平时的学习生活中我们要清楚自己学习的目的到底是什么。要将学习目的同实际生活联系起来，根据自己的学习目的和实际能力制定出合适的学习目标。目标不宜过高或过低，过高容易使自己在学习过程中产生挫败感，过低则达不到学习的效果，只有难易适中的学习目标才能激起我们强烈的学习动力。

(2)正确进行学习归因。在追寻学习成功或失败的原因时，同学们最好将原因归结于不稳定但可以控制的因素，比如努力程度。当学习成功时这种归因就可以促使自己为下一步的成功继续努力，而当暂时失利时，我们也能够对自己说，我的努力程度还不够，还要加把劲。

(3)培养自己的学习成功感。以积极的心态对待学习特别是学习中遇到的挫折与困难，多发现自己的优点，看到自己的进步之处。不要盲目地和成绩优秀的同学横向比较，而是要同过去的自己纵向比较，看到和过去相比自己的进步。

(三)缓解学习疲劳

学习疲劳是指学习效率逐渐下降并伴有渴望停止学习活动的生理和心理现象，如出现学习错误增多，学习效率下降，学习行为改变，生理失去平衡等。如果学习者到了这种状态仍不注意休息，使疲劳得不到及时恢复，而且强迫大脑的某些部分继续保持兴奋状态，长期如此就会使大脑的兴奋与抑制过程失调，严重的还会引起神经衰弱。因此，我们应采取科学合理的学习计划来缓解学习疲劳。

1. 科学用脑，劳逸结合

现代科学已经比较清楚地揭示了大脑两半球的不同功能：左半球与逻辑思维有关，主管智力活动中的计算、语言、逻辑、分析、书写及其他类似活动；右半球与形象思维有关，主管想象、色觉、音乐、幻想及类似的活动。如果长时间地运用一侧大脑，相对容易疲劳，因此学校在课程的安排上，要注意不同性质的课程在时间上的参差搭配。

2. 遵循人体生物节律，保证睡眠

个体的身心活动是受生物节律控制的。每个人的生物节律并不完全相同，生物节律的差异可能影响到学习者的学习风格。有的人属于“猫头鹰”型，白天昏昏沉沉，一到夜晚格外精神，有人则可能是“百灵鸟”型，在学习中能够起早而不能贪晚。当然更多的人居于两者之间，日出而作，日落而息，属于常态型。一般地说，一个人在上午 7~10 时，精力逐渐上升，10 时左右精力充沛，处于最佳工作和学习状态，之后趋于下降，下午 5 时左右再度上升，到晚上 9 时左右达到最高峰；晚上 11 时过后便又急剧下降。当然这种生物节律是可以适当调节的。作为一个大学生要了解自己的生物节律，特别要发现自己在一天之中学习的“黄金时间”并有效加以利用，将那些学习中比较困难的问题放到这一时间加以解决，往往会收到良好的效果。但要注意的是当自己的生物节律与学校的作息时间差距较大时应作适当的调整，同时要保证每天 7~8 小时的充分睡眠时间，以取得事半功倍的学习效果。

3. 培养学习的兴趣，优化学习环境

如果学习兴趣浓厚，学习时心情愉快，即使长时间学习也不会觉得疲劳；反之，对学习不感兴趣甚至厌恶学习，则很快就会进入疲劳状态。学习环境应尽量布置得优雅、整洁，使人感到心情舒畅。尽量不在噪声刺耳的地方学习，避免心烦意乱、焦躁不安；不在过暗或过亮的地方学习，避免头晕目眩，出现视觉疲劳。

(四) 克服考试焦虑

适度的焦虑可以避免动机过弱，保持大脑活动适当的紧张度，提高大脑活动的积极性。而过度的焦虑不但不能保持正常的学习，还会引起一系列的心理问题，甚至会导致焦虑型人格。那么考试焦虑是什么呢？考试焦虑是考生在考试过程中（包括考前复习阶段以及考试进行中）预感考试失利或考试无把握而产生的焦躁不安的情绪状态。这种情绪是

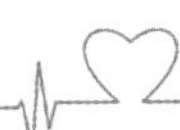

“一种预料到威胁性刺激而又无能为力去应付的痛苦反应，是处于失助状态下，或处于阻断威胁中，而又不能采取变式行为去对付的时候产生的情绪。”考试焦虑是可以克服的，下面给同学们介绍一些可行的措施。

1. 知识上的准备

这种准备一是靠平时学习，二是靠考前复习。平时的学习积累当然是最重要的。“平时不烧香，临时抱佛脚”，仅靠考前突击式学习或复习是很难考出好成绩的。只有平时学得扎实，理解透彻，特别是掌握的基础知识牢固，才会在考试中应付自如。当然也不能忽视考前复习。学习是一种充满智慧的活动，复习也是一种智慧的活动，因此在复习中需要运用多种策略。如果把参加某种考试比作一场战役，那么平时学习是训练，复习则是对考试的谋划。

2. 心理上的准备

所谓心理上的准备就是学习者在心理上要有备考的倾向性。这种心理倾向性可以使所学的知识按考试的要求在心理上组织起来，对考试具有启动效应。心理上的准备可以促进知识的准备，在无形中提高知识的备用性，促进考生在考试中顺利提取知识。心理准备还有一项重要内容就是要保持心情的平静，如果一个考生能以平常做作业的心态进行考试，就不会产生紧张焦虑情绪。

3. 正确的自我认知

考试是一种竞争性活动，所以常常会受到他人的影响。考生常常根据以往的经验估计自己的能力，估计自己在全体考生中所处的位置。这就涉及对自己能力正确估计的问题。这实际上是个自我认知的问题。对自己能力的估计要实事求是，过高或过低地估计自己的能力都会产生不良后果。作为一个大学生要学会正确估计自己的能力，其办法除了经常自我反思外，还要经常将自己对自己能力的估计与同学对自己能力的估计进行对照，要从自己估计与他人估计的一致性程度的反复比照与反思中学会对自己能力的正确估计。

4. 切忌与他人攀比

考试是一种竞争活动，因此最容易产生攀比心理。一些学生将其看成比高低、争胜负的活动，这种观念是不正确的。在考试中必须克服这种与他人攀比的心理，因为这种心理是考生为自己额外增加的一份心理负担。许多紧张焦虑都来自不应承受的心理负担。

5. 动机适中

如前所述，动机过强或过弱都会影响学习效率，只有在动机适中的条件下才能充分发挥能力，提高效率。在考试中也是如此。动机太弱，缺乏对考试的心理准备，已掌握的知识也会因心理准备不足而不能很好组织起来，因而很难考出好成绩，很难发挥自己的实际水平。相反，动机过强就会产生高度焦虑，过分担心失败，结果会因大脑皮层产生抑制而影响考试效率，使应有的能力和水平释放不出来，从而导致考试失败。

6. 掌握一些应考策略

为了在考试中最大限度地发挥自己的水平，掌握某些应考策略是十分必要的。应考策略多种多样，但要以不违背考试纪律和要求为基本原则。如认真审题，答题时要先易后难，抓得分较多的题目，在考前或考试中进行一些自我放松练习等。

7. 进行自信心训练

自信是考试焦虑的克星。自信是对自己实力的正确估计，是一种勇气和力量，是健康的心理素质，它能够化一切压力为动力，变不利因素为有利因素，保证正常发挥个人的潜能。

创造力培养团体辅导活动

——突破思维的边界

一、团体辅导活动——我看考试

二、团体辅导活动——坦然面对学习和考试

一、团体辅导活动——我看考试

【活动目的】

一些学生容易产生考试焦虑情绪，往往是由于对考试存在许多不合理认识。“我看考试”团体辅导活动主要是帮助学生了解自己对考试存在的不合理的认识。

【活动内容】

1. 填写以下表格。

考试阶段	我的想法	导致的结果	不合理认识
考前			
考中			
考后			

2. 小组讨论交流。

把成员分成两个小组，每个成员把自己的想法和可能导致的结果谈出来，然后其他成员帮助他(她)找到不合理的认识。

3. 小组总结。

(1)将小组成员的不合理认识全部归纳出来。

(2)把每一种不合理的认识都换一个角度写出新的认识，比如：

不合理的认识：期末考试一旦挂科，我的档案就留了一笔不光彩的记录，我的前途就一片黑暗了。

反驳：期末考试不理想，人生前途必定黑暗吗?

合理的认识：期末考试不是非胜即负。人生漫长，一次机会没抓住，怎能说以后没有第二次、第三次呢?

4. 根据下面所给格式，把话写完整。

(1)期末越来越临近了，我既兴奋，又紧张，因为____________________

(2)备考这段时间有些紧张、烦躁的心情是很正常的，因为________________

(3)昨天已经过去，永不复返，所以____________________________

5. 导师简单进行本次活动的小结。

二、团体辅导活动——坦然面对学习和考试

【活动目的】

帮助学生建立信心。

活动准备：每人一张彩色纸、每人一支彩笔、歌曲《真心英雄》、音响。

【活动内容】

1.“激励留言卡”。

活动要求：

(1)所有学生围成一圈，给每位成员发一张彩纸，对折，在中间用彩笔画一个心形，在心形中间写上自己的名字，然后依次向右传。

(2)每位学生都围绕着心形写下自己对其他成员的祝福和鼓励。

(3)每位学生在封面写上一句激励自己的话；

(4)每位学生轮流大声念出对自己激励的话。

2. 坦然面对学习、考试。

(1)导师引导：学习本来就是一项艰苦的长期的劳动，需要那种历经挫折、煎熬、仍不放弃的执着精神，让我们在《真心英雄》的歌曲中结束我们的活动。

(2)所有学生起立，手拉着手，随着《真心英雄》的音乐，一起齐声歌唱，在激昂的气氛中结束活动。

第五章　解析情绪

——大学生情绪管理

本章知识图谱

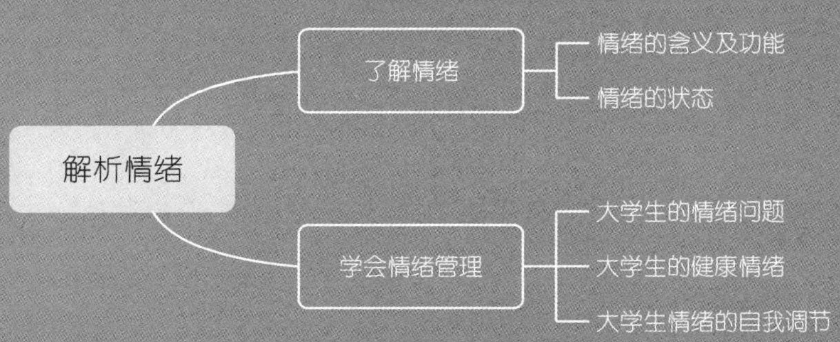

本章学习目标

1. 掌握情绪的含义、功能、状态。
2. 了解大学生的情绪问题，掌握培养健康情绪的方法。
3. 重点掌握情绪调适的各种方法，特别是合理宣泄法。

第一节　了解情绪

心理讲堂

小明在下雨天搭乘公交车，车上乘客很多，十分拥挤。在不耐烦中，小明觉得某个人的雨伞尖碰到了他的脚。但是车中实在太挤了，他根本无法转身看那个人。当车子摇晃时，那个雨伞尖刺得更重了。过了几站，好不容易下了一些乘客，小明终于有了回转余地，他愤怒地用鞋顶开那雨伞尖，并转身以最严厉的表情怒视这个“不长眼”的乘客。可这时他却发现，对方竟是一个盲人，刺到他脚的也并非他想象的雨伞尖。而是她的拐杖。此时小明谅解了她无意的行为。

思考：小明产生了哪些情绪？

一、情绪的含义及功能

（一）情绪的含义

情绪是人们对客观事物能否满足自己需要的一种主观体验以及所产生的身心激动状态，即人们对外界刺激所引起的生理和心理变化的一种主观体验。情绪同其他心理现象一样，也是人脑对客观事物的一种反映，它是一种对外界刺激带有特殊色彩的主观态度和体验，并与人的需要是否得到满足密切相关。人的需要是多种多样的，既有生理需要又有社会需要，既有物质需要又有精神需要，涉及方方面面，因而就会产生复杂多样的情绪体验。当客观事物能够满足人的需要时，就会使人产生积极的情绪体验，如学习成绩取得突破会兴高采烈；反之，当客观事物不能满足人的需要时，就会使人产生消极的情绪，如亲人逝去会悲痛欲绝。因此，人的任何心理活动都伴随着一定的情绪状态，情绪对心灵的维护有着不容忽视的影响。大学生的情绪是多变的、不稳定的。不同的情绪体验会给大学生带来不同的影响。良好的情绪状态能使他们健康地发展，也是大学生心理健康的重要标志；不良的情绪状态则会影响他们的健康发展，甚至产生心理障碍。因此，了解情绪的心理知识，培养良好的情绪，也是大学生保持心理健康的重要途径之一。

(二)情绪的功能

任何一种情绪的产生都有其生理、心理价值，即使焦虑、恐惧、抑郁等否定性质的情绪，也有其存在的意义，它们是一种个体自我保护的机制。人非草木，孰能无情？若是无情，人们的生活将暗淡无光。正是缘于人的喜怒哀乐、爱恨情仇、荣辱得失、惊惧悲痛等，人们的生活才丰富多彩。

1. 情绪可引起人的生理和心理反应

当我们体验某种情绪时，自然就会产生诸如心跳加快、呼吸急促、血管收缩或扩张、肌肉紧张、内分泌的变化等生理反应，亦会产生愉快、平和、不安、紧张、害怕、厌恶、憎恨、嫉妒等心理反应。由于生理、心理反应与情绪密切相关，当人遇到危险情况时，马上会有紧张害怕的感觉，同时心跳加快、呼吸急促……随之采取应对措施。良好的情绪能增强机体活力，从而提高免疫力，并减少神经系统、消化系统等机体疾病，如“人逢喜世精神爽”“笑一笑，十年少”等；不良的情绪会使人的整个心理活动失去平衡，造成生理功能紊乱，免疫力下降，从而导致各种身体疾病，如焦虑症、抑郁症等。

2. 情绪是人的心理活动和行动的发动机

情绪作为一种独特的心理体验，与人的认知、行为密不可分，三者紧密配合而非抗衡，才能使个人身心处在平衡的状态。情绪与认知、行为构成一个动态的有机系统，它能够驱使有机体发生反应，采取行动。一般说来，在情绪良好时思路开阔，思维敏捷，学习和工作效率高；而在情绪低沉或郁闷时，则思路阻塞，动作迟缓，创造性低下，学习工作效率低。强烈的情绪改变会使正在进行的思维中断；持久而炽热的情绪，则能激发无限的能量去完成任务。当你对某人、某事、某物产生强烈的爱或恨的情感时，你的认知和行为都会相应地有所改变，如常说的“情人眼里出西施”“爱屋及乌”等。

3. 情绪是人际关系的调节器

情绪既是人与人之间相处的润滑剂，又是破坏人际关系的致命“杀手”。个人烦闷悲伤等情绪一旦转移到家人、朋友、同学身上，一方面可能会影响人际间的互动品质，危害关系；另一方面，个人可能被情绪牵着鼻子走，理智完全被淹没，不幸时会出现暴力或是虐待的情况。总之，情绪既满足于人的基本生存需要，又满足于人类社会群体生活的需要。人们每时每刻产生的情绪行为，都是自然环境和社会环境与人相互影响、相互作用的结果。

二、情绪的状态

情绪是多种多样的，依据其发生的强度、持续性、紧张度可分以下三种状态，它们在

人的生活中都有重要意义。

(一)心境

心境是指比较微弱的、能持久地影响人整个精神活动的情绪状态。心境不是关于某种事物的特定体验，而是具有弥散性的特点。譬如，高兴时看什么都高兴，俗话说“人逢喜事精神爽”，似有“万事称心如意”的状态。烦闷、不高兴时，看什么都不顺眼，如林黛玉看见落花也伤心，看见月缺也流泪。

影响心境的原因是多种多样的。客观方面，社会生活条件的变化是影响心境的根本原因。还有时令季节的气候变化也会影响心境，正如“秋风秋雨愁煞人”的体验。主观原因，如事业的成败、工作顺利与否、人际关系、健康状况、对自然环境的适应程度等，都是影响心境的原因。当然，一个人的心境还与其气质、性格有一定的关系。同一事件对某些人的心境影响较小，而对另外一些人的影响则较大。性格开朗的人往往能很快忘掉不愉快的过去，而性格内向的人则容易耿耿于怀。

心境有积极和消极之分。良好的心境能使人精神振奋，有助于积极性的发挥和工作效率的提高；不良的心境则可使人颓丧、悲观、厌倦、消沉，不利于学习和工作的顺利进行。因此，人们必须学会把握自己的心境，使自己经常处于良好的心境之中。

(二)激情

激情是一种强烈的、短暂的、爆发性的情绪状态，如狂喜、愤怒、惊恐、绝望等都属于这种情绪状态。在激情状态下，人的理解力、自制力降低，甚至失去自我控制力。激情时人们很难掩饰内心强烈的情绪体验，总是伴随有机体状态的剧烈改变和明显的表情动作。如愤怒时全身发抖，紧握拳头；恐惧时毛骨悚然，面如土色；狂喜时手舞足蹈，欢呼雀跃等。

激情有积极和消极之分。积极的激情与理智、坚强的意志相联系，它能激励人们克服种种困难。例如，在战场上军人对侵略者充满仇恨的激情，激励军人冲锋陷阵，所向披靡地完成任务；又如文艺工作者需要激情去创作。消极的激情对机体的活动具有抑制作用，使人的自制力下降。如绝望时常目瞪口呆，丧失勇气；激怒时引起冲动行为，伤人毁物，甚至置法律与纪律于不顾，一旦事过境迁，情绪平稳后又后悔莫及。因此，要有意识地调节和控制自己的激情状态，可以在发生之前加以控制，运用自己的意志转移注意力，以减弱激情爆发的程度；此外，加强对激情不良后果的认识，也有利于控制激情。

(三)应激

应激是在出乎意料的危难或紧迫情况下所引起的高度紧张的情绪状态。如在人们遇到意外的自然灾害、紧急事故时，可能出现应激状态。某一事件是否引起应激反应、应激的程度以及每个人对待应激反应的方式，不仅受应激源(引起应激的刺激)的性质和强度的影响，更取决于人当时的心理状态、过去的经历、遗传、后天学习训练等因素。例如，同样是在激烈残酷的战场上，久经战斗考验或训练有素的军人与初次参战的新战士应激的方式就不一样，前者会行动果断，急中生智，奋起杀敌；后者则往往可能会目瞪口呆、手忙脚乱，甚至丧失战斗力。

能引起应激的因素有很多。有自然因素，如水灾、瘟疫、海啸、台风、雪崩、洪水、地震、火山爆发等；社会因素，如战争、政治迫害、种族歧视、宗教冲突、难民迁移、经济萧条等；生活中的重大事件，如亲人亡故、离婚、刑罚等。

应激是不可避免的。在人们的生活中，不可能不产生应激反应。据统计，日常医疗工作中有 50%~75%都是处理与应激有关的疾病，如头痛、高血压、意外事故、酒精中毒、溃疡病、心脏病及精神病等。人若长期处于应激状态，对健康不利。应激状态的延续能击溃一个人的生物化学保护机制，使人的抵抗力降低，以致被疾病所侵袭。因此应在生活和学习中进行应激调节，这是消除应激的最好最有效的途径。这里主要是指在营养、睡眠、运动和生活规律等方面进行自我调节。在营养方面，要根据自身身体状况，合理安排自己的饮食，保证充足的睡眠，养成良好的作息习惯；在运动方面要养成体育锻炼的好习惯，这有助于消除生活、工作和学习中的疲劳；在学习方面，要根据自身的身体状况、精神状态，合理安排学习时间。

第二节　学会情绪管理

心理讲堂

控制情绪是一种修养，更是一种人生智慧。一个能控制自己情绪的人，能定得住心境，境静生慧，从而把握自己的人生。

曾国藩，晚清名臣，曾因轿子的问题，无端遭受过一次羞辱。有一天上朝途中，曾国藩坐的四抬轿子和某官员的八抬大轿相遇在一个狭窄的巷子中。对方一看是四抬轿子，便认定里面坐的是比自己身份低的官员。见曾国藩的轿子没有让道，对方轿夫二话不说，将曾国藩从轿里揪了出来，上去就是一耳光，结果八抬大轿里的官员一看，是比自己官职更高的曾国藩，吓得慌忙下轿叩头谢罪。面对对方的无礼，曾国藩没有动怒，反而将这位官员扶起，笑着说道："是本官的轿子挡了大人的道，不怪你不怪你。"

遇到糟心的人和事，曾国藩的选择是一笑置之，而不是陷在自己的情绪里，一心想着报复，这样的人才能迅速调整自己，既赢得了别人的好感，也为自己节省出更多时间精力，做自己想要做的事情。

一、大学生的情绪问题

（一）情绪问题的定义

调查资料显示，我国大学生心理障碍和疾病的发病率高达20%，因各种疾病而休学、退学的比例也呈上升趋势。造成学生身心不健康的原因是多方面的，但与大学生的情绪关系最为密切，特别是一些强烈而持久的情绪问题，对大学生的危害更大。

情绪问题，一般是指由于竞争的加剧、理想与现实的落差、人际关系的摩擦、爱情的困惑及家庭环境的好坏等引起的负面情绪长时间持续不能消除的状态。情绪问题一方面导致大学生大脑神经活动功能紊乱，使情绪中枢部位的控制力减弱，使其认识范围缩小，自制力、学习效率降低，不能正确评价自我，甚至会做出某些失去理智的行为，造成心理障碍和心理疾病；另一方面，情绪问题又会降低大学生的免疫功能，导致其生理平衡失调，引发心血管、消化、泌尿、呼吸、内分泌等系统的疾病。

(二)大学生情绪问题的表现

1. 焦虑

焦虑是大学生常见的情绪状态，当他们在学习、工作、生活各方面遭遇挫折或担心需要付出巨大努力的事情来临时，便会产生这种情绪。焦虑对大学生的影响是复杂的，既可以成为大学生成才的内驱力，起促进作用，也可能起阻碍作用。实验证明，中等焦虑能使学生维持适度的紧张状态，注意力集中，促进学习进步。但过度焦虑则会给学生带来不良的影响。如有的大学生在临考前夜的失眠或考试时“怯场”，在竞赛中不能发挥正常水平等，多是高度焦虑所致。被过高的焦虑困扰的大学生，常常会感到内心极度紧张不安、惶恐害怕、心神不定、思维混乱、注意力不能集中，甚至记忆力下降，同时还容易产生头痛、失眠、食欲不振、胃肠不适等不良生理反应。焦虑的大学生在内心深处有一种无法解脱、不愿正视的心理问题，焦虑只是矛盾、冲突的外显，他们借此作为防御机制以避免更深层次的困扰。

2. 抑郁

抑郁症状不单指各种感觉，还指情绪、认知和行为特征。抑郁症最明显的症状是压抑的心情，表现为仿佛掉入了一个无底洞或黑洞之中，正被淹没或窒息。其他感觉包括容易发火，常感到愤怒或充满负罪感。抑郁常常伴随着焦虑，对所有活动失去兴趣，渴望一个人独居。抑郁也伴随着个体思维方式的转变，这些认知改变可以是一般性的，比如注意力不集中、记忆力衰退或者优柔寡断。在思考中可能有更多的心境转变，消极地看待世界、自我和未来，因此，抑郁的人很难回忆起美好的过去，而且常常不适当地责备自己，认为他人在消极地看待自己，对未来感到悲观。与此同时，还伴随身体症状，如常常感到乏力，起床变得困难，更严重的连睡眠方式都将改变，睡得太多或者早晨醒得太早，并且不能再次入睡。也可能出现饮食紊乱，吃得过多或过少，随之而来的是体重激增或剧减。抑郁是一种持续时间较长的低落、消沉的情绪体验，它常常与苦闷、不满、烦恼、困惑等情绪交织在一起。

3. 愤怒

愤怒是大学生常见的一种消极情绪。正值精力充沛、血气方刚的青年大学生，在情绪情感发展上表现出易激动、易动怒的特点。如有的大学生因一句刺耳的话或一件不顺心的小事而暴跳如雷；有的因人际协调受阻而怒不可遏、恶语伤人；有的因别人的观点或意见与自己相左而恼羞成怒；有的因暂时的挫折或失败而悲观失望，痛不欲生。如此种种，遇事缺乏冷静的分析与思考，图一时之快，逞一时之勇的好激动、易动怒的不良情绪特点，在一些大学生身上时有体现。这种情绪对大学生的消极影响是极大的，因而有人说：“愤

怒以愚蠢开始，以后悔结束。”

4. 嫉妒

嫉妒是自尊心的一种异常表现，在大学生中普遍存在。具体表现为当看到他人学识能力、品行荣誉甚至穿着打扮超过自己时内心产生不平、痛苦、愤怒等感觉；当别人身陷不幸或处于困境时则幸灾乐祸，甚至落井下石，在人后恶语中伤、诽谤。嫉妒是一种情绪障碍，它扭曲人的心灵，妨碍人与人之间正常真诚的交往。

嫉妒对人的心理健康极为不利。一是破坏人际关系的和谐。当一个人嫉妒另一个人的时候，就不会对那个人表示友善、热情，两个人的关系必然冷淡。嫉妒的对象越多，关系冷淡的对象就越多，这就给人际交往带来极大的妨害，甚至还会破坏集体的团结和良好的心理氛围。二是造成个人的内心痛苦。一个嫉妒心强的人，常常陷入苦恼之中不能自拔。时间长了产生自卑，甚至可能采取不正当的手段去伤害别人，使自己陷入更恶劣的处境。法国文学家巴尔扎克曾经说过：“嫉妒者比任何不幸的人更为痛苦，因为别人的幸福和他自己的不幸，都将使他痛苦万分。”

要克服嫉妒，一是视野开阔，心胸开阔，懂得“天外有天，人外有人”，“强中自有强中手”的客观规律。真正做到豁达开朗并非易事，但如果能在愤怒、兴奋或消极的情况下，能较平静、客观地面对现实，是能达到克服嫉妒的目的的。二是学会转移注意力，这需要保持积极进取的心态，使生活充实起来，从而取得成功，赶超竞争对手。培根说过，“每一个专注于自己事业的人，是没有工夫去嫉妒别人的”。因此，积极参与各种有益于身心健康的活动，使大学生活真正充实起来，嫉妒的毒素就不会滋生、蔓延了。为了缓解失败带来的心理上的不平衡感，可以找一些理由，使自己不再嫉妒别人。三是学习并欣赏别人的长处，化嫉妒为动力。一个人在嫉妒别人时，总是过分关注别人的优点，而忽视自己的优点。一般而言，嫉妒心理较多地产生于周围熟悉的年龄相仿、生活背景大致相同的人之间。因此，只有采取正确的比较方法，有意识地想一想自己比对方强的地方，才会使自己失衡的心理天平重新恢复到平衡的状态。四是建立正确的自我意识，提高自我意识水平，正确地评价自己和别人。嫉妒是一种突出自我的心理表现。在这种心理的支配下，待人接物常常以自我为中心，无论什么事，首先考虑到的是自身的得失，因而极易引起一系列的不良后果。若在出现嫉妒苗头时，能及时进行自我约束，摆正自身位置，努力驱除嫉妒心，就会感到“心底无私天地宽”。

5. 冷漠

冷漠是指人对外界刺激缺乏相应的情感反应，对生活中的悲欢离合都无动于衷，具体表现为凡事漠不关心、冷淡、退让的消极情绪体验。如有的大学生对周围的人和事漠不关心，对集体和同学态度冷淡，对自己的前途命运、国家大事等漠然置之，似乎自己已看破红尘、超凡脱俗。于是，把自己游离于社会群体之外，独来独往，对各种刺激都表现得无动于衷。这种冷漠的情绪状态，多是压抑内心情感情绪的一种消极逃避反应。具有这种情绪的人从表面上看虽然很平静、冷漠，但内心却往往有强烈的痛苦、孤寂和压抑感。如果大学生长时间地处于这种情绪状态，巨大的心理能量不能得到及时释放，等到超过了一定限度时，就会以排山倒海的形式爆发出来，致使心理平衡遭到破坏，影响身心健康。

克服冷漠最根本的办法是改变认知，发现生活的意义，发现自我的价值，改变长期以来形成的对人生消极的看法；积极投身各种有意义的活动中，融入集体中，进行积极的自我暗示；正确认识自我与他人、个体与社会的关系，并不断矫正自己的非理性观念。

6. 恐惧

恐惧是对真实存在的危险所产生的一种自然、适应性的反应。这是一种正常的心理反应。恐惧增加了人的人生安全系数。但是，当危险过后恐惧心理难以消除，或对并不可怕的事物产生过分的恐惧心理，或自知恐惧不必要、不正常却难以自控，如对社交、考试、新环境的恐惧，对争吵、异性交往的恐惧等，严重的会导致恐惧症。常见的大学生恐惧症主要表现为社交恐惧。有些大学生在与人交往时，会不自觉地感到害怕、紧张以至手足无措、语无伦次，有些甚至发展到害怕见人的地步。这些学生在意识到将要与人交往或在交往的过程中，往往产生紧张不安、心慌胸闷的症状。

克服恐惧的最好办法就是直面恐惧，要学会勇敢地面对现实、承认现实、接受现实。即使你假想的变成了真的现实，你也无法改变它，与其选择恐惧，倒不如面对现实、承认现实、接受现实。

（三）引起大学生不良情绪的因素

1. 大学生心理环境及知识结构

大学生年龄一般在 17~23 岁，是生理和心理迅速发展时期，也是从不成熟走向成熟的过渡时期。他们求知欲强，精力充沛，充满活力，热情奔放，但也表现出其情绪的不稳定性。他们自我意识增强，在追求美好未来的实践中注重自我评价，在评价过程中出现主观自我与客观自我的分歧。客观的我由于中学阶段以“升学”为“最高标准”，知识结构残缺不全，甚至存在着很多的“空白”，这在一定程度上影响或制约着其心理发展，导致其自我评价即主观的我（理想的我）与客观的我（现实的我）之间的差异。同时，他们初进大学校门，对大学生活、自己的专业等的高度理想化也与客观现实存在着差距，不能很好地适应新的环境。这些差异或差距引起其心理矛盾和冲突，成为消极情绪产生的基础。

2. 市场经济效应

从我国市场经济的特色来看，市场经济对社会进步具有双重效应。一方面它对发展生产力，繁荣经济具有积极作用即正效应；另一方面它又具有诱发人们产生个人主义、享乐

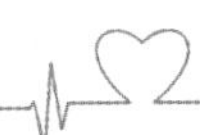

主义的消极作用，即负效应。大学的改革也趋于明显的市场化，如专业调整与市场接轨，科研与市场联系，尤其毕业生就业通过市场选择具有明显的竞争色彩，学生在市场经济正负效应的冲击下，心理必将承受较大的压力。况且学生的认识还没有适应高等教育由精英教育向大众教育的转变，这种新的价值趋向与自己原有的价值观念不时地冲撞，将可能引起心理的痛苦和价值的多元化，为消极情绪的引发埋下伏笔。

3. 独生子女性格弱点

走进大学校门的学生在中学均为学习的佼佼者，尤其是独生子女，他们在学校是学习优等生，在家是父母的宠儿，可谓“天之骄子”。而当这些“天之骄子”在大学相聚，他们首先面临的或难以处理的将是“人际关系紧张”“自理能力弱”等问题。绝大多数学生在重新认识自我时不断提高自己的素质，发现自己的不足，努力达到与“环境”的和谐统一；而少数学生在重新认识自我中自卑、消沉，产生消极的情绪。此外，家庭经济状况的差距也是消极情绪产生的不可忽视的因素。一些贫困生可能因此而产生强烈的自卑感、不平衡感、嫉妒感，甚至可能产生仇视社会、怨恨父母、自卑冷漠等心理。

二、大学生的健康情绪

（一）大学生情绪健康的表现

情绪是衡量一个人积极性的特征指标，是认识和洞察人们内心世界的有效手段，是个性成熟程度的指示器。情绪能反映一个人的胸怀和度量，从而反映一个人的控制心理发展水平。胸怀豁达的人一般情绪稳定，能容忍和克制。因此，良好的情绪，有利于大学生心理的健康发展。衡量大学生情绪是否健康，可以从下面三个方面加以考察。

1. 自信

自信是一种积极的心理暗示，指一个人对自己有正确的认识和评价，并在此基础上自知、自信、自尊、自爱，能悦纳自己，自己心中有一个良好的自我形象。这种自我形象一旦建立，便比较牢固地留在自己的潜意识中。它可以在较长时间内左右人们的行动，使人充满信心和力量，时刻充实和完善着自我和人生。具有真实自信的大学生，表现出活泼、开朗、幽默、果断等特点，一般能保持一种稳定而愉快的心境，潇洒自如地直面人生。可以说，自信是良好情绪状态的内在关键要素。

2. 热情乐观

热情乐观是良好情绪状态最直观的外在表现。我们热情乐观的时候，可以想得更好，干得更好，感觉得更好，身体也更健康。俄国心理学家K. 柯克契耶夫试验过人在乐观与悲观的思维中的生理状态。人在乐观的思维中，视觉、味觉、嗅觉和听觉都更灵敏，触觉也更细微。精神医学也证明，在乐观的时候，我们的胃、肝、心脏和所有的内脏会发挥更有效的作用。可见，在热情乐观的情绪状态下，一个人的潜能可以被充分地发挥出来。

3. 适度焦虑

适度焦虑也是一种良好的情绪状态。研究表明，保持适度的焦虑可以提高人的活动效率。这是因为一方面，适度的紧张和焦虑使个体进入紧张激动状态，由于交感神经的作用，生理上会有一连串的变化，如血压增高、呼吸加速、血液循环加快。这些变化使身体产生较多的能量来应付当前的问题和情景。这种能量有时是巨大的，它可使人达成超出自身极限的成就。另一方面，适度的紧张和焦虑，不仅是维持学习效率的有利因素，而且也是健康生活的必备条件。在适度焦虑状态下，个体的思考力、反应速度、动作的敏捷性都能得到锻炼，使身心更趋于健康全面发展。

（二）培养健康情绪的方法

1. 树立真实的自信

（1）了解自己目前自信心的状况。心理学专家设计了不少测试自信心的量表，可以借助量表进行测试，也可以通过自我评价去认识。自信心过强，即过了度，会自以为是、盲目乐观，看不到自己的缺点，这是自我评价过高引起的，应纠正这种偏差。正确地认识自己，培养十分强而不是过于强的自信心，因“真理若再向前迈进一步也会成为谬误”。自信心很强时应注意保护并保持谨慎，注意方法。自信心一般的时候，应设法予以加强。当自信心较弱或很弱时，必须努力加以改变。

（2）定出符合自己实际情况的“抱负水平”。抱负水平定得过高，多方努力均不能达到，容易挫伤自信心。抱负水平可以由低到高地定，每实现一个小目标，就有一份成功的喜悦，就增强一份自信，切不要幻想一步登天。

（3）通过适当的补偿来培养自信心。即通过努力奋斗，以某方面的成就来弥补自身的缺陷，变自己的劣势为优势，使自信心逐步培养起来。常用的方法有“以勤补拙”“笨鸟先飞”“扬长避短”等。

（4）刻苦学习，努力实践，不断充实自己，提高自身素质。这是培养自信心最根本的方法。

2. 培养豁达乐观的心态

（1）学会辩证思维。对任何事物都不要用肯定一切或否定一切的观点去看待，应抱着积极、乐观的态度去对待一切。大多数失败者并非智商低下，而多因看问题绝对化，遇到困难消极悲观，使得“未做事先自乱阵脚”，这怎么能成功呢？

（2）坚信未来属于自己。一个人一生中不可能百分之百的顺利，总要碰到艰难险阻，

在逆境中如果不能坚信未来属于自己，就会像萧伯纳所说的那样，“如果我们觉得不幸，可能会永远不幸”。如果我们能坚信未来属于自己，我们就能热情乐观地面对一切了。

(3)学会宽容。宽容就是豁达大度、心胸开阔、宽以待人，人的心态会因为宽容而热情乐观，也会因不宽容而不满、不平、不敬、不快。而要学会宽容，就必须加强自身修养，使自己能胸怀广阔，永葆乐观、愉快。

(4)通过养成有节奏有规律的学习生活习惯，参加健康向上的娱乐、体育活动，学会微笑等方法，获得愉快的感受，以培养自己热情乐观的情绪。

3. 培养适度的紧迫感

(1)真正明白时间的价值。时间是最公平的，每个人都有一份等量的时间来支配，但人们对时间价值的理解不同，结果会大不一样。时间是勤奋者的财富、创造者的宝库、懒惰者的包袱、浪荡者的坟墓。世间万物中，最宝贵的就是时间，赢得时间就是胜利，错过了时机，它就会给你以毫不留情的“惩罚”。

(2)培养办事的时间意识和计划性。有了合理的计划就能有效地支配时间。而在完成计划的过程中能使你保持适度的焦虑，克服拖沓的恶习，培养良好的时间意识，获得珍惜时间的良好回报。

(3)抓住现在。过去的时间是无法挽回的，未来的时间是捉摸不定的，只有现在的时间才是实实在在的。现在是过去的继续，又是未来的基础。现在把握不住，未来更无从谈起。谁放弃了现在，谁就会葬送未来。只有充分把握现在，才能更好地利用未来。大学生切不要把古人的遗训“今日事今日毕”当作耳边风，那会贻误我们的未来。

三、大学生情绪的自我调节

情绪调节是对情绪内在过程和外部行为采取监控、调节，以适应外界情境和人际关系需要的动态过程，能否合理地管理和调控好自己的情绪，是一个人能否健康成长的关键。大学生正处在人生的第二个“心理断乳期”，这是一个非常关注自我、注重个性表达、情绪体验丰富、情绪波动起伏的时期，倘若不能很好地调节自己的情绪完善自己，一不小心就会造成“一失足成千古恨”的悲剧。

(一)大学生情绪自我调节的意义

1. 有助于优良品德的形成与发展

优良品德与积极情绪状态有着密切关系，如乐观向上、豁达助人，这些积极的情绪特征既是构成优良品德的基础，也是促进优良品德形成的重要因素。可见大学生做好情绪的自我调节，对促进优良品德的形成、发展有重要意义。

2. 有利于智力的发挥与提高

消极的情绪状态，使智力操作的基本功能受到影响，智力潜能的充分开发和利用将受阻。研究表明，积极的情绪状态，对人的智力发展和成就的取得有巨大的推动作用，相反，消极的情绪状态，对人的智能发展和成就的取得有阻抑作用。可见，大学生做好情绪的自我调节，对智能发展有重要意义。

3. 有利于促进身体健康

身心健康互相影响，互相作用。一方面生理缺陷或身体疾病会使人处于消极的情绪状态，进而影响整个心理状态，甚至产生严重的心理疾患；另一方面消极的情绪状态，又会导致生理上的异常和病态，如长期受焦虑、忧愁、悲伤、恼怒的影响，有可能引起高血压、心脏病、溃疡、胃病等多种疾病。因此，大学生要保证自己身体健康，必须保持积极的情绪状态。

（二）大学生情绪自我调节的方法

由于不良情绪会妨碍人的身心健康，因此，心理学家都提倡对大学生的情绪进行科学指导，并鼓励大学生进行自我调节。

1. 情绪调节的一般原则

对不同情境中的负性情绪应采取不同方法进行自我调节和控制。相信以下原则对大多数人会有一定的指导与帮助。

（1）培养乐观向上、积极进取的人生观；
（2）培养广泛的兴趣爱好与主观幸福感，热爱生活；
（3）注重沟通的艺术，学会与人合作，建立广泛的人际关系；
（4）悦纳自己，用赞赏的眼光看待自己；
（5）宽容待人，不过分苛求别人；
（6）学会忘记过去的失败并避免其对自己产生不必要的伤害；
（7）避免过分自责；
（8）善于控制自己的情绪并学会消化负面情绪；
（9）不要随意扩大某事的严重性，尽可能做到“大事化小，小事化了”；
（10）学会忽略对自己不利的事情，以避免因此引起的负面情绪体验。

2. 情绪调节的方法

（1）理性情绪疗法。理性情绪疗法（rotional-emotive therapy，RET），是由美国临床心理学家阿尔伯特·艾利斯（Albert Ellis）在 20 世纪 50 年代创立的，其核心是去掉非理性的、

不合理的信念，建立正确的信念。

艾利斯的 RET 理论认为：情绪并不是由某一诱发事件本身直接引起的，而是由经历这一事件的个体对这一事件的解释和评价所引起的。这一理论也称为情绪困扰的 ABC 理论：A 是指诱发性事件（activating event）；B 指当个体遇到诱发性事件之后产生的相应信念（belief），即他对这一事件的想法、解释和评价；C 指在特定的情景下，个体的情绪及行为的结果（consequence）。通常认为情绪和行为后果的反应直接由激发事件所引起，即 A 引起 C，而 ABC 理论则认为 A 只是 C 的间接原因，B 即个体对 A 的认知和评价而产生的信念才是直接的原因。

微课空间

《欢乐颂》中的情绪 ABC 理论

指导老师/朱占占

2016 年热播的现代都市剧《欢乐颂》中，五位情感丰富的女主角上演着百变人生。她们情绪调节的能力也在潜移默化地影响着她们的人生定位。本次微课，我们将运用美国心理学家艾利斯创设的情绪 ABC 理论来解释“五美”情绪调节的模式，调整同学们的认知，培养积极健康的情绪。

（2）积极自我暗示。积极自我心理暗示是利用语言的指导和暗示作用，来调适和放松心理的紧张状态，使不良情绪得到缓解。心理学的实验表明，当个人静坐时，默默地说“勃然大怒”“暴跳如雷”“气死我了”等语句时心跳会加剧，呼吸也会加快，仿佛真的发起怒来。相反，如果默念“喜笑颜开”“兴高采烈”“把人乐坏了”之类的语句，那么他的心里面也会产生一种乐滋滋的体验。由此可见，言语活动既能唤起人们愉快的体验，也能唤起不愉快的体验；既能引起某种情绪反应，也能抑制某种情绪反应。因此，当我们在生活中遇到情绪问题时，应当充分利用语言的作用，用内部语言或书面语言对自身进行暗示，缓解不良情绪，保持心理平衡。比如默想或用笔在纸上写出下列词语：“冷静”“三思而后行”“制怒”“镇定”等。实践证明，这种暗示对人的不良情绪和行为有奇妙的影响和调控作用，既可以松弛过分紧张的情绪，又可用来激励自己。

（3）转移注意力。转移注意力就是把注意力从引起不良情绪反应的刺激情境转移到其他事物上去或从事其他活动的自我调节方法。当出现情绪不佳的情况时，要把注意力转移到使自己感兴趣的事上去，如外出散步、看看电影电视、读读书、打打球、下盘棋、找朋友聊天、换换环境等，有助于使情绪平静下来，在活动中寻找到新的快乐。这种方法，一方面中止了不良刺激源的作用，防止不良情绪的泛滥、蔓延；另一方面，通过参与新的活动特别是自己感兴趣的活动而达到增进积极的情绪体验的目的。

（4）适度宣泄。过分压抑只会使情绪困扰加重，而适度宣泄则可以把不良情绪释放出来，从而使紧张的情绪得以缓解。因此，有不良情绪时，最简单的解决办法就是“宣泄”。宣泄一般是在背地里，或在知心朋友的陪伴下进行的。采取的形式或是用过激的言辞抨击、谩骂、抱怨恼怒的对象；或是尽情地向至亲好友倾诉自己认为的不平和委屈等，一旦发泄完毕，心情也就随之平静下来；或是通过体育运动、劳动等方式来尽情发泄；或是到空旷的山林原野，拟定一个假目标大声叫骂，发泄胸中怨气。必须指出，在采取宣泄法来调节自己的不良情绪时，必须增强自制力，不要随便发泄不满或者不愉快的情绪，要采取正确的方式，选择适当的场合和对象，以免引起难以预料的不良后果。

（5）交往调节法。某些不良情绪常常是由人际关系矛盾和人际交往障碍引起的。因此，当我们遇到不顺心、不如意的事而有了烦恼时，能主动地找亲朋好友交流、谈心，比一个人独处冥想、自怨自艾要好得多。因此，在情绪不稳定的时候，找人谈一谈，具有缓和、抚慰、稳定情绪的作用。另一方面，人际交往还有助于交流思想、沟通情感，增强自己战胜不良情绪的信心和勇气，更理智地去对待不良情绪。

（6）心理咨询。当人烦恼、忧郁、苦闷时，尤其需要的是他人的理解和疏导。因此，寻求能够理解自己的对象，把压抑的挫折情绪宣泄出来，求得他人的疏导，是调节情绪的有效措施。大学生可以向父母、老师、好友，也可以到专门的咨询机构咨询。由于专门的心理咨询机构的咨询人员多是某一领域的专家或经验丰富的咨询员，在心理疏导上针对性强，效果明显，加上其保密性强，一些不愿使他人知晓的困惑造成的心理问题，到心理咨询机构或通过热线电话咨询应该说是相对安全、有效的途径。因此，当代大学生应正视挫折情绪，主动打开心扉，积极寻求安慰、理解与指导，以便有效地排除不良情绪的束缚，使自己心情更加开朗，行为更加富有朝气，以便放下包袱，轻装前进。

情绪管理团体辅导活动

——我的情绪我做主

一、团体辅导活动——我的情绪我做主

二、心海沙盘——情绪扫雷

一、团体辅导活动——我的情绪我做主

【活动目的】

1. 觉察自己日常生活动中常见的情绪状态。
2. 了解情绪背后的心理需求，能够表达自己的情绪。
3. 掌握情绪调节的方法，有效释放情绪。

【活动内容】

1. 热身活动：两人一组，面对面，模仿视频中的游戏互动，感受快乐的情绪状态。（视频：*I'm happy*）

2. 拿出一张 A4 纸，在上面画出一个人体形状图。

3. 觉察情绪：戴上眼罩或者闭上眼睛，在一首音乐中，从头至脚扫描全身，想象音乐的音符从头顶进入，经过头部—颈部—双肩—双臂—胸部—背部—腰部—臀部—大腿—小腿—脚掌。用一种颜色来形容你的情绪，音乐顺利通过的地方为健康的绿色，有情绪储存的地方为其他的颜色。

4. 命名情绪：在 A4 纸上画出你的情绪储存的位置，选择与情绪相同颜色的彩笔将情绪标注在人体形状图上，并且为你的情绪命名。

5. 表达情绪：两人一组分享与此情绪相关的生活事件，分析情绪背后你真正的心理需求，如果有一个机会能够表达此情绪，请用“当……我觉得……因为……”句式进行表达。

6. 释放情绪：再一次戴上眼罩，在音乐中进行呼吸放松训练。想象自己来到一片鸟语花香的树林，闭上眼睛，深呼吸十次，深深地吸气，慢慢地吐气，感受空气的清新、花草的芬芳，吸入清新的空气，吐出带有情绪的浊气。

7. 认知提升：在大团体中分享本节课的收获，并且分享自己日常生活中常用的释放情绪的方法。

二、心海沙盘——情绪扫雷

人们在不顺心时，心情往往会变得更烦躁、易怒，怎样及时防堵负面情绪，避免陷入情绪雷区？

如果你仔细想想，就会发现自己的情绪反应其实是很固定的模式：让自己生气，往往就是那几种状况；让自己感到沮丧，也不外乎某几样事件。每当这些特殊情境发生时，我们就会启动固定情绪反应，就如同计算机设定好程序，很自然就发生。这是因为你我所有的学习经验，都会在大脑中产生新神经回路，情绪反应学习自然也不例外。如果这些负面情绪反应模式不改变，你就会发现自己总是为某事生气，要不就是经常为某事担心。

事实上，由于每个人从小到大有着不同的生活经验，再加上本身有不同的个性，每个人都会有自己独特的情绪雷区。一个人的情绪雷区可能是另一个人的安全区，例如有人很在意别人守不守时，另一个人却对他人迟到不以为意，但却很看不惯别人说谎。那我们该如何给自己扫雷呢？

【画出你的情绪雷区】

请你回想过去半年内，自己曾出现过如下情绪时的情境(至少各列三项)：

当____________________时，我感到很难过(伤心)。

当____________________时，我感到很生气。

当____________________时，我感到很担心(害怕)。

当____________________时，我感到很厌恶。

当____________________时，我感到压力很大。

【思索自己的核心价值】

核心价值，是指你我心中那些根深蒂固的理念及想法，这些核心价值观组合，就形成了我们每个人“我之所以为我”的基础。正因如此，核心价值观不容易改变，而且往往成了一辈子的坚持。因此，如果任何人(包括自己在内)的言行违反了自己的核心价值，心中怒火就会一触即发，所以核心价值往往也就成了情绪地雷。

例如，有人认为诚实很重要，是他的核心价值之一。因此，只要他发现别人说话有所隐瞒，就很容易按捺不住大发脾气；而如果有人深信“人人平等”，要是有别人说话时贬损了某个族群，或者总是瞧不起这个团体，他就会觉得此人非常不对，而且马上面有愠色，挺身而出主持公道。

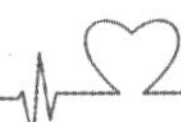

现在我们要找出自己的核心价值观，请试着回答下面问题：

我认为一个人该表现出的理想特质包括______________________________

____

____

____

____

____

____

对我而言，生活中有哪些价值及规范非常重要？______________________________

____

____

____

____

____

____

我欣赏的偶像身上具备哪些超赞的特质？______________________________

____

____

____

____

____

____

现在你该对自己的核心价值有所了解了吧？不论是“谦虚”“诚恳”还是“守信”“负责”，找出来后不但让自己更了解自己，也能有更多线索去发现自己的情绪地雷。

【采取避雷方案】

画出情绪雷区之后，不妨把自己的情绪地雷贴在显眼位置，便于时常提醒自己，这些地方是情绪死穴，应该努力地开始自我扫雷计划。

(1) 自己的地雷自己拆——安排 B 计划。

如果你的情绪地雷是“他人迟到”，每次只要跟你约的人没准时，你就必定暴跳如雷，那么从现在开始随身带本书，别人晚了你就展开 B 计划，把书拿出来认真地看，这样既不会浪费时间，又可以避免自己因东张西望而把心情弄得焦躁不安。想一想，你还能用哪些高招拆除地雷？

(2)开诚布公——公开自己的情绪地雷。

将自己的情绪地雷图和周围人分享，索性昭告天下自己有这些地雷区。这么做不但救了自己，也帮助周遭人避开地雷区。当情绪地雷一个个被拆除后，你会发现自己的情绪地雷版图日渐缩小，而自己的心情，就会愈来愈清爽了。

第六章　HOLD住压力

——大学生压力调适

本章知识图谱

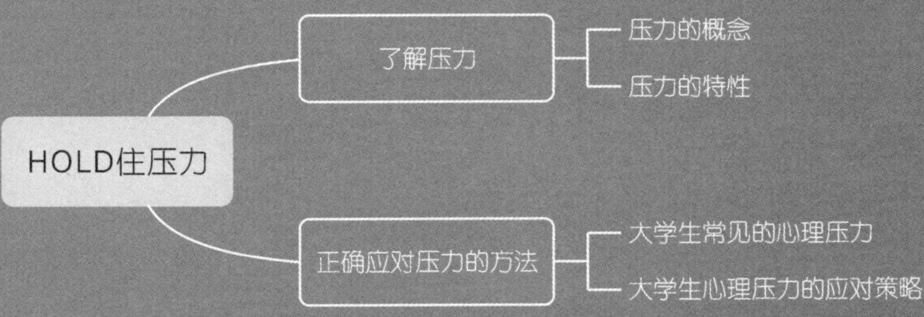

本章学习目标

1. 正确理解压力的含义。

2. 了解压力的类型及反应。

3. 说出自己心理压力的来源及原因。

4. 在生活中运用应对压力的方法解决实际问题。

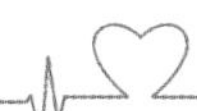

第一节　了解压力

心理讲堂

面对压力，唐代诗人白居易诗曰“何以销烦暑，端居一院中。眼前无长物，窗下有清风”；宋代禅师释绍昙诗曰“春有百花秋有月，夏有凉风冬有雪。莫将闲事挂心头，便是人间好时节”。古人应对压力的自我调节方式可见一斑。

适当的压力可以帮助我们取得进步。战国时期苏秦游说秦王，想让秦王采纳的政治理念，但秦王没有采纳。苏秦十分落魄地回到了家，家人对他冷眼相待。苏秦受了刺激，发誓出人头地，于是夙兴夜寐，发愤读书，读书困了就用针刺大腿。终于，他挂六国相印，成就了一番事业。

过度的压力可能会让我们功亏一篑，我们不妨学习古人的压力管理技巧。

一、压力的概念

（一）压力的定义

从心理学角度看，压力是心理压力源和心理压力反应共同构成的一种认知和行为体验过程，即个体在面对难以适应的外界环境要求或威胁时产生的心理体验，是人们的需求和满足需求的能力之间存在不平衡时所产生的一种生理和心理上的反应。因此，心理压力包含了三个维度的内容。首先，心理压力是指那些使人感到紧张的事件或者环境，也就是让个体能产生反应的刺激事件。其次，心理压力是一种主观的反应。从这个意义上讲，心理压力是一种心态，是人体内部出现的解释性的、情感性的、防御性的反应过程，所以我们有的时候经常会说的“压力是自己给自己的”就是这个意思。个体只有感觉到这个刺激事件对自己构成影响才会形成心理压力。最后，心理压力是一种生理和行为上的反应。每个人面对压力时很容易有这种体会，如承受压力时，手心出汗、紧张、脚发抖等。

压力来自于社会生活的各个方面，世界上每个人一生都会经历这样或那样的压力。承受压力是生活中不可避免的，但过度的压力会破坏人的身心平衡，损害人的身心健康。当代大学生中每一个人都会在不同程度上感受到心理压力的存在。过度的心理压力会影响大学生的精神面貌，削弱其学习兴趣，甚至损害大学生的心理健康，影响平时正常的学习和生活。

（二）压力源

1. 躯体性压力源

躯体性压力源是指通过对人的躯体直接发生刺激作用的刺激物。如物理性的刺激物（过高或过低的温度）、化学性刺激物（酸碱）、生物性刺激物（细菌微生物）等。

2. 心理性压力源

心理性压力源是指来自人们头脑中的紧张性信息，如各种矛盾冲突、不祥预感等。

3. 社会性压力源

社会性压力源是指造成个人生活方式上的变化，且要求人们对其进行适应的情境或事件，如个人生活中的变化（搬家）、社会生活中的事件（战争创伤）等。

4. 文化性压力源

文化性压力源是指从一种语言环境或文化背景进入到另一种语言环境或文化背景中，人们面对新的生活环境、不同的风俗习惯、不同的生活方式而产生的压力。即人们通常所说的文化性迁移。如一个没有一定外语水平而出国考察的人，在没有翻译时会出现无法与人交流，难以沟通的现象。

（三）压力的反应

当人们遭受压力下，机体会出现应激。应激作为一种心理状态或心理反应，往往具有一定的生理和生化基础，并伴随着一定程度上的情绪反应、认知反应和行为模式变化。

1. 压力的心理反应

（1）情绪反应：人们在受到挫折时，伴随强烈的忧郁、紧张、焦虑、恐惧等情绪所作出的反应。

（2）认知反应：压力引起的机体心理反应，主要有警觉、注意力集中、思维敏捷、精神振奋等。当某个压力来源被个体认定为对其产生威胁时，人的认知方面的功能会受到影响。

（3）行为模式：在不同程度的压力面前，个体会表现出不同的行为。轻度压力下，机体的生理性行为较多，此时，机体出现的是正向的行为适应；中度压力对机体各部分协调

的复杂行为影响较多；高度压力下，机体可能会产生压抑行为，也可能会造成攻击行为。这种攻击行为多数情况下表现为攻击他人，个别情况下表现为攻击自己。

(四)压力的危害

在压力的笼罩下，有相当一部分人的心理负荷与心理承受力之间失去了平衡。因此，生理有可能偏离正常发展的方面，出现心理异常，影响工作，家庭和谐，甚至出现自虐、自杀等异常的行为。长期的心理压力堆积会导致人们出现许多问题。

1. 注意力缺失障碍问题

注意力的集中问题对于现代人的日常生活有着极其重要的影响，而注意力缺失障碍经常会引起一系列的状况：注意力分散、坐立不安、思维混乱、空想、缺乏远见、粗心大意、健忘、缺乏积极性以及缺乏毅力。

2. 睡眠障碍

比如睡眠呼吸暂停、睡眠时相延迟综合征，甚至睡过头。在极端的情况下，心理压力还会引起失眠症。

3. 消极性思维

不断重复的心理压力可以摧毁一个人的情绪和心灵，很容易让人感觉生活没有意义。人在承受巨大的心理压力时，常常会觉得周围的一切都处于失控、强迫和恐怖的状态。这种消极的情绪很容易导致人们陷入酗酒、过量吸烟，甚至滥用药物等消极行为中。

二、压力的特性

由心理压力的概念可知，心理压力具有一些基本特性，主要表现为情绪性和动力性。

(一)情绪性

情绪性是指个体有心理压力时总带有明显紧张的情绪体验的特性。如前所述，心理压力总伴随有一定的紧张情绪体验。紧张本是人在某种压力环境的作用下所产生的一种适应环境的情绪反应。心理压力的情绪性是十分复杂的，有消极和积极之分。心理压力的情绪性是积极还是消极的关键要看个体的需要和认识。如果个体认为压力事件能满足自己某方面的需要，便可能产生积极的情绪，如探险者就乐于冒险，否则就产生消极的情绪。此外，这种情绪性的紧张度和负面性还受两个因素的制约：一是受压力的大小制约；二是受个体心理承受力大小制约。所谓心理承受力，一般是指个体对挫折、苦难、威胁等非自我表现性环境信息的处理理性程度，即对心理压力应对的理性程度。当心理承受力一定时，压力越大，形成的负面情绪越强烈，心理越紧张，就越易出现忧郁、痛苦、惊慌、愤怒等情绪；反之，若压力小，心理紧张度低，则只会出现短暂的、微弱的负面情绪，如不悦、冷淡等。当压力一定时，若心理承受力越小，则心理越紧张，负面情绪越大；反之，则负面情绪小，心理不紧张。当压力和心理承受力相当，或略大于心理承受力时，这种压力也称为适度压力，或轻度压力。适度压力下个体情绪虽有些紧张，但在良好的教育和积极的引导下，往往能精神振奋，产生热情，有利于意志的锻炼和能力的提高。总之，心理压力的情绪性是显而易见的。

（二）动力性

动力性是心理压力的又一个重要特性。心理压力对个体行为的调节作用就是心理压力的动力性。在日常生活中，人们常说“变压力为动力”，就是指个体在有心理压力时，不会无动于衷，而会采取一定的行为处理所处的具有威胁性的刺激情境。心理压力的动力性表现为对适应行为的积极增力作用和消极减力作用两个方面。有研究表明，当个体心理压力过大时，人的理智一般难以控制，个体常表现出两种极端的行为反应，要么呆若木鸡，完全停止行动，要么攻击。中度心理压力一般会使人的行为能力降低，产生重复和刻板动作。心理压力较小时，情况就较复杂化，一般适应行为增多。在适度压力或轻度压力状况下，个体可能在理智的控制下，充分发挥主观能动作用，对压力事件较妥善处理，从而也使自己的心理承受力得到增强，使个体生物性行为和正向的适应性行为增多，动力性随之增长。但在适度压力或轻度压力状况下，个体若不能理智控制或失去理智，不能发挥主观能动作用，对压力事件漠然置之或不及时妥善处理，则只会使自己的心理承受力得不到增强，动力性将随之降低。没有一定的心理压力，人就难以增强心理承受力，人的正向适应性行为就得不到学习提高，一旦面临较大压力，将不知所措，容易造成心理障碍。如果只看到心理压力的情绪性，并夸大其负面影响，忽视心理压力的动力性，或者只看到其消极减力作用方面，这是不切实际的，也是错误的。

此外，心理压力还具有一定的偶然性和内发性。这是由于常人所说的“天有不测风云，人有旦夕祸福”，以及“庸人自扰”所造成的。全面理解心理压力的特性有助于我们对心理压力的积极应对，有助于人的身心健康。

拓展阅读

关于压力的谬论

谬论一：压力对每个人都是相同的

压力对我们每一个人来说都是相同的，这个说法是完全不对的。我们每个人对压力的反应方式是不同。

谬论二：压力总是没好处

根据这一观点，零压力能让我们保持快乐和健康。错了。压力对人类的作用就像小提琴琴弦上的张力：太小会使音色枯燥和沉闷，太大则会使音色尖锐和刺耳。压力可以是死亡的亲吻也可以是生活的香料。正确把握压力，使我们有动力和快乐；不当地处理压力，使我们受伤甚至死亡。

谬论三：压力无处不在，你对它无能为力

你所有的问题似乎是平等的，压力似乎无处不在。然而，事实并非如此。你可以计划你的生活，有效规划解决问题的优先次序，如简单的问题先解决，复杂的问题后解决，所以压力压不垮你。

第二节　正确应对压力的方法

心理讲堂

一位讲师在课堂上拿起一杯水，然后问学生说："各位认为这杯水有多重？"

有的学生说20克，有的学生说500克，讲师则说："这杯水有多重并不重要，重要的是你能拿多久。拿一分钟，各位一定觉没问题；拿一个小时，可能觉得手酸；拿一天，可能得叫救护车了。其实这杯水不重，但是你若拿得越久，就觉得越沉重。这就像我们承担着压力一样，如果我们一直把压力放在身上，不管时间长短，到最后就觉得压力越来越沉重而无法承担。我们要做的是，放下这杯水，休息一下后再拿起这杯水，如此我们才能拿得更久。所以，各位在承担压力时，要学会适时地卸下压力，及时休整，再重新担起压力，如此才可持续负重前行。"

一、大学生常见的心理压力

(一)大学生常见心理压力源

对于刚刚步入大学校园的大学生来说，大学生活给了他们无限的美好遐想。但是，真实的大学校园，可能并不是他们想象中的幸福乐园。这里的生活一样紧张忙碌，还有来自各个方面的压力，这些压力可能会成为部分大学生一生不能承受之重。大学生常见的心理压力主要来源于四个方面：学业、经济、人际关系和就业。

1. 学业方面

大多数大学生希望在大学里学到更多的知识和技能，给将来就业增加筹码。于是在学习之余，他们纷纷采取各种措施给自己充电，有的悄悄为考研做准备。部分学生承受不起超负荷的学习，自己又没有掌握减压的技巧或没有及时释放这些压力，因此学习和考研成了大学生在校的主要压力。同时，在校期间大学生经历的一些不愉快的事件，如专业成绩不理想、对大学生活的不满意、未取得学位证书及受过处分等，会随着毕业时间的临近而引起内心情绪的不稳定，使心理不平衡，在一定程度上给大学生带来压力。

2. 人际关系方面

目前，人际交往困难已成为诱发大学生心理问题的首要因素。远离家乡和父母的大学生总会有一种孤独感，一旦出现人际关系不和谐，或发生其他冲突，这种孤独感就会进一步加剧，从而产生心理焦虑和压力。部分大学生在校期间由于人际关系不和谐，使他们生活在不愉快的环境中，心情总是不舒畅。不少大学生因此沉溺在网络的虚拟世界里寻找心理满足，与现实生活产生隔阂，不愿与人面对面交往。大学生正常的认知、情感和心理定位受到影响，还可能导致人格分裂，不利于健康性格和人生观的塑造。另外，大学生在情感方面的困惑和危机所带来的心理压力，也直接影响到大学生的心理健康。大学生因恋爱所造成的情感危机，是诱发大学生心理问题的重要因素，理想中的爱情与现实的差距让人感到一种无以名状的失落，而恋爱失败往往导致大学生心理压力增大，反过来影响学习，甚至有的人因此而走向极端。因此，紧张的人际关系是造成心理压力的重要来源之一。

3. 经济方面

目前，因家庭困难造成经济紧张而陷入困境的学生在学校占有相当大的比例。高额的学费和生活开支增加了他们的经济压力，同时也使他们在与人交往的过程中出现自卑、焦虑等心理问题。来自边远和贫困地区的学生更是如此，他们中有的经不起经济差距带来的精神压力，与同学相处敏感，有的甚至发展成孤独症、抑郁症而不得不退学。

4. 就业方面

严峻的就业形势给大学生造成了很大的压力，这是无法回避的事实，特别是女大学生就业难的问题更加突出。近年来，由于社会竞争的加剧，就业市场的不景气，大学生找工作越来越困难，他们对今后的出路产生了焦虑，似乎“毕业即失业”。此外，许多大学生都有一种“十年寒窗，一举成名”的心理，因此对就业的期望相当高。大学生大多希望到生活条件好、福利待遇高的大城市、大机关、大企业工作，而不愿到急需人才但条件艰苦的中小城市和基层小单位，过分地考虑就业的地域、职位的高低和单位的经济效益。高期望驱使毕业生总是渴求高收入、高物质回报率，将自己就业的目标定得很高，即使找不到合适的单位也不肯降低就业期望值。比如，有一些学生就说：“非北上广深不去。”可是现实就业形势并不像大学生所想象的那么美好，因此当发现现实与理想的差异较大时，就容易出现“高不成，低不就”现象，并产生偏执、幻想、自卑等心理问题。此外，由于来自大学生个体家庭背景的差别，家庭背景的差异一定程度上造成学生就业上的差异，形成就业机遇的差异。这对大学生造成很大的心理压力，许多心理问题也随之产生，如为自己的前途感到焦虑、担忧，感叹社会的不公，甚至产生怨恨以及报复社会等某些过激的行为。

(二)大学生心理压力的产生原因

1. 内部因素

内部因素指个体的生理和心理因素。压力是个人对某种压力源是否构成压力以及对自己应对压力源能力的评估。也就是说某一压力事件，并不必然激起个体的应激反应。同一事件，有的人泰然处之，有的人焦虑恐惧。应激反应的强弱与人的个性特质有关，这首先是由于受先天遗传的神经类型的影响。比如神经类型弱者、癔症性格者，因为敏感多虑、优柔寡断，面对压力源易产生恐惧焦虑，应激反应较强烈。但是，个体的应激反应更多地受其心理素质的影响，主要包括个体以往的知识经验、处理问题的能力、应对方式以及习惯化了的认知评价倾向等。大学生较其他年龄群体，生理、心理都具有其特殊性。由于其在完成生理成熟、心理成熟和社会成熟的时间上的差异，形成了这一时期的诸多矛盾，如独立要求与独立能力发展不足的矛盾，性意识的发展与社会道德观念准备不足的矛盾，思维的批判性与社会经验匮乏和认识上的狭窄之间的矛盾，封闭性与要求交际理解的矛盾等。这些矛盾集中反映在学业、人际关系、就业等一系列对大学生来说十分现实的事件中。

2. 外部因素

外部因素指社会环境和自然环境因素。自然环境因素，如天灾人祸、噪声污染等会对一部分大学生产生很大刺激。但大学生的应激反应更多的是社会适应性应激反应。因此，研究大学生的心理压力，就一定要认真分析和把握导致大学生压力问题产生的时代因素，分析其中的社会性因素。就目前来看，引起大学生应激反应的主要社会因素包括：

(1)社会环境的影响。我国正处在一个历史转型时期，整个社会都在进行前所未有的变革。托弗勒在《未来的震荡》中说："人们在一个极短的时间里承受过多的变化之后感到压力重重，晕头转向，不知所措。"对于心理尚未发育成熟的大学生来说，新旧价值观并存且相互冲突的复杂环境，使他们自身判断容易产生误差，往往会导致心理困惑、价值观念混乱以及情绪低落等消极反应，陷入苦闷、彷徨的境地，甚至会导致越轨行为的发生。

(2)学校环境的影响。学校环境成为大学生心理健康问题的原因，主要是来自学校专业定向及大学生对就业前景的担忧。大学生所学专业在一定程度上决定了一个人的"前途和命运"。目前，大学生的录取专业基本上是他们的既定专业。一旦他们发现所选的专业不适合自己或不适应社会需求时，这就无形中增加了他们的心理压力。

(3)家庭环境的影响。多数父母对子女的身体发育、知识学习能自觉关心，却往往忽视了孩子的精神发育和个性教育。现在的大学生一般是在父母的过分保护和关爱中成长

起来的，依赖性较强，独立思考问题和解决问题的能力较差，这也是大学生产生消极应激反应的根源之一。经济因素也是一个方面，我国的绝大部分大学生在经济上不独立，完全依赖家庭和国家“供养”，尤其是大部分家庭生活并不富裕，甚至有一部分家庭因不能独立承担学生在校期间的学习费用而负债累累。经济上的负担确实给相当一部分大学生造成不同程度的心理压力。

二、大学生心理压力的应对策略

(一) 正确认识压力与健康的关系

1. 树立整体健康观

压力与健康有着密切的关系，二者是相互对立统一的，正如美国心理学家杰夫·格林伯格所说，“健康与疾病不是对立的概念，而是彼此相互依存、相互转化的统一体”。压力与健康也一样。人在社会中生活及整个生命过程中，不能没有压力，也不能有超过人的负荷的压力。压力只要适度，对人的发展是有好处的，但压力过大则是不利于人的健康的。因此，树立整体的健康观非常重要。

拓展阅读

假如生活欺骗了你

普希金

假如生活欺骗了你，不要忧郁，也不要愤慨。
不顺心时暂且克制自己，相信吧，快乐之日就会到来。
我们的心儿憧憬着未来；现实总是令人悲哀：
一切都是暂时的，转瞬即逝；而那逝去的将变为可爱。
假如生活欺骗了你，不要悲伤，不要心急！
忧郁的日子里需要镇静：相信吧，快乐的日子将会来临！
心儿永远向往着未来；现在却常是忧郁，
一切都是瞬息，一切都将会过去；
而那过去了的，就会成为亲切的怀恋。

2. 认识健康和疾病的心身交互作用基础

健康与疾病是“孪生姐妹”，是相伴相生的，没有疾病就无所谓健康，没有健康也无所谓疾病。他们通过身体、大脑、神经反应系统等进行交互作用，从而实现相互影响和相互作用。哈佛大学心理学教授威廉·詹姆斯说：“我们这个时代的最伟大的发现就是，人类可以通过改变他们的心态来改变他们的生活。”因此，通过调节我们的心态，是可以调节我们的心理压力，从而改善我们的健康的。

3. 提高健康自我调节能力

面对压力时，除了要减少外部客观压力外，更重要的是，要针对自己的身体状态进行自我调节。要充分认识自己的身心状态，通过饮食、起居、作息、运动、行为习惯等来进行调节，从而达到保持健康的目的。

(二)积极应对心理压力

1. 培养良好的自我意识

良好自我意识的根本就是要搞清楚“我是谁”“我能做什么”“环境允许我做什么”。也就是说，大学生应冷静分析自我，全面、正确地认识自己，客观、准确地评价自己，从而全面地把握自身的各种心理压力，避免产生不必要的消极情绪，比如有的同学眼高手低，稍不如愿，就觉得自己怀才不遇，认为报错了学校，选错了专业，造成不必要的压抑感。因此，大学生要建立合理的自我期望。不过分自我炫耀，也不过于自我责备；即使对自己有不满意的地方，也不妨碍其感受自己较好的一面。所以，大学生要学会高兴且愉快地接纳自己，同时也要觉得自己能为别人所接纳。另外，良好的自我意识还能帮助大学生与现实保持良好的接触，能对环境作出客观的观察，进行有效的适应，而不歪曲现实环境。

2. 树立积极的生活观

俗话说：“美是无处不在的，只是看你有没有发现它。”大学生不论处于哪种情境，都要善于发现美，多想一想事物好的方面，将“生活是美好的”这一信念刻在心上。当环境出现变化、生活中出现问题时，积极面对，多考虑事情的正面因素，减少负面因素的影响。学会自我调整，增强适应能力。作为“旁人”，发现他人产生压力或受到伤害时，多给予一些宽容和谅解、理解和尊重，伸出温暖之手帮助在困境中的家人、朋友、同学，帮助他们树立积极正确的生活观。

3. 选择合适的方法缓解压力

(1)注重运动健身。运动是减少压力的简单而有效的方法之一。运动健身是一种积极、主动的活动过程，有利于降低心理压力。有研究表明，运动健身后，焦虑、抑郁程度都有明显的下降。规律适度的运动可以调节身心，特别是做有氧运动。例如：游泳、跳绳、踩单车、慢跑、爬山等。这些运动不仅能够让血液循环系统运作更有效率，还能够强化我们的心肺功能，直接地增强肾上腺素的分泌，让整个身体的免疫系统强大起来，从而有更强的体质。

(2)学会倾诉与理性宣泄。在心情抑郁惆怅时，如果将心事闷在心里，就像是“走进死胡同”，会加重压力，久而久之甚至会造成心理疾病。如果有合适的倾诉对象，将心中的不快对自己的亲朋好友诉说出来，心中的压力也会随之减轻。所谓理性宣泄，是既宣泄了坏情绪，又不造成坏影响。比如，可以模拟宣泄，找个没人的房间，把坏情绪尽情宣泄，也可以大哭一场。宣泄会驱散心中的乌云，换来一片晴朗的心空。

(3)自我心理调整。不要怨天尤人，不要认为自己的想法或感觉一定是正确的，不要埋怨老天爷对自己不公平。因为生命掌握在自己手中，要善用自己的能力，尽量保持态度客观、心胸开放。不要把自己的价值观强加到别人身上，每个人都有自己的生活方式，有自己的处事方法，有自己的为难之处，我们对别人多一些宽容、多一些谅解，也是为自己减一分心理压力。

(4)学会放松。大学生可以采用放松疗法，通过训练有意识地控制自身的心理生理活动、降低唤醒水平等来缓解压力造成的情绪困扰。有研究表明：心理生理的放松均有利于缓解压力，保持心理健康。放松的好处有呼吸变缓、血压降低、肌肉放松、头痛消失、情绪稳定、思维清晰、记忆力提高、焦虑忧虑消失等。我国的太极拳、印度的瑜伽、日本的坐禅、德国的自生训练、美国的监禁松弛训练等，都是积极放松压力的方法。

4. 正确应用心理咨询

进行心理咨询并不是有心理疾病的人的专利，也不代表自己患有抑郁症等严重心理疾病。首先，心理医生是很好的倾诉对象，不用担心说出心事后会产生不良后果；其次，心理学家会视个人的情况而给予的个别指导和心理治疗，避免因压力过大产生心理及生理疾病，这也是个人应对压力的方法之一。

微课空间

“压力山大”不用怕

作者/壹心理微课堂

研究证明，当一个人在强压环境中，那么他的呼吸就会开始变得浅而急促、血压升高、消化不良、心悸胸闷。长此以往，持续的强压环境会像吸血鬼一样，耗竭你的精力，你的免疫系统最后也会因补给不足而败下阵来。这时，病毒啊，细菌啊，就微笑地看着毫无防御能力的你，携手而至。因此，如果你选择和压力硬碰硬，这并不明智，我们得学学以柔克刚。

拓展资源

“压力山大”不用怕

压力调适团体辅导活动

——对付看不见的老虎

一、团体辅导活动——松鼠搬家

二、团体辅导活动——学会合作

一、团体辅导活动——松鼠搬家

【活动目的】

让学生在游戏中体验竞争和被淘汰的残酷，感受合作的力量；正视自身的压力，分享自己的感受。

【活动内容】

1. 三个人为一组，二个人用双手搭起一个“小木屋”，另一个扮作“小松鼠”住在小木屋里，另外再安排两只无家可归的“小松鼠”作为竞争的角色。当听到主持人发出口令时，所有人要及时做出变化，无家可归的“小松鼠”或没有“松鼠”的“小木屋”，都视为被淘汰。

2. 主持人口令：

“松鼠搬家”——小松鼠调换到其他的小木屋。

“樵夫砍柴”——搭建小木屋的两个人分开，寻找新的樵夫搭建新的小木屋。

“森林大火”——小松鼠可以变成樵夫，樵夫可以变成小松鼠。

3. 主持人可以不断变化着发出口令，参与者要按指令重新组合。在活动一开始安排两只无家可归的小松鼠充当竞争的角色，这样在变化中必然会有新的小松鼠或樵夫被淘汰出来。

4. 集体分享活动的感悟。

活动感悟

松鼠搬家

现实生活中的我们，不也正像游戏中的“樵夫”和“小松鼠”吗？社会的高速发展，让每个人都感到竞争无处不在，压力无时不在。竞争到底可怕不可怕，我想这要取决于个人的态度：是怨天尤人、消极地等待，还是尽快适应、积极地面对？现实是，我们许多人害怕竞争，不敢走出自己的舒适圈，从而会拒绝新事物、新环境，并且会找各种各样的借口来回避竞争。

既然竞争无法避免，为什么不能让自己转变一下，积极地适应新的环境，主动与人交往，提高自己有效竞争的能力呢？在游戏中经常能看到，空着的“房子”热情地招呼还没有找到家的“小松鼠”，已经找到家的“小松鼠”还在招呼四处游荡的“小松鼠”，于是就出现了一个“房子”住着两只“小松鼠”的情况，我觉得这都是面对竞争所应采取的积极办法。在规则允许的范围内，我们为什么不能主动与人沟通，团结合作呢？

二、团体辅导活动——学会合作

【活动目的】

1. 通过活动引导学生认识到合作的重要性。
2. 培养学生掌握合作的技巧。

【活动内容】

1. 活动准备：音乐(节奏适中、轻快的音乐)、气球、纸、笔、线、课件。

2. 破冰活动："橡皮糖"。

全班同学围坐成一圈(凳子比人少一张)，请一个同学发号施令。该同学说"橡皮糖"，全体学生一起说"粘谁呢"，该同学说"粘所有……的人"。例如："粘所有长头发的女生"。口令发出后，有此特征的同学就要立刻站起来和相同特征的同学互换位置，同时发号施令的那个同学也立刻去找个空位坐下，没找到座位的人即输。输的人表演节目。

3. 合作游戏："吹气球"。

(1)将学生分组，每组6人，并为每组安排1个学生做裁判，监督活动过程。

(2)道具：每组各6张纸条，分别写上嘴巴(1张)、手(2张)、屁股(1张)、脚(2张)；每组1个气球。

(3)抽签抽到嘴巴的人必须借助抽到手的2人来帮助把气球给吹起来，抽到嘴巴的人不能用自己的手触碰气球。然后，2个抽到脚的人抬起抽到屁股的人去把气球坐破。

3. 活动分享。

(1)采取了哪些法使得游戏能够顺利进行并完成？

(2)通过这个活动你有什么感悟？

(3)我们在生活和工作学习中，需要和别人合作吗？请举例说明。

4. 活动公约。

(1)保持安静，尊重别人，仔细倾听，融入其中。

(2)活动结束后要对活动场地进行打扫，并将凳子抬回原处。

第七章　感恩挫折

——大学生挫折应对

本章知识图谱

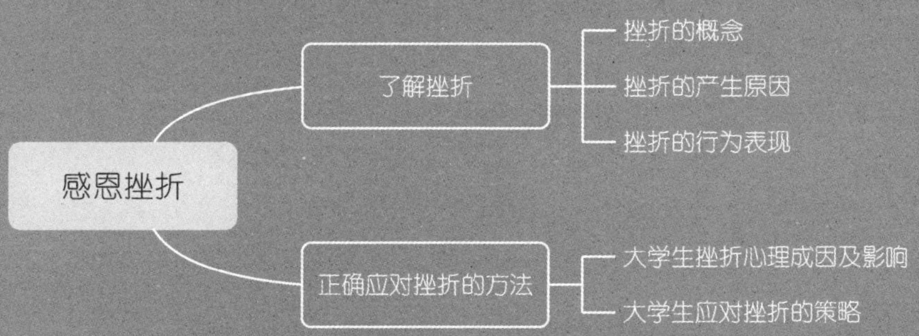

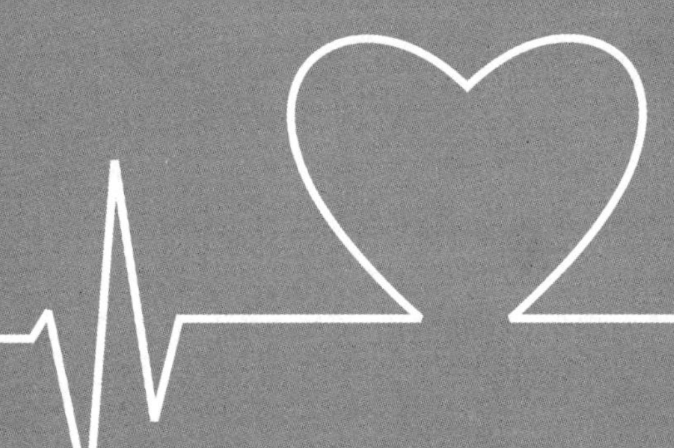

本章学习目标

1. 了解挫折的概念，及其产生原因、行为表现。
2. 了解大学生的心理挫折成因及影响。
3. 掌握正确应对挫折的方法。

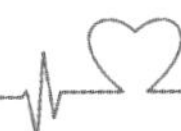

第一节　了解挫折

心理讲堂

同学们，你们想象一下，当你走在清晨的微风中，阳光在你脸上洒下一片温暖，你是否感到心情愉悦？当你与朋友分享快乐，或者在家人身边感受到温暖，你是否感到内心充实？这些都是生活带给我们的美好。然而，生活并不总是顺风顺水的。有时候，我们会遇到挫折，甚至陷入痛苦。你们认为哪些可视为你自己的挫折呢？但请记住，一旦我们热爱生活，这些困难就会变得不再那么可怕。热爱生活并不意味着我们要忽视生活中的痛苦和困难，而是要让我们用一种积极的态度去面对它们。当我们热爱生活时，我们能够看到它的全貌：不仅有美好，也有困难。正因为如此，我们才能真正体验到生活的滋味。而当我们学会用积极的态度去面对困难时，我们就会发现生活赋予我们的治愈力量。

（资料来源：中国大学生在线，有删改）

一、挫折的概念

（一）挫折的定义

挫折在中国古代最初用以说明兵家在战争中失利。根据《辞海》的解释，“挫折”有失利和挫败之意。因此在日常生活用语中，人们常常是在描述挫败、挫伤、受阻、失意的时候使用挫折一词。

在心理学上，挫折被定义为个体在从事有目的的活动的过程中遇到障碍或干扰致使个人动机不能实现、需要不能满足时的情绪状态。因此，挫折包括了三方面的含义：一是挫折情境，指需要不能获得满足的内外障碍或干扰等情境因素。如考试不及格，比赛未获得所期望的名次，受到同学的讽刺、打击，失恋等。这些都是客观因素。二是挫折反应，即对自己的需要不能满足时产生的情绪和行为的反应。常见的有焦虑、紧张、愤怒、攻击或躲避等。这些都属于主观体验。三是挫折认知，即对挫折情境的知觉、认识和评价。这属于主观反应。在这三方面含义中，挫折认知是最重要的。对于同样的挫折情境，不同的认知会产生不同的反应、体验。如大考前的一次小考失败，有的人认为这正好暴露了自己存在的问题，明确了努力的方向，是好事，就没有挫折感；有的人则把它看成是自己学习能力极差的表现，认为自己什么都不行，感到伤心、难过，甚至对自己完全丧失信心，产生了较强的挫折反应。即便是没有挫折情境或事件发生，而仅仅由于挫折认知的作用，也可能产生挫折反应。例如，学习成绩本来已很不错，可总害怕考试不能通过。受挫的事虽然没有发生，却仍然体验到了焦虑、恐惧等挫折的情绪反应，产生挫折感。

(二)挫折的种类

对挫折的分类有多种划分方法，从挫折产生的原因的角度可分为如下几种。

1. 需要挫折

需要挫折是指因为各种原因而造成行为者的需要无法得以满足时的情绪状态。需要挫折又可以分为需要冲突与需要受挫。前者是指行为者在特定条件下因若干种需要发生矛盾冲突又未能妥善解决而造成挫折；后者是指行为者认为自己的合理需要被外界条件阻碍不能满足而体验到挫折感。

2. 行为挫折

行为挫折是指行为者在一定动机支配下已有行为的意向，但是因各种条件的影响，行为无法付诸实现时的情绪状态。

3. 目标挫折

目标挫折是指行为者在行为过程中，由于遇到无法克服的障碍，不能达到目标时的情绪状态。目标挫折与行为挫折是有区别的。行为挫折实质是行为意向或行为的准备状态受到了挫折，挫折发生在行为之前；而目标挫折则是行为本身受到了挫折，挫折发生在行为过程中。

4. 丧失挫折

丧失挫折是指行为者自认为本来应是自己之所有，却在一定条件下丧失了的一种情绪状态。前三种挫折都是行为者自认为应得到而未得到，因而受挫；丧失挫折则是自认不应丢掉的却丢掉了，因而受挫。

二、挫折的产生原因

挫折产生的原因是多方面的，具体可以从客观和主观两方面加以分析。

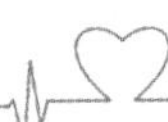

(一)客观因素的影响

挫折的客观因素，即导致挫折的外在原因，可分为以下两种。

1. 自然因素的影响

自然因素的影响包括各种非人为力量所造成的时空限制、自然灾害、各种事故以及人世间的生老病死等。当人们对自然因素的挫折还不认识、不理解或无能为力时，往往容易乞求虚幻的“上帝”来摆脱苦恼，这也是唯心主义产生和存在的重要原因。随着科学的发展，人们对自然因素造成的挫折是可以认识、理解和战胜的。

2. 社会因素的影响

社会因素的影响，包括个人在社会生活实践中遭受来自政治、经济、法律、道德、习惯、风俗以及人际关系等方面的挫折。此外，还应包括管理方式的不妥，教育方法的不当以及缺乏良好的设施等。例如，得不到领导的正确理解、信任，个人才能无从发挥；政治上受到他人的打击陷害，正义得不到伸张，长期蒙受冤屈等。社会环境对个人动机产生的障碍，有时比自然环境引起的还要多，影响还要大。战胜这方面的挫折不但需要个人主观努力，而且也需要提高全社会的文明程度。

(二)主观因素的影响

挫折的主观因素，即内在因素，可以从生理因素和心理因素两方面来分析。

1. 生理因素的影响

生理因素是指个体与生俱来的身体、容貌、健康情况、生理缺陷等先天素质所带来的限制。例如，眼睛近视者要当飞行员，身材矮小者想成为优秀的篮球运动员，必然受到限制；患高血压或心脏病者难以到空气稀薄的高原地带工作；年迈体胖者难以适应长途奔波或繁重的体力劳动等。

2. 心理因素的影响

产生挫折的心理因素主要有以下几种：

(1)自我估计不当。如果一个人的自我估计远远超过其实际能力，就会目空一切、不自量力，去追求一些根本无法实现的目标，必然造成挫折。当然，一个人自我估计过低，畏缩不前，就会错过成功在望的目标，也会造成挫折。

(2)抱负水平过高。抱负水平是指个人对自己所要达到的目标规定的标准。一个人是否受挫折，与他自己对成功所规定的标准有密切关系。例如，两个同时被普通高等院校录取的新生，一个为能够考上大学而欣喜，另一个可能为未被重点院校录取而懊丧。由此可见，抱负水平过高，往往也是遭受挫折的一个原因。

（3）动机冲突。在人的现实生活中，往往会同时出现两个或两个以上的动机，而这些动机又是互相排斥的，如果其中一个动机得到满足，其他动机就必然遭受挫折，由此而产生难以抉择的心理状态。如果这种心理矛盾持续得太久、太激烈，或其中动机受阻都会造成挫折。如在大学期间想充分利用各种时间培养自己的专业技能，同时又想积极参加各种校园文化活动和社会实践活动，努力提高自己的综合素质，但时间上非常有限，两者之间必然会产生动机冲突，这种冲突持续过久，将会产生挫折的体验。

（4）不合理的、不切实际的需要。正确、合理、健康的需要得不到满足，会使人产生挫折感，这往往是客观因素造成的。但是，有些挫折往往是由于个人某些不合理、不切实际的需要，如享乐主义、绝对民主、绝对平均主义等得不到满足而产生的。

因此，我们在日常工作中，要认真分析挫折产生的内因和外因，属于客观方面的因素，应积极地采取措施加以改进，属于主观方面的因素则应积极开展思想政治工作，引导人们正确认识事物的发展规律和自身的特点，避免不必要的挫折。

三、挫折的行为表现

人们的心理挫折不论是由什么原因引起的，都会对其行为产生较大的影响。挫折的行为表现虽然多种多样，但基本上可归为两大类：

（一）情绪性反应

这是指人在遭受挫折时伴随着强烈的紧张、愤怒、焦虑等情绪所作出的反应，其最大的特点是盲目性和冲动性。常见的情绪性反应一般有以下几种：

1. 攻击

攻击就是一个人受到挫折以后产生的强烈的侵犯和对抗情绪反应。当然挫折与攻击之间没有必然的因果关系，攻击只是情绪反应中最常见的一种表现形式。攻击又有直接攻击和转向攻击两种。

（1）直接攻击，就是一个人受到挫折以后，把愤怒的情绪指向对其构成挫折的人或物，多以动作、表情、言语、文字等形式表现出来。一般来说，对自己的容貌、才能、权力及其他方面较为自信者，容易将愤怒的情绪向外发泄，采取直接攻击的行为。另外，一些年幼无知、缺乏智力、一帆风顺的人，也容易采用愤怒的直接攻击方式。

（2）转向攻击，就是把由于挫折所引起的愤怒和不满的情绪转向发泄到自我或与挫折源不相关的其他的人或其他事物上。转向攻击通常在下列三种情况下表现出来：

第一，当个体觉察到引起挫折的真正对象不能直接攻击时，就转而把愤怒的情绪发泄到其他的人或物上去。这也就是我们通常所讲的迁怒。例如，一个人在单位受到批评，回

到家里骂老婆、打孩子、摔东西，以发泄自己的情绪。

第二，挫折的来源不明。这种挫折感可能是日常生活中许多挫折积累综合作用的结果，也可能是自身疾病引起的。在这种情况下，个体找不出真正构成挫折的对象，于是就将这种闷闷不乐的情绪发泄到毫不相干的人或物上去。

第三，当一个人意志薄弱，缺乏自信或悲观失望时，易把攻击的对象转向自己。如埋怨自己能力不强、机遇不好、命运不佳、生不逢时。

2. 退化

个体行为的发展是有一定规律的，随着年龄的增长逐渐成熟起来。而当一个人遭受挫折时，有时会表现出与自己的年龄和身份不相称的幼稚行为，这种成熟倒退现象就叫退化。例如有人钱包被偷走以后，坐在地上嚎啕大哭，甚至躺在地上打滚。

退化的另一种表现是易受暗示性。最经常的表现是人在受挫折后，对自己丧失信心而盲目地相信别人，或盲目地执行某人的指示。例如，组织成员遭受挫折后会轻信谣言，无理取闹，盲目地忠实于某个人或某个组织。

3. 固执

在心理学上，固执是指个体在受到挫折后，采取刻板的方式盲目重复某种无效行为。尽管情况已经变化，这种行为并无任何结果，但是刻板式的反应仍在继续进行。从外部特征上看，固执与正常习惯有许多的相同点，但是在遭受挫折时，二者的区别就明显表现出来了。因习惯的行为遭受挫折或惩罚，那人就会改变习惯行为；而当固执行为遭受惩罚时，其行为不但不会改变，而且还会更加强烈起来。这是因为，人们在社会生活环境中一而再、再而三地遇到同样的挫折，又一时难以克服，就可能慢慢失去信心，而形成刻板化的反应方式，一再重复同样而无效的行为。另外，过多、过严的惩罚和指责，也可能导致固执行为。

4. 冷漠

冷漠是指当个体遭受挫折后，所表现出来的漠不关心与无动于衷等情绪反应。这是一种十分复杂的行为表现方式。冷漠行为的发生同个体过去的经验密切相关。如果个体每次遇到挫折后采用攻击方式就能够克服困境，那以后他就会继续采用攻击的方式；反之，若因采用攻击而招致更大的挫折，以后那他就会采取相反的方式，即以逃避或以冷漠的态度来对待挫折。

冷漠并非不包含愤怒的情绪成分，只是个体愤怒暂时压抑，以间接的方式表现出来而已。这种现象表面显得冷淡退让，内心深处则往往隐藏着很深的痛苦，是一种受压抑的情绪反应。心理学家吉姆布莱发现，冷漠反应多在以下情况出现：一是长期遭受挫折；二是情况表明已无希望；三是情境中包含着心理上的恐惧与生理上的痛苦；四是个体心理上产生了攻击与压抑之间的冲突。

5. 逃避

逃避是个体不敢面对自己所预感的挫折情境，而逃避到比较安全的环境中去的行为。其主要类型有：

(1)逃向另一个现实。例如有的人在生活中碰了钉子，或者所追求的目标、理想一时不能实现时，便心灰意懒，消极颓唐，沉迷于赌博、吸烟、酗酒之中。

(2)逃向幻想世界。这是个体企图以自己想象的虚幻情境来应付挫折，借以脱离现实。幻想能使人暂时脱离现实，使人在受挫折后减轻焦虑和不安，从而有助于提高对挫折的容忍力，但幻想本身并不能真正解决问题，因此，长期如此则会降低个体适应现实生活的能力。

(3)逃向生理疾病。这是个体为了避免困难而出现的生理障碍，如参加高考的学生考试当天发烧、生病。

(二)理智性反应

个体在遭受挫折后，经过审时度势、反复考虑作出的反应称为理智反应，它主要有以下几种行为表现。

1. 坚持目标

经过冷静理智的分析，认为自己的目标和行为是正确的，虽然遇到了挫折却毫不气馁，面对现实不屈不挠，充满革命英雄气概和乐观主义精神，具有战胜挫折的巨大力量，最终实现自己的目标。许多科学发现和发明都是在经历多次失败后，科学家们仍然坚持不懈而最终获得成功的。

2. 调整目标

经过一再尝试仍不能成功，达不到预定目标，说明目标制定不符合实际，超过了本身的能力和条件，此时就应当调整目标，把原来定得太高而不切实际的目标往下调整，或变换方式，通过别的方法和途径实现目标。如有的同学多次竞选学生会干部未能如愿，他见障碍难以逾越，就改为竞选班委会、团支部干部，“退而求其次”来实现自己的目标。这种目标的重新审定和转移，不是惧怕困难，而是实事求是的表现，同时也降低和避免了由于目标难以达成而可能产生的挫折感和焦虑情绪。

3. 改换目标

遭受到挫折时，应该认真分析，如果原来的目标和行为都是错误的，应当吸取教训，放弃它们，重新设置正确的切合实际的目标，采取相应的行为，鼓起勇气，继续追求。但

如果不经过认真的分析，遭受到挫折就灰心丧气、一蹶不振，放弃正确的目标和行为，就不对了。陈毅说过，“做胜利的英雄容易，做失败的英雄不易。同志们要有做失败的英雄的勇气”。失败了，能够改正错误的，坚持正确的，振作精神，克服困难，继续前进，就是失败的英雄，胜利正在前面等待着你。

第二节 正确应对挫折的方法

心理讲堂

1982年12月4日，尼克·胡哲出生于澳大利亚墨尔本。他天生没有四肢，只有左侧臀部以下的位置有一个带着两个脚指头的小“脚”。尽管身体残疾，但父母并没有放弃对他的教育。在他六岁时，父亲教他如何用身体仅有的“小鸡脚”打字，母亲则为他特制了一个塑料装置，好让他学会“握笔”写字。八岁时，胡哲的父母把他送入小学。因身体残疾，胡哲饱受同学的嘲笑和欺侮。十岁时，他曾试图在家中的浴缸溺死自己，但没能成功。在胡哲19岁的时候，他打电话给学校，推销自己的演讲。被拒绝52次之后，他获得了一个5分钟的演讲机会和50美元的薪水，开始演讲生涯。

自从胡哲19岁进行第一次演讲之后，他的足迹开始遍布全世界，与数千万人分享他的故事和经历。胡哲的幽默演说，受到许多人的追捧，更是激励了一代人积极面对人生的勇气。胡哲与他的听众分享远见与远大梦想的重要性，把他在世界各地的经历作为例子，鼓励人们要思索今后的前景并且要跳出现有的环境去展望未来。他教人们不要把阻碍看作是麻烦、困难，相反地，应该把它看作是自身成长并学习的机会。同学们，你们会怎么应对挫折呢？希望胡哲的故事能给你们带来启发。

（资料来源：百度百科，有删改）

一、大学生挫折心理成因及影响

（一）大学生挫折心理成因

1. 学业方面的问题

（1）学习上的不适应：大学的学习任务、学习方法等都不同于中学，进入大学后，部分大学生不适应大学复杂的课程设置、不适应大学灵活的学习时间安排，面对新环境无所适从，稍遇挫折即消极逃避、推卸责任。

（2）竞争的压力：激烈的竞争迫使他们普遍对自己的学习提出

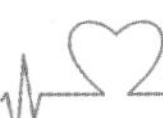

了较高的要求，而人们习惯于以成绩高低论英雄的评价方式，加之他们大多数具有自信、好强的心理特点，部分大学生因为没有学习优势，其优越感和自信心也随之丧失，部分人陷入了自我否定的泥潭中，表现出强烈的挫折感。

2. 人际关系方面的问题

大学生的人际关系主要包括师生关系、同学之间的关系，学生与朋友之间的关系等。造成大学生人际关系不协调的原因主要有：

(1) 生活习惯、性格、爱好等差异：大学生来自四面八方，不同的生活习惯、不同的性格、不同的爱好给大学生的人际交往带来了一定的压力，加之大学生阅历少、社会经验不足、交往能力不强等易使大学生产生不协调的人际关系。

(2) 人际交往认知障碍：大学生在人际交往中如果不能客观地认识自我、理性地分析问题就容易造成人际不协调。

3. 经济方面的问题

经济方面的问题使大学生产生挫折的表现主要有：

(1) 自卑心理：经济困难的大学生担心被他人瞧不起，变得敏感和多疑。

(2) 无助感：虽然部分经济困难的大学生能通过勤工俭学等方式获得经济收入，但主要的经济来源还是要依靠父母等长辈，由于经济与学业的双重压力，使得经济困难的大学生觉得无能为力。

(3) 愧疚感：特困大学生的经济来源有的是靠全家人省吃俭用或外出打工等挣来的，他们为自己不但不能帮助家人，而且还要给家人带来负担而感到愧疚。

4. 恋爱方面的问题

处于青年期的大学生对爱情满怀美好憧憬，但由于各种因素的影响，部分大学生会遭受失恋和单恋的痛苦。同时，失恋或单恋有时会使其自尊心受到打击，因而产生悲观失望的情绪，甚至会自暴自弃。

5. 理想与现实之间的差距

大学生理想校园的生活是浪漫、充满激情及富有活力的，但现实并非如此，当现实与理想相差甚远时便会引起困惑、迷茫等不良心理。

(二) 挫折对大学生心理的影响

挫折对大学生心理具有消极和积极两个方面的影响。

1. 消极影响

(1) 降低大学生的学习效率。学习是一种积极的思维活动，学习效率除受个体的智力水平和知识水平的制约之外，还与学习者的情绪状态、自信心等因素密切相关。当大学生遭遇挫折后，自信心降低，情绪状态长期处于焦虑不安之中，就会使原有的思维能力受到影响，从而会极大地降低学习效率。

（2）降低大学生的思维能力与生活能力。大学生受挫后，容易引起情绪波动和出现行为偏差。如果持续遭受挫折，则可能导致神经系统的紊乱。这样不但大大地降低大学生的思维创造力，而且使他们的生活适应能力也大打折扣。

（3）损害大学生的身心健康。大学生受挫后，其整个身心都处于一种紧张、压抑和焦虑不安的状态。这种消极的心理能量如果长期得不到释放，就会损害大学生的身心健康，有时可能成为精神病发病的诱因。

（4）促使大学生改变性格与出现行为偏差。当大学生遭到重大挫折或持续挫折而又无法做出相应的调整时，就会使某些行为反应形成相应的习惯模式或个性特征。如一位对爱情充满憧憬、热情开朗的女大学生，因屡次恋爱失败，而导致个性发生变化，她可能由外向热情的个性变成内向冷漠的个性。同时，由于受挫的大学生处在应激状态下，感情易冲动，自控能力较差，不能正确评价自己的行为及其后果，可能会做出违反社会规范的行为。如有些大学生受挫后，喜欢几个人一起酗酒闹事，或挑唆斗殴，甚至走上犯罪的道路。

2. 积极影响

（1）有利于磨炼大学生的性格和意志。坚强的性格和意志，往往是长期磨炼的结果。挫折能给人压力，人们所经历的挫折越多，他们承受挫折的能力就越强，其性格也就变得越坚强。

（2）有利于增强大学生的情绪反应能力和解决实际问题的能力。当大学生面临困难或挫折时，其神经中枢受到强烈的刺激会引起情绪激奋、精力集中，使整个神经系统兴奋水平提高。在这种情况下，人的精神焕发，思维加快，情绪反应能力大大提高。同时，在解决困难和对付挫折的过程中，大学生可以从中学习到经验与方法，提高分析问题和解决问题的能力。

（3）有利于大学生正确地认识自我，提高生活适应能力。许多大学生对社会、对自己有一些不切实际的想法，当他们用这些想法来指导自己的行动时，就容易遭受挫折。挫折的产生，无疑给他们吃下一粒清醒丸，使他们对自己做出一个合乎实际的评价，同时也使他们对生活、对社会有一个较为客观的认识，从而增强其适应现实生活的能力。

二、大学生应对挫折的策略

挫折是我们生活中的一个必然组成部分，适当或适量的挫折有利于人的成长，尤其是当人们具备了应对挫折的正确手段，能够积极地面对挫折的时候，挫折本身也会产生某种积极的意义和作用。

（一）适当运用心理防御机制

心理防御机制是一种心理适应性反应，是当个体受挫时所采用的习惯性的、以无意识

为主要特征的应对方式。即当个体遭受挫折后，为了减轻或避免挫折所带来的心理痛苦与不安，于是从生活经验中就形成了某些适应挫折情境的方式。因为这些方式有某种防卫性质，所以称之为心理防御机制。弗洛伊德认为，防御机制是无意识的一种心理反应，用以防御社会规范所限制的不能接受或不能直接表达的本能冲动，目的是消除或减轻其内心焦虑、罪恶感以及维护失去的自尊心。常见的心理防御机制一般有以下几种。

1. 合理化作用

当个体无法达到所追求的目标或行为方式不符合社会的价值标准时，为了避免因挫折而产生焦虑的痛苦以及维护自己的尊严，便对自己的行为给予一种"合理"的解释。其实这种解释并不是自己真正的行为动机，有时甚至是歪曲事实，掩饰过错，因此也叫文饰作用。这是人们最常用的一种防卫方式，其主要类型有：

(1)酸葡萄作用。《伊索寓言》中饥饿的狐狸面对甜熟的葡萄三跃而不得食之后，为了维护自己的面子，就对旁边的动物说："这葡萄是酸的，我才不想吃它呢！"这就是酸葡萄作用，即是指个体在追求某一个目标而失败时，通过夸大目标的缺点，否定达到目标的优点以维护心理平衡的一种防御手段。如有的人因缺勤而未得到全勤奖，便用不屑一顾的口吻说："我才不在乎那几块钱。"

(2)甜柠檬作用。《伊索寓言》中，有只狐狸原想找些可口的食物，但遍觅不着，只找到一只酸柠檬，但这只狐狸却说："这柠檬是甜的，正是我想吃的。"这就是甜柠檬作用，即借夸大既得利益的好处，否定其欠缺，以减轻内心失望与痛苦的心理，是达到心理平衡的一种防御手段。如有人未能达到获得一等奖的目标的时候，就说"三等奖也不错嘛，好多人还没得奖呢"，以此安慰自己，挽回面子，求得心理平衡。

(3)推诿。推诿就是将个人受挫的原因，归咎于自身以外的原因以摆脱内疚的适应方式。如西楚霸王项羽兵败垓下时说："天亡我，非用兵之罪也！"把战败的责任归咎于上天，以减轻自己的愧疚心理。也有人将自己的不合理行为，归结于客观因素，这样既可取得别人的同情和谅解，又可以维护自尊。

(4)援引成例。当个人行为不合理时，就以其他的例子证明自己的合理性，为自己开脱，以解脱面临的困境，减轻自己因过失而产生的负疚感。例如，交通路口闯红灯者，若被警察处罚时，他会为自己辩护说是在看见别人闯红灯后他才闯的，别人没有受罚，他也不应该受罚。这种防御形式主要是把自己的行为同他人比较，进而强调别人可以这样做，他当然也可以这样做。至于别人的行为是否构成过失，却不去理会。

2. 替代作用

替代作用是指当个体的行为不被社会所接纳，从而不能实现个人目标的时候，往往会另立目标取代原受阻的目标，以弥补因失败而丧失的自尊和自信，减轻挫折造成的痛苦。替代作用通常有两种类型：

(1)升华作用。升华是较高的替代，是富有建设性的心理防御机制。人遭受到挫折以后，将不为社会认可的动机和不良情绪转移到有益的活动中去，使其升华到有利于社会的高度。如德国18世纪著名诗人、剧作家歌德，青年时因失恋曾欲自杀，但他战胜了这种消极情感而转向文学创作，终于写出了不朽的文学巨著《少年维特之烦恼》。历史及现实中类似如此成名成家者，不乏其人。

(2)补偿作用。个体行为受到挫折，或因个人某方面的缺陷而无法达到目标时，自我便特别努力发展其他方面的特点，以其他方面的成功来补偿因失败而丧失的自尊与自信。它既可以改变途径，也可以变换目标，此所谓“失之东隅，收之桑榆”。补偿行为在残疾人身上表现得尤为突出。例如没有手的人，脚可以练得像手一样灵活，写字、劳动、甚至绣花；双目失明的人，听觉练得特别发达，因此许多盲人在音乐方面的造诣很深。奥地利心理学家阿德勒曾说过：“补偿自卑感的能量，是人类行为动力的基础。”

3. 表同作用

表同作用是指当个体在现实生活中没有获得成功与满足时，将自己比拟为某一成功者，模仿其行为，把那些自己羡慕的品质加到自己的身上，借以分享成功的愉快，增强自己的信心，以减少挫折感。例如有人把自己和在某项事业中获得成功的人物或有名望的集体单位联系在一起，从而求得一些间接的光荣，借此以减少挫折的影响。

应该看到，一个人把对别人的性格、为人、言行的模拟作为战胜挫折的手段，可以收到一时的效果。在教育上提出“榜样的力量是无穷的”，鼓励学生看历史小说，读名人传记，推崇英雄人物，也就是要引起表同作用，产生激发的力量。但是，如果表同作用纯属幻想而脱离现实，经不起实践的考验，则是有害无益的，一旦与现实接触，也可能导致更多的失望与焦虑。

4. 投射作用

投射作用和表同作用相反，是把自己的失当行为、工作失误或内心存在的不良动机和思想观念，转移到别人身上，说别人有这样的动机和行为，以此来减轻自己的内疚和焦虑，逃避心理上的不安。

投射作用与合理化作用十分相近，两者都是以某种理由来掩饰个人过失。所不同的是合理化作用主要是找出理由为自己的过失辩护，而且多半都了解自己的缺点和过失。但投射作用不仅否认自己有不为社会所认可的品质，反而将它加于他人予以攻击。例如有的人自己工作能力很低，却往往大谈别人如何无能。

投射作用不仅表现在广泛的心理活动中，也表现在心理挫折时。例如，节日的欢乐心情可以投射为赏心悦目的鸟语或含笑迎人的花枝——鸟在唱歌花在笑。

5. 反向作用

一般来说人的动机与行为方向应当是一致的。而反向作用则恰恰相反，它是指当一个人受到挫折后，采取一种外在的与内心动机相反的行为方式。例如：一个员工为了掩饰自己对某负责人的怨恨，反而会过分地讨好奉承该负责人；凡事总爱在别人面前炫耀自己的人，正反映了他内心存在有怕被别人瞧不起的自卑感。人的某些行为如果过分的话，正表明他无意识中可能存在有刚好相反的欲望或动机。

6. 压抑作用

个体在生活中，对由于某种挫折而产生的痛苦经历，不愿其再度发生，因此，就将与此挫折有关的需要、动机排除于意识与记忆之外。其实，这种欲望并没有真正消失，而是深藏于潜意识之中，这种心理作用就是压抑作用。压抑作用的结果虽然可以使个体暂时减轻焦虑，获得安全感，但长此以往会影响个性的健全发展。如一个在爱情与婚姻上受过严重挫折的人，强令自己遗忘过去的经历，压抑自己的感情及生理需要，甚至不再恋爱与结婚。但实际上这种欲望并未消失，只是埋藏在心底。如此长期下去，会引起心理失常、性情孤独、行为怪僻等缺陷。

7. 幽默作用

当个体遭遇挫折，处境困难或尴尬时，用幽默来化解，或间接表示出自己的意图，称为幽默作用。一般来说，人格较为成熟的人，常懂得在适当的场合，使用合适的幽默，把原来困难的情况转变一下，大事化小，小事化了，渡过难关，成功地去适应窘境。例如，大哲学家苏格拉底一次与客人谈话时，他脾气暴躁的太太忽然跑进来，大骂了苏格拉底一阵之后，又拿桶水往苏格拉底头上一泼，把他全身都淋湿了。苏格拉底笑了笑，对客人说："我就知道，打雷之后，接着一定会下雨的。"本来很难堪的局面，由于苏格拉底的幽默，也就一笑了之了。

（二）正确认识挫折

1. 挫折是我们生活中的一个必然组成部分

人的生活历程是不平坦的，挫折也是不可避免的。雨果说："尽可能少犯错误，这是人的准则，不犯错误，那是天使的梦想。"美国物理学家和数学家凯尔文晚年说："我坚持奋斗 55 年，致力于科学的发展，用一个词可以道出我最艰辛的工作特点，这个词就是失败。"纵观古今，许多著名的科学家、文学家和政治家大都是在逆境和坎坷中磨砺过来的。因此，人们在生活和工作中要有充分的心理准备，随时准备迎接困难和失败。有了准备，在挫折面前，就不会惊慌失措，而能够冷静地分析原因，总结教训，继续前进。

2. 培养正确的挫折观

要正确认识挫折，还应当看到挫折同世界上的任何其他事物一样，也具有两重性。挫折既有消极的一面，也有积极的一面。比如别人的嫉妒和谣言中伤会给我们带来痛苦，但另一方面，也可以帮助我们认识到人际关系的复杂性。通过总结经验教训，改进自己，我们可以在调整和处理人际关系上学到更多的东西。挫折的积极作用，就在于它可以激发人的进取心，促使人为改变境遇而奋斗，它能磨炼人的性格和意志，增强人的创造能力和智慧，使人对所碰到的问题能有更清醒、更深刻的认识，增长人的知识和才干。总之，面临挫折时，我们如果能够适当变换思维的角度和方式，多从其他方面重新评价和审视所遭遇的挫折，会有助于摆脱困境。

3. 正视失败，端正挫折认知

遭受挫折后，认真总结经验教训是十分重要的，在这方面要特别注意下列两种倾向：有的学生总是把自己的失败归结于外在因素，比如考试失败后，强调运气不好、没有猜中题目，或者埋怨教师的命题和评分，而不努力去克服困难和改变失败的处境；有的学生则往往把自己的失败归结于个人的内在因素，如学习上受挫后，把失败归因于自身的能力，过多地责备自己。这两种习惯性归因，不可能找出造成挫折的真正原因，无助于战胜挫折。为此，在遇到挫折后，要冷静客观地分析自己的目标、方法以及阻力和助力，找出造成挫折的真实原因，对挫折作出符合实际的准确归因。只有正视挫折，认真吸取挫折教训的人，才能将“失败”变为“成功之母”，才不会因暂时的挫折而气馁，才能使坏事变好事，使挫折向积极方向转化。

拓展阅读

习得性无助

美国心理学家塞利曾在1967年做过一个实验：起初把狗关在笼子里，笼门装有电击装置。只要狗试图出笼门就会受到难以忍受的电击。多次实验后，即便撤掉了电子装置，狗也不再尝试出笼门，只会弱弱地躲在笼子一角。

心理学家由此得出了“习得性无助”的实验结果。也就是说，狗的绝望并不是生存境遇的绝望，而是内心习得的绝望。狗在多次的电击后习得了一种无助感，它认识到自己无论怎么努力都不能避免被电击，最终放弃了所有的努力和挣扎。

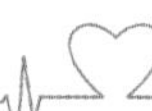

想一想，你的人生是不是也有"狗"的影子？从小到大，我们可能遭受过批评、指责、困难等，这犹如生活给我们的电击，带给我们内心的伤痛。逐渐地，我们是不是也形成了这样的认知——"我就是笨""我就是比人家差"，绝望地躲在了生活的角落呢？

因此，要想让自己远离绝望，我们必须学会客观理性地为我们的成功和失败找到正确的归因。

记住：有时候，让我们无助的，仅仅是无助本身。压倒我们的，往往是一种抽象的感觉。不要轻易说"不可能"，给自己一个尝试的机会。

（三）正确认识自己

1. 肯定自己，增强自信

挫折可以使人沉沦，也可以使人警醒或奋起。关键在于受到挫折时，能否从失败中吸取经验，能否发现自己的优势和特长，从而振作精神，重整旗鼓。因为人在情绪低落的时候，最容易自我贬低，所以失意时更要有意寻找自己美好的一面，增强自信。下面几个具体方法可供选择。

（1）发现自己的优点。努力去发掘自己的优点，逐点用笔记录下来。可分类记录，如：个人专长；已做过什么有意义或建设性的事；过去什么人称赞过自己；家人、朋友对自己的关怀等。

（2）肯定自己的能力。每天找出三件自己做成功的事，不要把成功看成是登月那么大的事。成功可以是顺利买到了合适的衣服，在图书馆借到了满意的书，完成一篇论文，在宿舍给大家来一次大清扫等。一日至少完成了三件事，又怎能责备自己一事无成呢？

（3）培养自己某方面的兴趣。在自己的兴趣中，找一种来培养、发展，使之成为专长。有了专长，就有机会成为主角，就可能会获得某方面的成功。

（4）发挥自己的外在美。穿着不必讲名牌、昂贵，作为大学生应打扮得适合自己的身份，清新、自然、大方、不落伍。情绪低落时，又应注意穿得鲜艳明丽，加上适当发型、化妆。这样可以使自己的坏心情因为打扮分散了注意力。

2. 调节抱负水平

抱负水平是人在从事某种实际活动之前，对自己所要达到的目标规定的标准。这个自定的目标，仅仅是个人对自己所达到的成就的一种愿望，与从事该活动后的实际成就不一定是符合的。

每个人都在追求一定水平的目标，而目标水平的高低和他所确定的标准是否合适是一个关键。假如一个人的抱负水平很低，他固然容易达到目标，但是那种成就并不能给他带来真正的满足，对于增强他的自信心、提高他的自尊心几乎没有什么影响，而且他的身心潜能实际上处于被埋没的状态，没有机会充分发挥出来，就会产生由于空虚、苦闷、不满足所造成的挫折感；反之，如果抱负水平过高，超过了自己的能力，他虽然全力以赴，但是仍然力不从心，达不到自己希望的目标，这就会使自己产生失败感，挫伤自己的自信心和自尊心。所以，确定适度的抱负水平，从而避免挫折和失败，获得成功与自信，能使自己得以顺利发展。

一个人要确定适度的抱负水平，就应当把社会利益、自己的主观条件、客观环境条件等综合起来加以考虑，才可能作出正确的分析和判断。而当受到挫折后，就要重新衡量一下，目标是否定得过高，是否符合主观条件。如果是由于目标不切实际而造成挫折，那就要重新调整目标。对建立的远大目标应分解成中期、近期和当前的各种子目标。子目标的排列要由易到难、由简到繁，形成一个层层升高、步步逼近的目标体系。这样，经过努力不断地实现一个个的具体目标，接连获得成功的喜悦会使人产生更大的心理动力。同时，一个巨大的具有吸引力的总目标呈现在前方，能使人长久地保持旺盛的进取的热情。

对抱负水平的调节，还应特别注意这样两种倾向：一种是自信心不足，对成功不抱希望，自暴自弃，忧惧羞愧。这种人一般都有较多、较久的失败经历，应该努力在原有的基础上取得一些好的成绩，使自己从成功中体验到愉快和满足，逐步提高自信心。另一种是表现为盲目自信，自我评价过高。如果是这种情况，就需要冷静地客观地剖析自己，在正确认识自己的基础上提出切实可行的目标标准，把目标定在既有一定难度又可能达到的水平上。

(四)改善挫折情境

挫折情境是产生挫折和挫折感的主要原因，如果挫折情境得以消除和改善，则挫折感自然会随之发生变化，乃至不复存在。对挫折情境的改善，可以注意这样几个方面。

1. 预防挫折的产生

如果能预见挫折的产生，就可以采取及时有效的防范措施，尽量将可能发生的挫折在发生之前予以消除。这就要在事前对可能发生的事情有所预测，对一件事情的成败能作出正确的估计。

2. 分析挫折的成因

挫折发生以后，经过认真分析，如果引起挫折的原因和挫折情境是可以改变或消除的，则应通过各种努力，设法将其改变、消除或降低它的作用程度。可以暂时离开当时的挫折情境，到一个新的环境中去。比如，恩格斯年轻时曾失恋过，他一度感到痛苦和心灰意懒。后来他去阿尔卑斯山旅行，在新的环境里，看到世界如此宏大、生活如此多彩，很快恢复了心理平衡，摆脱了痛苦，旅行归来后又以新的热情迎接新的工作。

3. 减轻挫折的消极影响

有些挫折情境一旦发生，是无法消除或一时无法改变的，如天灾人祸、生老病死、能力不济等。这时，就应设法降低和减轻挫折所引起的不良影响，尽快从挫折中脱身，不要老是盯住它不放。鲁迅笔下的祥林嫂，在心爱的儿子被狼叼走后，痛苦得心如刀剜，她逢人就诉说自己的儿子的不幸。起初，人们对她还寄予同情。但她一而再、再而三地讲，周围的人就开始厌烦，她自己也更加痛苦，以致麻木了。老是盯住自己的遭遇，就会使自己长久地不能忘记这些痛苦，长久地受到痛苦的折磨。

(五) 进行自我鼓励

在感到自己将要产生或已经产生了自我挫败感的时候，可以用自我鼓励的方法校正，也就是用生活中的哲理或某些明智的思想来安慰自己，鼓励自己同忧虑和痛苦进行斗争。这要依靠坚强的意志力量，把挫折对个人的打击当成磨炼自己的机会。这种方法是通过自我激励来摆脱失败情境的纠缠，解除由挫折而产生的不良情绪的困扰，鼓励自己振作精神，恢复乐观、积极的态度，唤起自己的自信心，获得平静、欢愉的心境。比如，在忧愁时劝说自己："愁也没有用。"在恐惧时，给自己壮胆："不要怕，没什么可怕的！"在担心失败时激励自己："吃一堑，长一智，挫折失败能使人成熟！""失败算什么，我有坚毅的精神，我不次于别人！"在焦虑、烦恼时，把其表现一一写出来，再找出原因，调整思想和行为，寻求解决办法，就能使胸中的焦虑、烦恼情绪化为书面语言，从而使心情逐渐平静，重新树立起自信等。

(六) 建立和谐的人际关系

遇到挫折时，朋友亲人的帮助支持也是提高挫折承受力的重要因素。人际交往遵循互惠互利原则。你要想在困难时得到朋友精神上的支持和其他帮助，那么在别人困难时，你就应主动伸出援助之手。此外，应多与亲人、朋友交流思想，沟通感情。

拓展阅读

你害怕自己很努力但还是失败

文/陈华晓　朗诵/乔夕

我想我必须得说点什么了。

又是期末时，或者说又到了"证明自己"的时刻了。那些说着对考试毫不在乎的人，要么是心口不一，要么就是那场考试真的很不重要。当然，经历了无数场考试的我们都心照不宣，心口不一的情况明显占大多数。我们似乎在一种普遍的风气中习惯了抱怨："啊，我还有很多书没背啊。我的天啊！这还怎么考啊？不行不行，我一定要开启学霸状态啊。""学霸状态启动失败，学渣默默路过吧。"似乎表明了自己的勤奋就是一件多么丢脸的事一样，我们担心的到底是别人认为你是学霸但是考得还是那个样子，嫌弃自己的智商了，还是怎样啊？

一种心里的自卑，只好用伪装的不勤奋来掩饰吗？

今天凌晨的时候，和朋友聊天过程中，我突然发现，现在的我最想做的就是看书。只是看书，无论看什么书。好像我总有一种看什么书都很有味道的能力。其实真的把书看进去了，那本书给你的感觉就不只是一本书，你能感受到的会静静地沉进你的灵魂里，然后积蕴发酵，在一瞬间让你的身和心都为之感动。如此，我就是大学霸怎么样啊。我是为我自己认真学的，我学的虽然最开始不让我喜欢，但是我用心了，它们就扎根在了我的心里，我慢慢地爱上它们了，就算我考试不成功又怎样啊。总以为到了大学以后，日子会真的像高中老师讲的那样清闲自由许多，但到底这自由是自己心里的感觉，大学里因为对自己负责所带来的压力一点也不小于高考。

但我最想说的是什么呢？绕了这么久，才讲到重点。是的，我希冀着、我渴望着、我热切地爱着真实的感觉，从于内心的感觉，潇洒自然的感觉。我们是社会中人，我们不得不去看别人看我们的眼光，我们对此无可奈何，但周旋外在的时候，可不可以对自己好一点，不要去说那些假话，把自己内心的真实就这么随便地抛掉？只是简单地做到，说出"对啊！我就是复习了好久，我就是想考好，所以我才这么努力，我这么努力碍着你了吗？""你自己好好学就是了，管别人的学习进度做什么？"只是简单地说出来而已啊，现在变得这么困难了。我们虚与委蛇，我们假意惺惺，我们害怕失败，更害怕别人知道我很努力但还是失败。

但是这又有什么呢？努力是一件多么美好的事啊。我还是这么固执。光阴这么好，光影这么俏，何必为了盲从的浮躁，忘了内心明月照耀。突然有那么一刻，我特别执拗，内心的小孩子气大得不得了，任性地想为自己认真地活着不负光阴不负年华。可是，我多么喜欢这个任性的自己，她最真实了。

又是一个凌晨，我祝福那些为了未来努力不愿辜负好光阴的人，我喜欢那些在追逐梦想的路上成长成熟但内心依然纯真的人。他们，怎敢辜负好年华，怎敢辜负剔透心？

挫折应对团体辅导活动

——淡然处之

一、团体辅导活动——蛋的进化

二、心海沙盘——挫折即是学习

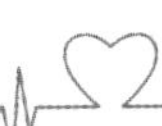

一、团体辅导活动——蛋的进化

【活动目的】

让同学们体验在不断的挫折中成长的感觉，帮助同学们认识到成长的过程不是一帆风顺的，要学会以积极、健康的心态正确对待挫折，用勇于挑战自我的勇气和毅力战胜挫折，从而收获成功。

【活动内容】

全班同学集体参与，只要完成蛋(双手抱膝下蹲)—小鸡(双手下伸半蹲)—小鸟(双手侧伸站立)—猴(双手前举站立)—人(退出坐到座位上)的过程，就是胜利者。

1. 起初所有同学都是平等的“蛋”，请所有的“蛋”与身边的人猜拳(剪刀、锤子、布)，赢的变成小鸡，输的仍然是蛋。

2. 每个人根据自己的成长状态，继续寻找同一阶段的同学猜拳。赢者进化，输者退化。

3. 最后一轮猴变成人的过程中，赢的进化为人，退出坐到座位上，输者被打回蛋，从头再来。

【分组讨论】

1. 你在做这个活动的时候是如何表现的?

2. 从这个活动中，你受到了什么启发?

3. 在进化过程中，如果你始终不能进化成长，你会怎么办? 你会选择放弃吗?

4. 当你在猴变人那一关，多次被打回到蛋时，有什么想法? 你能一直坚持重新再来吗?

活动感悟

“怎么又变成蛋了!”这是我在这个游戏中说得最多的话。很多人也会有此感叹，特别是最后还是蛋的人。

这个游戏内容简洁、规则方法都很简单，但却意味深长。如果把人生比作五步的话，我们开始都是平等的“蛋”，但一轮过去了，赢的长成小鸡，输的仍然是蛋。做小鸡的想继续升级，做蛋的想变成小鸡。每个人都在盘算着自己的下一步，竞争无处不在。在游戏中最郁闷的莫过于在猴变人那一关被打回蛋。因为只差一步就可成功了，到最后却又得从头再来，真有种前功尽弃的感觉。

然而，差别出现了，有的人放弃了，有的人却坚持继续“奋战”……

二、心海沙盘——挫折即是学习

挫折在我们的日常生活中无处不在，表面上看挫折给我们带来了不良情绪，让我们经历磨难，但事后挫折却给我们留下了难得的财富，个体在习得道理的同时也获得了成长。

(1)请同学们填写表格(表7-1)，以测试自己的挫折承受能力。

(2)每8~10人一组，请小组同学写下经历过的令自己伤心、失望、沮丧、痛苦的事件，并思考从这些事件中学到了什么。

(3)请小组同学分享自己经历的生活事件及学到的道理，要求每个人都要发言。

(4)集体讨论经历挫折后我们得到了哪些成长，学会了什么。

(5)集体讨论后，请大家谈感受和体会。

表7-1　生活中的挫折经历

序号	生活中的事件	学到的道理
1		
2		
3		
4		
5		
6		
7		
8		

第八章　用心沟通
——大学生人际交往

本章知识图谱

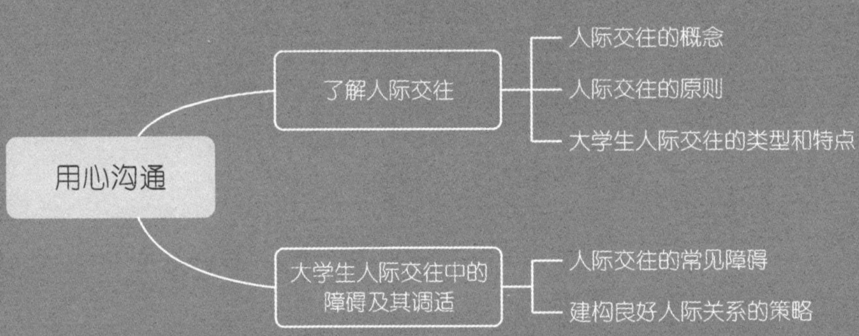

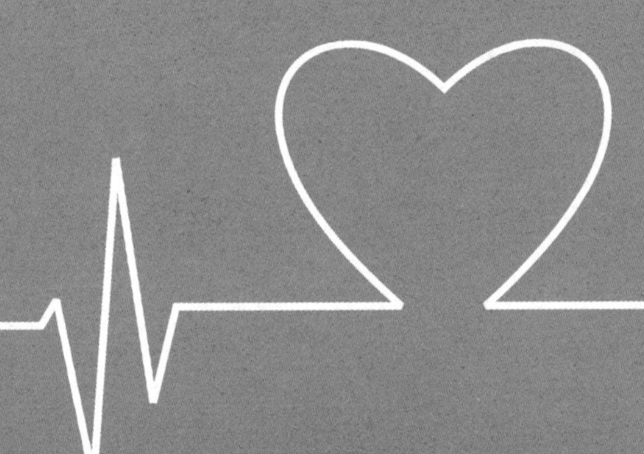

本章学习目标

1. 了解人际交往的概念和原则，以及大学生人际交往的类型、特点。

2. 了解大学生人际交往的常见障碍。

3. 掌握建构良好人际关系的策略。

4. 掌握改善人际关系的自我调适方法。

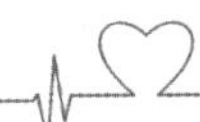

第一节 了解人际交往

心理讲堂

《非暴力沟通》中提到，在人们清醒的时间里，有百分之八十的时间在用来进行沟通，其中又有百分之四十五的时间用于倾听。倾听在人际交往中的重要性可见一斑。

善于倾听，既会让人觉得自己受到了重视，又能在无形中加深彼此的情感。

工作中，一个善于倾听的领导，可以从同事、下属、客户口中及时获取有效信息，进而做出正确的决策。

生活中，一个善于倾听的人，更容易让朋友、家人敞开心扉，使人得到情感上的满足，感情也更深厚绵长。

俗话说："欲要取之，必先予之。"人与人之间的关系，并没有那么复杂，想要无往不利，就要先做出行动；想要获得真诚，就要先付出真诚；想要获得好感，就要先营造好的形象；想要获得信任，就要及时回应别人……只要保持一颗真心，你的行为终会被人看到，亦会换来他人的真情相待。

一、人际交往的概念

人际交往是指人与人之间通过一定的方式，相互之间进行信息传递、思想交流、感情沟通，在心理和行为上产生作用的互动过程。

（一）人际交往的含义

人际交往包括动态和静态两个方面的含义。从动态的角度说，是指人与人之间的信息沟通和物质交换。人与人之间一切直接或间接的相互作用，都属于信息沟通和物质交换的范围。信息沟通是人与人之间交往的重要形式，是一个人与他人建立联系，并通过这种联系丰富和拓展自身素质的主要途径。从静态的角度说，是指人与人之间通过动态的相互作用形成起来的情感联系，亦即通常所说的人际关系。它是人与人之间相对稳定的情感纽带。人是有意识、有情感的动物。无论是什么样的人，只要彼此之间有直接的交往，都会导致一定的、性质不同的人际关系产生。正因为如此，人际关系或人与人之间的情感联系，是人与人之间最具有普遍性的联系，它对人的生活与发展有着根本性的影响。

由于人是社会历史的产物，人际关系必然属于社会关系的范畴。社会关系包括生产关系、意识形态关系和人际关系三个层次，其中，人际关系是社会关系中最基础的层次，是直接同个人及其社会行为相联系的。但人际关系的社会属性，决定了它的存在并不是也不可能是孤立的，而是与其他的社会关系形态相互影响、相互渗透的。一方面，在不同的社会形态中，人际关系总是反映着生产关系、政治关系等其他各种客观存在的社会关系的性质；另一方面，人际关系的具体内容丰富和充实了社会关系。这两个基本的观点，是我们正确认识人际关系的实质基础，也是我们恰当分析人际关系与交往的必要前提。

(二)人际交往的意义

没有沟通，世界将成为一片荒凉的沙漠。心理学家的研究表明，在正常情况下，一个人除了睡眠以外，其余时间的70%以上花在人际交往上。人类的一切实践活动都是在人际交往过程中完成的。

1. 保障身心健康

根据马斯洛需要层次理论，人有安全感和归属感的需要，人们通过人际交往及信息互动使这些需要得到满足。一个人际关系和谐的人朋友就多，遇到问题可以降低心理压力；相反，人际关系紧张的人，得不到有效的支持力量，消极的情绪得不到缓解，负面的体验累积到一定程度，就会影响到个人身心健康，甚至发展成心理障碍。

2. 促进个体发展

国学典籍《礼记·学记》有一句名言："独学而无友，则孤陋而寡闻。"由此可见，如果学习中故步自封，缺乏学友之间的交流切磋，就必然会导致知识狭隘、见识闭塞，并制约和影响个体的成长与发展。

英国作家萧伯纳曾经形象地比喻人际交往中的信息沟通："如果你有一个苹果，我有一个苹果，彼此交换，那么每人还是只有一个苹果。如果你有一种思想，我有一种思想，彼此交换，我们每个人就有了两种思想，甚至多于两种思想。"人与人之间的社会交往是信息沟通的最基本的形式。个体通过与他人的交往，实现信息的沟通、思想的交流、经验的共享，从而获得很多宝贵、有效的知识和经验。

3. 发展完善个性

心理学家奥尔波特发现，个性成熟者人际关系良好、融洽，他们对人对事相对有较好的包容和理解能力，情绪平和稳定，具有给人以温暖、关怀、亲密和爱的能力。个性的发展和完善需要通过不断地与外界交往和互动，在交往过程中，大学生可以了解到不同人对世界的不同看法，"以人为镜"，借鉴好的个性品质，修正自身不良的特点，从而逐渐丰富知识，扩大视野，锻炼能力，学会处事，理解生活，最终获得自身的成长。

拓展阅读

社交剥夺实验

1959年，美国心理学家哈洛和同事做了一个“残酷”的实验，他们把幼小的恒河猴关在一个自动化喂养的笼子里，隔绝它与其他猴子或人的沟通和接触。一段时间后，实验猴子和常规长大的猴子出现了明显的不同：实验猴身体状况较差，本能活动受到影响，与常规猴放在一起时，实验猴惊恐地蜷缩在笼子一角，明显缺乏安全感，不能与同类进行正常的交往。这个实验被称为社交剥夺实验。实验的结果表明，社交剥夺使恒河猴不能像正常的猴子一样进行交往和沟通。剥夺动物的社会交往都能对其造成这么大的伤害，更何况人呢？

二、人际交往的原则

能够拥有一个美好的人际关系圈，是很多人梦寐以求的事。尽管每个人可能都有不同的交往动机，对朋友的要求与期望也不尽相同，但是，心理学家仍然从研究中得出了帮助人们赢得朋友、保持友谊、避免人际关系破裂的一般原则。

(一) 交互原则

人际关系交往中的喜欢与厌恶、接近与疏远都是双向交互的。喜欢和我接近的人，我才喜欢和他们接近；疏远我的人，我也倾向于疏远他们。只有那种真心接纳、喜欢我的人，我才会接纳、喜欢他们，愿意同他们建立和维持良好的人际关系。这就是人际交往中的交互性原则。

人际交往之所以具有双向交互性，主要是因为任何人都有着保持自己心理平衡的倾向。为了对自己的行为以及与别人的关系作出合理的解释，我们倾向于同他人保持适当而合理的关系。另外，我们会把自己的心理投射到与我们发生联系的人身上。当我们对别人做出一个友好的行动，对别人表示接纳以后，我们也会产生一种别人作出相应回答的期望。如果别人的回答不符合我们的期望，我们往往会认为别人不通情理，认为对方不值得我们报以友好，从而对对方产生一种不愉快的情感体验，产生排斥对方的情绪。

(二) 彼此尊重原则

“敬人者，人恒敬之。”尊重别人也等于尊重自己，彼此尊重是人际交往的重要条件之一。譬如，听别人讲话时应认真倾听并伴随亲切的微笑和目光，了解对方话语大致的内容和要旨后给予恰如其分的表现。某大学生到一家报社找工作，主编与他谈话。开始，一切都谈得很顺利。后来主编谈起了自己的一次滑雪经历，大学生此时开始走神，主编最后问他听了这事有何感想时，他回答道："你这个假期过得太好了，真有意思！"主编这时盯着他看了好一会儿，然后冷冷地说："太好了？我摔断了大腿，整个假期都躺在医院里，好什么？"大学生的求职之事就这样告吹了。

彼此尊重，主要是尊重他人的人格、爱好及习惯。在人际交往中，一个人对他人如果不能平等相待，不尊重他人的人格、爱好、风俗和习惯，而总想强迫他人，嘲笑他人，甚至侮辱他人的人格，则必然造成人际之间的冲突与矛盾。实际生活中，如果学会彼此尊重，你的天空定会十分广阔。

（三）社会交换原则

著名的社会心理学家霍曼斯（G. C. Homans）提出，人际交往在本质上是一个社会交换的过程。人们在交往中总是在交换着某些东西，或者是物质，或者是情感，或者是其他。在这种社会交换中，人们都希望交换对于自己来说是值得的，希望在交换过程中得大于失或至少等于失。不值得的交换是没有理由去维持的，不值得的人际交互关系更没有理由去维持，不然我们就无法保持自己的心理平衡。所以，人们的一切交往行动及一切人际关系的建立与维持，都是依据一定的价值尺度来衡量的。对自己值得的，或者得大于失的人际关系，人们就倾向于建立与保持；而对于自己不值得的，或者失大于得的人际关系，人们就倾向于逃避、疏远或中止这种关系。

（四）真诚相待原则

真诚可以说是友谊的基础。在人际交往中，只有彼此都抱着一种真诚善良的动机和态度，才能引起感情上的共鸣，正如俗语所说"心诚则灵"。人们一般都希望同诚实正派的人打交道，而厌恶那种口是心非、阳奉阴违的伪君子。因为，同诚实正派的人交往，不必担心，有安全感；而同狡猾奸诈、品质恶劣的人打交道，则需要处处小心。

（五）自尊保护原则

人有脸，树有皮。每一个人都有自尊心，都希望别人的言行不伤及自己的自尊心。自尊心的高低是以自我价值感来衡量的。自我价值感强烈，则自尊心水平较高；自我价值感不强，则自尊心水平较低。大量的心理学研究证明，任何人在人际交往过程中都有明显的对自我价值感进行维护的倾向。例如，当考试取得了好成绩时，我们会解释为这是自己的能力优于别人的缘故；当别人比我们考得好时，我们又会解释为别人仅仅是运气好而已。因为这样解释就不至于降低自我的价值感，伤及自尊心。

研究证明，他人在人们的自我价值感确立方面具有特殊的意义。别人的肯定会增加人们的自我价值感，而别人的否定会直接威胁到人们的自我价值感。因此，人们对来自人际

关系世界的否定信息特别敏感，别人的否定会激起强烈的自我价值保护的倾向，表现为逃避别人或者否定那些否定自己的人，以维护自己的自尊心。

（六）情境控制原则

人对一个新的情境，总是要有一个适应的过程。这个适应过程的本身，就是一个逐渐地对情境实现自我控制的过程。情境的不明确，或不能达到对情境的把握，会引起机体的强烈焦虑，并处于高度紧张的自我防卫状态，使人们倾向于逃避这样的情境。比如，新入学的大学生由于对周围的人和周围的环境都缺乏了解，会在相当长的一段时间内都处于高度紧张的自我防卫状态，直到他们熟悉了周围的环境，了解了经常发生联系的同学、老师，才真正比较放松，真正适应。

三、大学生人际交往的类型和特点

（一）大学生人际交往的主要类型

1. 师生交往

"颜渊死，子哭之恸。"《论语·先进》生动地描述了孔子与颜渊的师生情谊。师生关系是一种无私、纯洁的人际关系，教师对学生充满着关怀与爱护，学生对教师充满着尊敬与爱戴。应当说，经过大学期间情感的交流与碰撞，师生之间很容易建立一种"良师益友"的深厚情谊。但是，现在大学生与教师的关系仍然存在许多不尽如人意的地方。现代高等教育中，教师与大学生接触的时间短，教学任务一完成，则交往也随之中断。虽然有的教师也注意保持与学生的联系，但往往仅限于少数或个别学生，这就使大多数学生没有与教师充分接触的机会。

2. 同学交往

大学生重视同学交往。由于成人感和独立性增强，大学生喜欢与同学交往，因为他们在生理上、心理上有更多的相似之处，有共同的理想爱好，能相互理解和帮助，可共同探讨人生，分担忧愁。他们能够通过探讨共同感兴趣的问题，增进同学感情。尽管大多数大学生能把同学之间的关系处理得很好，但有些同学仍感到最棘手的问题莫过于人际关系问题。从入学开始，有些大学生的矜持孤傲、目空一切、独来独往、狭隘自私的缺陷就开始在人际关系中暴露出来了。交往失调、交往嫉妒、交往自卑、社交恐惧等问题纷至沓来，高傲、自卑、孤独、无聊、无望、恐惧等心理体验频频光顾。不少同学带着良好的人际关系期望与同学来往，但往往几个回合下来，便失去了耐心和宽容，一再抱怨："太自私了""太难相处了"，常常数落别人的缺点与不是，几乎大家都感到大学的人际关系复杂。

3. 恋爱交往

大学阶段的爱情问题是大学生人际关系的重要方面。爱情是一种美好的感情，值得我们去珍惜。但是如果遇上这样一段感情，不能好好地把握，出现问题找不出好的解决办法，就会在恋爱问题上造成一些心理困惑。因此需要大学生正确对待恋爱问题。

4. 亲子交往

大学生和父母的交往是一种最亲密的交往关系。亲子之间的交往带有浓厚的感情色彩。尽管多数大学生已离开父母赴异地上大学，较少与父母接触，但这只是表面上的自立，父母的教养方式仍旧时时影响着大学生的发展。他们从家庭中走出，尝试独立，经历心理上的断乳，与同龄人的交往上升到了主要地位，但一般在经济上仍依赖父母。大学生“情书长，家书短”的现象普遍存在，甚至有的大学生的家书干脆就是一张“催款单”。真正的成熟与独立，绝不意味着对父母和家庭的冷漠，而是在摆脱心理上依赖的同时，懂得对父母报以理解、尊重和关切，并懂得以适当的方式处理两代人之间可能存在的隔阂或矛盾。

(二)大学生人际交往的主要形式

人们交往的性质、范围、密度、程度等是极其复杂的。就目前情况来看，大学生人际交往的主要形式有如下 5 类。

1. 言语与非言语交往

言语交往即是用语言作为符号系统的交往。用非言语形式，如表情、姿态、行为进行的交往称非言语交往。人际交往中，主要是言语交往，因为这种交往简便、迅速、准确，能使人的思想很快得到交流。非言语交往包括：目光注视、面部表情、身体状态、空间距离、衣着步态等。

2. 注意交往和随意交往

注意交往，即交往的对象、目的都十分明确、具体，如朋友之间的交往等。随意交往，即交往的对象、目的不明确、不具体，如公共场所的交往，大家偶尔走到一起，既可以倾心相谈，也可以淡然处之。随意交往可以转化为注意交往。

3. 适度交往和超度交往

在学校的环境中，大学生之间的交往，由于双方关系的深度以及各自个性、习惯等方面的限制，具有相对稳定的规范，这些规范制约着交往的频度，适应这一频度的交往为适度交往，超过一定的频度即为超度交往。除频度外还有向度(和哪些人交往)、深度(交往

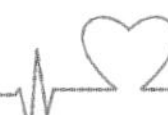

到什么程度)、广度(交往的范围有多大),不同人之间的交往有不同的度。比如和异性朋友交往要准确把握爱情和友谊的界限。在交往过程中要做到自爱而不骄傲,尊敬别人而不流于谄媚。这里都有一个“适度”的问题。

4. 近距交往与远距交往

这里所说的近距和远距,是指人面对面交往时的空间距离。每个人都有属于自己的空间,这是保持独立、安全和隐私的需要。心理学家把人与人之间的交往范围分为亲密区、个人区、社交区和公众区。处于亲密区时,相互间的距离约为 0.5 米,如果谈话双方小于这个距离,要么关系十分亲密,要么双方会感到不自在。0.3~1.2 米的距离为个人区,朋友之间非正式接触时一般保持在这个距离。1.2~3.7 米为社会区,在办公室一起工作的人们总是保持这种距离交谈。3.7 米以上则是公众区的距离,非常正式的公开讲话或者人们之间极生硬的谈话往往保持这个距离。当然,交往者的距离与个体的社会地位、彼此双方的关系以及不同民族的传统和文化习惯都有很大的关系。

5. 吸引交往与排斥交往

在人际交往中,有时双方的态度都很积极,吸引双方都把对方当作知音,都有加深了解、倾吐衷肠的强烈渴求。人们常说“物以类聚,人以群分”,在兴趣、地位、经历、观点、志趣相似时,交往双方越具有相似处,就越能相互吸引,产生亲密感。另外有一种情况是一方积极,另一方不积极,如一方对另一方很客气,可另一方对你却冷若冰霜、爱理不理。还有一种情况是双方对交往都持一种消极态度,但由于工作或生活需要却又不得不进行交往。这两类属于排斥交往。

(三)大学生人际交往的特点

1. 交往愿望的迫切性

随着年龄的增长,生活空间的扩展,社会阅历的不断增加,大学生的交往意愿也就越来越强烈。而同时,人际交往又是使大学生开阔视野、早日成熟,适应社会的重要途径。因此,大学生表现出比以往更加迫切的交往愿望。

2. 交往动机的单纯性

大部分大学生的交往功利色彩较少,感情色彩浓厚。他们之间的交往显得真诚、自然。也正因为如此,造作、虚伪和世故的交往每每为大学生所唾弃。大学生与人交往的单纯性使得交往带有极大的理想性,因而更容易遇到一些挫折。

3. 交往内容的丰富性

广泛的兴趣、丰富的情感、充沛的精力、活跃的思想，使得大学生对各种自然的、社会的现象都会引起注意。同时希望自己见多识广，也使得他们交往的内容变得更加丰富。除了专业知识之外，交往的内容广泛涉及文学艺术、政治、经济、文化、历史、民俗等等各个方面。

4. 交往系统的开放性

大学生的求知欲与好奇心强，最容易接受新鲜事物，加上他们来自五湖四海，家庭状况、生活经历各异，加之有高等学府中信息灵通的特点，决定了大学生的社会交往是一个多层次、多方位的开放性系统。

5. 交往观念的自主性

日益增强的自我意识水平和独立思考的能力，使得大学生为人处事不墨守成规，无论在交往方式、交往内容与交往对象的选择上，都更加重视自己的意见和主张，喜欢用自己逐步形成的观念和尺度去评价社会事物，交往观念具有明显的自主性。因而他们在社会活动中敢于大胆发表自己的见解，不愿意简单地接受信息、人云亦云，而希望通过交流思想、感情，探讨共同感兴趣的问题。

第二节　大学生人际交往中的障碍及其调适

心理讲堂

冬天，刺猬为了生存不得不抱在一起互相取暖。靠得太近，身上的刺会扎到彼此；离得太远，又会觉得冷。最后，它们终于找到适当的距离，既能取暖，又不会伤害对方。

人与人之间也是如此。过分插手别人的私事，再好的感情，也会支离破碎。无论多么亲密的关系，要想维持好它，就必须保持适当的距离。如《菜根谭》所言："使人有乍交之欢，不若使其无久处之厌。"与人在交往时，切记把握分寸、知进退，把别人当成别人，把自己当成自己。不要打着"为了你好"的名义对别人的生活指手画脚，也不要让别人在你的世界里随便走来走去。亲密有间，才能久处不厌，彼此皆安。

孔子曰："君子和而不同。"与人交往时，最好的相处状态就是尊重、包容别人的不同。毕竟，这个世界上没有完全相同的两个人，不同人有不同的活法，也有权利做出不同的选择。每个人的成长环境和经历不同，认知上也各有不同，没必要以自己的三观来衡量别人。有句话说得好："你永远不可能真正了解一个人，除非你从他的角度去看问题。"看见别人的不同，试着理解和接纳，既是对别人的尊重，也是大格局的体现。人生一程，风景万千，未见全貌，不予置评，才不会令人心生厌恶。

一、人际交往的常见障碍

（一）人际交往的认知障碍及其调适

每个人在认识他人时，主观能动作用表现得十分明显，认知会带有浓厚的主观色彩，由此也会产生一些有趣的人际交往心理效应。如果能充分意识并且掌握主观心理因素对认识他人作用的规律，就能在人际交往中自觉发挥其积极作用，克服其消极影响，消除由此可能产生的一系列人际交往障碍，从而正确地看待、对待他人，处理好人际关系。

1. 首因效应

首因效应是指两个陌生人初次见面时对对方的第一印象。如看到一个人举止热情大方，便容易得出其聪明、慷慨、能力强的结论。因此，在人际交往中应该努力留给他人好的第一印象。首先，应该注意仪表，比如衣着整洁、服饰搭配和谐得体；其次，要注意自己的言谈举止，为此，必须锻炼和提高言谈技能，掌握适当的社交礼仪。

2. 晕轮效应

晕轮效应又称光环效应，是指在人际交往中，人们常常把对方所具有的某个特征扩展到其他尚不知道的特征上，从局部信息形成一个完整的印象。人们常说的“情人眼里出西施”“爱屋及乌”“一俊遮百丑”等就是晕轮效应。晕轮效应是一种明显的从已知推未知，由片面看全面的认知现象，往往会歪曲一个人的形象，造成交往的异常，导致交往障碍。

为了防备晕轮效应的不利影响，我们要善于倾听和接受他人的意见，尽量避免感情用事，全面评价他人，理性与人交往。如果想利用晕轮效应的有利面，我们在与人交往过程中就应采用先入为主的策略，全面展示自己的优点，掩饰缺点，以留给他人尽量完美的印象。

3. 刻板印象

刻板印象是指对于某一类人或事物产生的一种比较固定、概括而笼统的看法。如认为北方人豪爽率直，南方人灵活精明；认为家庭社会地位高的学生傲气、不好相处等。刻板印象虽有积极的认知作用，但是由于其过分依赖自己过去的经验而产生，难免会造成对交往对象的偏见、成见，影响人际交往。克服刻板印象应从认识上，把自己的交往对象看成一个独特的人，以此为基础进行交往。

4. 自我投射

投射效应，就是“由己推人”。常常以为别人与自己有同样的爱好、个性等，常常以为别人应该知道自己的所思所想。“以小人之心，度君子之腹”就是典型的投射效应。人们习惯用自己的标准去衡量别人，从而认为别人是错的。例如喜欢嫉妒的人常常认为每个人每天都在嫉妒。还有的大学生习惯把自己的主观愿望或主观想象投射到他人身上。比如，一位男生内心喜欢一个女生，希望对方也喜欢自己，由于经常会碰面，那位女生对他表示友好，遇见时对他点头微笑，于是这个男生断定女生对他一定有意思，大胆写信给她表白自己的爱意，结果弄得对方不知所云。要克服投射效应的消极作用，应该辩证地、一分为二地看待自己，严于律己、宽以待人，尽量避免以自己的标准去判断他人。

5. 近因效应

近因效应是指在人际交往过程中新获得的信息对人的印象形成强烈的影响。人们在相识交往过程中，第一印象确实很重要，但是最近的印象也很重要。例如，有的大学生平时一贯表现很好，可是最近做了一件错事，有的同学便对他产生坏印象。还有些同学，平时虽然表现一般，但他在评优评奖时候，刻意地表现自己，做表面文章，去迎合广大同学，以获得同学们的好感。我们可以利用近因效应来改变形象、弥补交往中的过错。例如两个

朋友因故“冷战”一段时间后，一方主动向对方表示好感或歉意，往往会出乎意料地博得对方的好感，化解恩怨。

(二)人际交往的情绪障碍及调适

人际交往是一种人与人之间的心理沟通和情感、行为上的相互影响，突出的是人与人之间彼此情感关系及心理距离的远近。情感成分是人际交往的主要特征，对人的情感好恶决定着交往者今后彼此间的行为。因此，人际交往的情感障碍也很常见。人际交往的情绪障碍主要有以下 3 种表现。

1. 愤怒

研究表明，人在愤怒时，意识范围变小，考虑问题偏激，主观化严重，自控能力也随之下降，结果平时许多不起眼的小事都被无限夸大，成为爆发冲突的导火索。在这种情况下发生的人际冲突往往无益于问题的解决，反而会导致许多有害的后果。有人将这种发泄愤怒的方式比作是用仙人掌碰人，在刺伤别人的同时，也伤及自己。所以这种处理愤怒的方式对人际交往具有很大的破坏性。而另一种处理愤怒的方式是抑制。抑制愤怒的做法虽未导致直接的冲突，却损害了个人的身心健康，同时也给人际关系带来隐患。习惯性抑制会使人形成冷漠、残酷或退缩的人格特征。这两种都是不合适的情绪反应。对待愤怒，健康且有效的方式是化解和有分寸地表达。化解是东方人人生观的精华之一，它是通过对人生的自我反省与觉悟，使愤怒自行消失，并逐渐变得很少去为那些常引起一般人愤怒的事情生气。有分寸地表达是一种在理智控制下能取得有益效果的愤怒表达方式。需要强调的是，并非任何愤怒都是消极的，只要驾驭得当，就能变害为利。有分寸地表达愤怒能使别人了解当事人对事物或他人言行的反应、感受，从而引导别人改变其不恰当的言行。

2. 嫉妒

这里指在意识到自己对某人、某物品的占有或占有意识受到现实的或潜在的威胁时产生的一种心理体验。嫉妒可使人产生痛苦、忧伤，甚至产生攻击性言论和行为，从而导致人际冲突和交往障碍。克服嫉妒一方面要从增加自信入手，相信自己有能力赶上别人。另一方面应调整自我价值的确认方式，以自我内在标准为主，即自我定向(以自己的思考，内在的准则为参照)。简单地与别人比较，往往导致片面的看法。因为每个人表现价值的方面很多，每个人都有自己的优点和缺点，以一种统一的标准衡量人的价值并不准确。所以，人们主张倡导自我定向的心理品质。

3. 恐惧

心理学上的恐惧是指对常人不怕的事物感到恐惧，或者恐惧体验的强度和持续时间远远超出常人的反应范围。大学生的恐惧范围是多方面的，包括身体和社会心理方面。如害怕考试不及格，担心学业不佳，害怕寂寞孤独等。恐惧使一个人的生活黯淡失色，会带来一系列不良的心理反应，容易拉大自己和周围人的心理距离。克服恐惧要强化自信，扩大交往面，进行一些行为训练等。

(三)人格引起的交往障碍及调适

人际交往中，人格因素有至关重要的作用。尊重他人、善于理解、乐于助人、热心集体等人格特征有助于人际交往。为人虚伪、自私自利、不尊重人、过分自卑、害羞与孤僻、孤独固执等不良人格不利于人际交往。

1. 自卑

自卑产生于自身的不足(包括生理和心理)以及挫折。其实，人无完人，与他人相比总有或多或少的缺憾，难免会产生自卑，这是很正常的。克服自卑心理，主要是保持心理上的健康与平衡，正确地认识和评价自我。

首先，要正确认识和评价自己。战胜自卑，要从改变自我认识着手，要实事求是地看待自己，树立“天生我材必有用”的信念，对他人和自己的优缺点能够正确地比较。其次，对自己要有信心。如果失去了自信，在社会中就会无所适从。想克服自卑就要找回自信，从具体的小事做起，每一次成功都会增强自信，成功体验多了，自卑感就会逐步被克服。再次，要勇敢地面对生理与心理的缺陷，正确对待挫折。如前所说，一个人在某些方面的缺陷总是不可避免的，问题是怎样看待它。正确的态度是要承认和接受事实，接纳自我(这些缺点否定不了你自己)，扬长避短，坦荡面对人生。人生道路上总有许多愁和苦，困难和挫折谁都会遇到，问题不在于有无挫折，而在于如何克服挫折。要学会对挫折进行冷静分析，找到解决问题的办法，增强自信。与自卑相反的还有自负，所不同的是，自负是过高评价自我，目中无人，轻视、看不起他人，自以为是，因而导致人际交往的困难，克服的办法同样是正确认识和评价自己，有一个实事求是的认识态度。

2. 害羞

过分的害羞使大学生在交往中处处约束自己的言行，不能有效地表达自己的情感和意愿，无法与人沟通，妨碍人际交往。害羞的主要类型有气质性害羞(生来内向)、认知性害羞(过分关注自我、患得患失)、创伤性害羞(经历挫折，变得小心)。孤僻也会导致与人交往的难以进行。具体表现为：自命清高，与人不合群，孤傲立世；或由于行为习惯上的某种怪异使人难以接受，在心理与行为上与他人有着屏障，自己将自己封闭起来。克服害羞与孤僻的办法，首先要有意识地挖掘生活中的美好的事物，其次要强迫自己以热情的方式待人，逐步开放自己的心灵。在行动中培养兴趣，面对社交不逃避，努力正视它，就一定会最终征服它。

3. 偏执

性格中有某种偏执的人喜欢争论，这类人很固执，爱钻牛角尖，对问题看法偏激。这种人爱猜疑，有些神经质，常常会从他人的言行中挑些“不正确”的信息加以反驳，很难与人相处。要克服偏执人格，应学会接纳、宽容异己。学着去理解，主动与他人交流，不要总想着以击败对方为快。学会制怒，培养幽默感。因为大学生人格尚未定型，还具有很大的可塑性，所以进行自我完善，建立和谐的人际关系显得十分重要。

拓展阅读

PAC 理论

心理学家伯恩认为，交往中每个人对别人的态度都包括三种成分，就好像一个人身上的三个“小我”：父母、成人与孩童。

父母(parent，P)身份以权威和优越感为标志。通常表现为统治人、训斥人等权威式的作风。这种状态学自父母与其他权威人物。当一个人的人格结构中 P 成分占优势时，他的行为表现为：凭主观印象办事，独断专行，滥用权威。其语言特征：“你应该……”“你不能……”“你必须……”等。

成人(adult，A)身份表现了客观与理智。其行为表现为，待人接物冷静、慎思明断、对自己负责、对他人尊重。其语言特征：“我个人认为……”“我的想法是……”等。

孩童(child，C)身份表现为服从和任人摆布，喜怒无常，撒娇，感情用事，一会儿天真可爱，一会儿乱发脾气，让人讨厌。他的表现都是即兴的、不负责任的，追求享乐、玩世不恭，遇事无主见、逃避退缩，自我中心、不管他人。其语言特征：“我是……”“我想……”“我不知道……”“我不管……”等。

在 P、A、C 三种成分中，P、C 具有盲目性、被动性与双面性。而 A 具有自觉性、客观性与探索性，致力于弄清事物真相、事物间的关系与变化规律，能够站在别人的角度审视自己，具有反省能力。根据 PAC 理论，不同的心态可以构成六种不同的交往组合(P-P、A-A、C-C、C-P、A-P、C-A)。P-P 双方都自以为是，这不顺眼，那也不好，双方谈得很投机，但都在指责别人。这样的两个人一直在一起交往，久而久之，会互相助长偏激苛求的性格。C-C 交往则有些同流合污的味道，两人一拍即合，但都不负责任。C-P、A-P、C-A 均属于互补型的交往。只有 A-A 交往是最健康的，大家都本着负责与尊重的原则，力图合情合理地解决问题，因此，A-A 交往是最成功的。

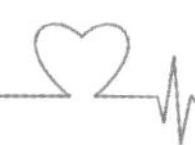

二、建构良好人际关系的策略

(一)塑造良好的个人形象，增加个人魅力

人际交往中，个人的知识水平与涵养直接影响着交往的效果。有调查数据表明，82.9%的人只愿意与具备优秀个人品质的人交往。在大学具有浓厚文化氛围的环境中，个人的涵养在人际交往中显得更为重要。所以，要想改善自己的人际交往，首先应该提高自己的人格魅力，只有让自己成为一个有着高尚人格魅力的人，人际交往的技巧才能拥有施展的平台。大学生在人际交往的过程中必须具备如下品质。

1. 积极乐观

积极者乐观开朗，豁达大度，给人以如沐春风的愉悦感，相反，消极者悲观阴沉，多疑狭隘，会给与之相处的人以如顶乌云之感。外向的积极者因富有感染力而能让人心境豁然开朗，愁云一扫而光；内向的积极者会因其温和宽厚的态度而给人以一种可信可托的安全感；两者都有吸引人的特质，从而都会有不错的人缘。

2. 不卑不亢

孤傲、目空一切的个性固然不会受广大同学的欢迎，但自卑、瞧不起自己的人只知其短不知其长，缺乏应有的自信心，甘居人下，这种不平等的感觉也让与之相处的人感到压抑，难以互动。而不卑不亢者犹如四平八稳的天平，既不会盛气凌人，也不盲目自卑，对己能保持自己个性的独立，对人能一视同仁地给予平等和尊重，给人以公正可信赖的感觉，真诚坦率使得人与人之间能够倾心相谈，去用心感知心与心的相通、心与心的牵引、心与心的信任和鼓励。这样，大学的友情天空才会晴空万里、风和日丽。

3. 心胸宽广

雨果说：“世界上最广阔的是海洋，比海洋更广阔的是天空，比天空更广阔的是人的心灵。”宽广的心灵不仅可以容纳来自不同地区的同学的个性、生活习惯，也可以体谅和理解同学的缺点及所犯的错误。当与同学意见不一致时，不应互相攻击、恶言相向，而是要用宽容的心态去理解他人的不同想法。正是有了宽广的胸怀，热情大方的态度，主动地与同学交往，容纳不同的思想和意见，我们才会赢得不同的朋友，也才会有更精彩的大学生活。

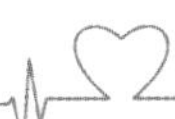

(二)主动交往

很多人之所以缺乏成功的交往，仅仅是因为他们在人际交往中总是采取消极的、被动的退缩方式，总是期待友情和爱情从天而降。然而，人基本上都是以“自我”为中心的，任何事都先想到“我”，因此我们有时便会想：为什么同学不主动关心“我”，某人为什么不先对“我”打招呼，某人为什么不请“我”吃饭，而要请别人？其实，你这样想，别人也这样想，每个人都把“得”放在心上，挂在眼前，如果双方都不愿意主动，那么这份关系便不可能开展。要建立良好、广阔的人际关系，必须主动出击，先去满足对方的自我。既然如此，你为何不主动出击，先去满足对方的“自我”，为双方关系的建立踏出第一步呢？

俗话说：“大舍大得，小舍小得，不舍不得。”古人的经验告诉我们“大舍”是一个人处理人际关系的最高境界。因此，在主动交往中我们要舍掉自己的武装，向对方展露和平的心态。接下来就要有实际的做法：普通的日常寒暄和打招呼本来没什么，但如果在普通谈话中加入对对方的关心，那么这种人际关系就会慢慢发酵。当然，你的关心不可带有刺探的意味，否则会引起对方的警戒。“借题发挥”最好，例如从学习、工作谈起，再扩展到家庭、休闲，慢慢地把对方的心窗打开。仅仅这样还不够，因为这只能让你建立一份普通的人际关系，你必须再加入某些成分，才能把这份人际关系巩固起来。比如，观察、了解对方的需要，不等对方开口，你就先替他做，他不只会感谢，还会感到惊喜。但需要注意的是，有时你主动出击，可能会有一些人并不领情。“一样米，饲百样人”，你不必去期待对方是否有善意的回应，但要相信，有付出，总会有收获。

(三)善用交际技巧

1. 巧记姓名

美国当代著名演讲学家和人际关系学家戴尔·卡内基曾说：“记住人们的名字，而且很轻易就能叫出来，等于给予别人一个很巧妙而又有效的赞美。”因此，初次见面时，你最好能准确记住对方的名字。如果第二次见面时，你一下子就能说出对方的名字，对方一定会感受到极大的尊重。当然，要做到这一点，也并不是一件容易的事情。拿破仑的侄子，法国国王拿破仑三世，据说能记下他所见过的每一个人的名字。平日政务繁忙的他，能做到这一点，其中的窍门何在呢？说穿了很简单，如果他在介绍时没听清楚对方的名字，他会立即说：“抱歉！我没听清楚你叫什么名字！”如对方的姓名很特殊，他还会问：“请问是怎样的拼法？”在谈话之中，他会刻意地提起对方的名字，以加深印象，并暗中注意对方的外形、表情和反应，记下对方的种种特征。如果对方是重要人物，那他的态度就会更加认真了。等宾客离去，他就立刻将对方的名字抄在小纸条上专心端详，很久才将纸条撕掉，这么做为的就是尽可能将对方的姓名印进心底。

2. 移情换位

“换位”，即设身处地地站在别人的立场去理解和处理问题。大学里的同学来自五湖四海，个性丰富多彩，许多同学因为生活习惯、做事方式、性格脾气等不同而相互抱怨、互相指责，结果弄得形同路人，甚至同室操戈。其实，人总不会离群索居，否则将无法生存。尽管这世界上的人形形色色，有脾气相投的，也有性格不合的，但是无论我们喜不喜欢对方，都可能会因为某种原因必须与他交往。这时候，你就更要学会从对方的立场来思考问题，而不要把自己的意志强加于别人或以自己的标准评论别人。人与人和谐相处，最重要的是学会互相体谅和适应，每个人都应从对方的角度去考虑问题。从对方的立场考虑问题是一种豁达，一种宽容，一种将心比心，也是一种尊重他人、适应他人的成熟态度，它会让你成为一个受欢迎的人。

3. 认真倾听

倾听非常重要，认真的倾听态度可以让对方感受到你对他(她)的尊重和肯定，从而拉近你们之间的距离，增进友谊。冷静的倾听还能化干戈为玉帛。认真地倾听可以使我们在交往中成为受欢迎的人，我们也会因此懂得更多，因为每一个人都有自己的经历和感受，当他们充满感情时，所谈论的往往是其感受颇深的，我们在倾听中扩展了我们的视野，增长了我们的经验。

4. 学会赞美

生活中，我们都渴望得到别人的赞赏和肯定，既然渴望得到别人的欣赏，为什么不学着欣赏别人呢？赞美是很难得的特质，我们可以赞美美丽、赞美漂亮。才华是一个人通过后天努力所得，所以，更需要他人的肯定和赞美。赞美他人的才华比赞美他人的相貌更让人高兴。因此，当你在现实生活中遇到其貌不扬者时，不妨仔细地将其才华赞美一番，如常用“你真有知识”你真有能力“你真有判断力”之类的话，这样不仅可以使对方身心愉悦，也可以为你迎来更多的赞美。

赞美可以给人带来鼓励和愉悦，可以拉近两者的心灵，但值得注意的是，只有真诚的赞美才有如此的魅力，适时、适度的赞美犹如锦上添花，过度的、不合实际的赞美是虚伪的恭维和吹捧，只会招人反感。

5. 学会批评

我们在人际交往过程中，既需要真诚的赞美，也需要中肯的批评。“赞美如阳光，批评如雨露，二者缺一不可。”诚心诚意的批评，是对人的另一种赞美。你只有诚心诚意地动口，他才会动心，才会修正自己的错误和过失，铲除前进路上的障碍，向着目标奋进。但俗话说得好，“伤树莫伤根，伤人莫伤心”，在对他人提出批评时，要把握好分寸，注意批评的“度”，不要伤害了对方的自尊心。

拓展阅读

感谢跟我们过不去的人

感恩伤害你的人，因为他磨炼了你的意志。

感恩欺骗你的人，因为他增进了你的见识。

感恩鞭挞你的人，因为他消除了你的自责。

感恩遗弃你的人，因为他教导了你要独立。

感恩绊倒你的人，因为他强化了你的能力。

感恩斥责你的人，因为他助长了你的智慧。

是的，因感恩我们获得了更多……

6. 学会感恩

我们常常听到这样的抱怨：甲同学总和自己作对，乙老师上课不好，丙朋友心胸狭窄，连个小忙都不肯帮……抱怨在生活中无处不在，但没有一个人会喜欢生活在抱怨声之中，过多的抱怨会惹人讨厌，使自己成为孤家寡人一个。人活于世，实属不易，我们应怀着感恩的心去面对身边的人和事。感恩来自我们对生活的爱和希望，当心存感恩时，风是轻的，太阳是温和的，一切是美好的。当我们怀着感恩的心态来面对身边的人时，感谢别人的理解进而理解别人、感谢别人的帮助进而帮助别人、感谢别人的支持进而支持别人、感谢别人的赞美进而赞美别人、感谢别人的关心进而关心别人，那么世界上最美好的理解、帮助、支持、感谢和关心都会一起向你涌来……

（四）巧解人际之结

1. 转移法

人在愤怒时，大脑处于强烈的兴奋状态。转移法就是通过把注意力从愤怒的人或者事情上移开，在自己要发脾气的时候，可以尽快离开这个环境，或者把自己关起来闭目养神，待情绪稳定后再去面对这些人或者事情。

2. 释放法

释放法就是将闷在自己心里的愤怒、悲伤等负面情绪通过别的方式发泄出来。你可以到空旷的地方大声喊叫，去打场球，跑几圈，可以找要好的朋友谈这些不顺心的事情，也可以到没人的地方大哭一场。

3. 培养自己的幽默感

幽默是化解尴尬的润滑剂。在与他人的交往中，自己的一时疏忽，或是某些人对自己的别有用心的攻击，都会使自己处于尴尬的、不利的局面中，如果能够巧妙地运用幽默，就能尽快地从窘境中摆脱出来，重新掌握交往的主动权。运用幽默时需注意几点：首先，幽默应该是善意的，善意的幽默才会带来良好的效果，否则反而会弄巧成拙，发生冲突。其次，幽默要得体。有些同学自认为很幽默，但其他人却笑不起来，这是由于幽默不得体的缘故。最后，幽默贵在含蓄。含蓄是幽默最吸引人之处，含蓄的幽默意味深长，如果把话说尽了，就没有幽默可言了。

4. 消除隔阂

消除隔阂是一种积极解决问题的方法。使用这个方法的条件是，双方都很重视冲突的解决，把冲突看成阻碍双方发展的共同问题。同学之间朝夕相处，为了共同的目的从各个地方走到一起，应该相互爱护。意见出现分歧，要真诚地与对方交换想法，耐心地向对方了解详情并向对方解释事情的原委。即使自己认为主要的过错在对方，也要豁达大度，心怀坦荡，可让对方坐上座，给对方留足面子，允许对方先后退，在自己的底线上有最大的弹性。在沟通中，不能将自己的意见和欲望强加于人，也不能希望通过损害他人的利益来满足自己的欲望。

隔阂虽然是由双方共同造成的，但是你却可以作为积极主动的一方去打破这些隔阂，一些不经意的示好，如帮忙接电话、还书，分享对方喜欢的食物之类，可以让对方感受到你的善意。

微课空间

沟通你我他　轻解千千结

指导老师/朱占占

对当代大学生而言，宿舍人际交往问题是引发校园矛盾和心理困惑的重大课题，而处于人格塑造敏感期的他们，对人际社交既迫切又敏感，缺乏合理化解人际矛盾的基本技巧。《沟通你我他　轻解千千结》针对大学生的这些特点，详细地讲述了大学生日常宿舍人际冲突的表现、宿舍人际冲突的处理不当的危害、合理解决宿舍人际冲突以及构建和谐的宿舍人际关系的方法，以帮助大学生在宿舍人际交往过程中，学会换位思考，掌握化解宿舍人际冲突的方法和技巧，培养有利于人际交往的心理品质，优化自我的人际关系。

人际交往团体辅导活动

——学会沟通

一、团体辅导活动——说“不”有多难

二、心海沙盘——我的同理心

一、团体辅导活动——说“不”有多难

【活动目的】

语言是影响人际交往的重要因素。通过具体活动、场景和事件，使学生理解语言在交往中的重要性，学习如何选择恰当准确的词语来表达自己的思想观点和感受，提高语言运用的能力；学会谦让，学会说“不”，学会保护自己，寻找交往中的共同点。

【活动内容】

1. 创设情景，分小组进行。

情景一：一个经常向别人借钱又不还的同学，今天向你借钱，你不想借给他，但又怕得罪他，该怎么办?

情景二：考试时，邻桌的同学向你讨要试卷答案，你知道舞弊的行为是不对的，但又担心拒绝他会影响你们之间的感情，该怎么办?

2. 现实模仿做完后，每位同学在小组中谈自己的感受和体会。

3. 针对学生在交往中的共同问题，辅导老师讲述关于如何拒绝他人的技巧，并强调说“不”的四个要点：第一，先倾听，再说“不”；第二，以和蔼的态度说“不”；第三，以明确坚定的态度说“不”；第四，说“不”时，不要伤害对方的自尊心。同时，辅导老师还可以组织同学讨论和分享“学会说话”方面的知识。如：选择恰当的词语表达自己的思想、观点和情感；说话的声音、语调、语速、表情、动作等方面应注意的问题。

4. 每个学生在小组中谈自己在人际交往中语言表达方面的问题，成功与失败的事例和感受，互相交流，然后每个学生写下自己的收获、体会、感受、评价和愿望。

5. 结束活动，每个学生用一句话表达活动的感受。

二、心海沙盘——我的同理心

同理心是个心理学概念，也称换位思考或共情，是指进入并了解他人的内心世界，并将这种了解传达给他人的一种技术与能力。即一个人要想真正了解别人，就要学会站在别人的角度来看问题。其实同理心并不是什么新的想法，早在两千多年前孔子就说过：“己所不欲，勿施于人。”西方文化同样也有强调和推崇同理心的传统，基督教中的“黄金法则”就明确指出：“你们愿意人怎样对你们，你们也要怎样待人。”心理学家发现，无论在人际交往中发现什么问题，只要你坚持设身处地、将心比心，尽量了解并重视他人的想法，就比较容易找到解决问题的方法。尤其在发生冲突和误解时，当事人如果能够把自己放在对方的处境中想一想，也许就可以了解到对方的立场和初衷，进而求同存异、消除误会。

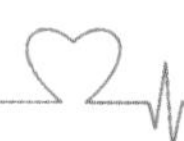

拓展阅读

同理心 vs 同情心

作者/RSA Shorts

我们经常把同情心和同理心混为一谈，其实两者之间有着本质的区别：同理心会激发人与人的联结、拉近人与人之间的关系；同情心会使人们关系疏离，感到冷漠无力。同学们可扫描右侧二维码观看一段有趣的视频来加深理解两者之间的差别。

同理心测试

同学们可以扫一扫二维码，通过同理心量表测试，对自己的交往状况做一个评估。

【培养同理心的四个步骤】

第一步，先收听自己的感觉。同理心的起始是先收听自己的感觉，假如无法触及自己的感受，而要想体会别人的感受，就太难了。

第二步，表达出自己的感觉。重要的是要注意选择表达感受的方式。

第三步，收听他人的感觉。一旦你自己的感受与表达方式不再干扰你倾听别人后，你才能开始练习体会他人的感觉。这样可以帮助你找出更多的线索去体会别人的感受。

第四步，用体谅来回答他人的感觉。这时，你一听到别人的感觉就会有某种反应，并能让对方认为你听进去了，且能体会他的感觉。

第九章　经营爱情
——大学生恋爱心理调适

本章知识图谱

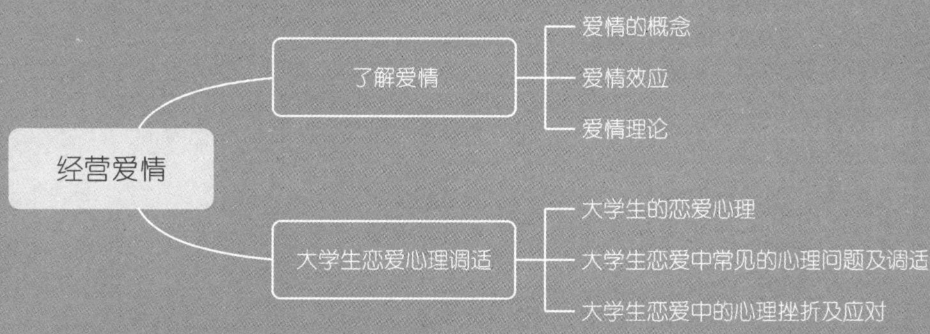

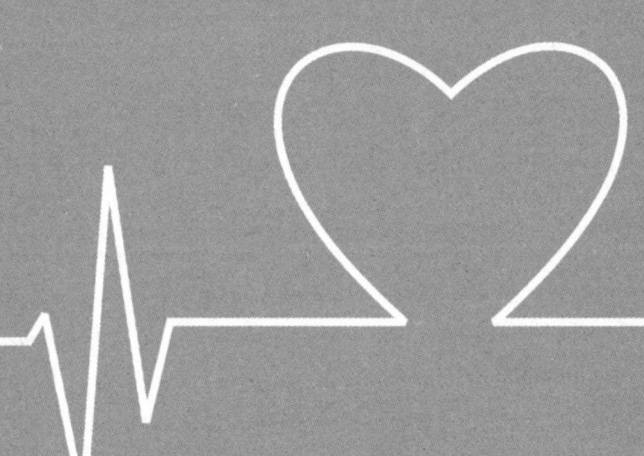

本章学习目标

1. 了解爱情的概念以及爱情相关的理论知识。

2. 了解大学生恋爱心理的主要特点和心理误区。

3. 了解大学生恋爱中的常见心理问题及其调适方法。

第一节　了解爱情

心理讲堂

杨洋是佳琪的高中同学。在佳琪的眼里，杨洋一直是一个幸福的小女人，她和比自己大4岁的师兄朱力在恋爱，佳琪也知道这段恋爱对杨洋很重要。朱力是一个很有影响力的人，杨洋经常和佳琪谈到朱力对自己的影响：是他让杨洋懂得了爱，看到人性中善良的一面，让自己开始重新信任别人，同时也让杨洋觉得学习和生活都很有动力。总之，在杨洋的眼中朱力简直就是一切。

可是天下无不散的筵席，朱力毕业之后去了美国。刚开始的时候杨洋也在准备和憧憬去美国和朱力一起奋斗，可是半年后一切都变了，以前朱力每天都打电话，现在一个星期都没有一个电话，他总是说自己很忙。最后朱力和杨洋摊牌了：现在确实很忙，无暇恋爱，同时也觉得他俩的恋爱看不到未来，于是提出分手。

这对杨洋来说无疑是一个致命打击，她从来没有想过自己如此信任的一个人，居然会这样伤害自己。失恋两个月了，杨洋每天都以泪洗面，她不相信这是真的，一想到失去朱力就很伤心很难过。对失去的这些，她都是如此的不舍。

思考：你如何看待杨洋的这段经历和现状？你会给她怎样的建议？

一、爱情的概念

（一）爱情的含义

爱是人的基本心理特征，也是人的正常心理需求之一。爱情是人类最美好和最深沉的感情，是人类最富魅力的情感。千百年来，爱情一直是在哲学、宗教、心理学、美学和社会学中引起激烈争论的课题。对于爱情，不同年龄、不同时代、不同文化、不同民族的人都有不同的理解，爱情成为人们把握不住的精灵。有的人认为爱情只是一种缘分，缘至则聚，缘尽则散；有的人认为爱情就是一个人的自我价值在别人身上的反映；还有的人认为爱情是世间最坚牢的感情，同时也是最脆弱的感情。

“爱情是人们彼此之间以互相倾慕为基础的关系。”恩格斯的观点揭示了爱情的本质，即爱情是一对男女基于一定客观物质条件和共同的人生理想，在各自内心中形成的相互间

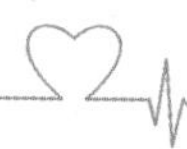

最真挚的爱慕，并渴望对方成为自己终身伴侣的最强烈、专一和稳定的感情。而从心理学角度来讲，爱情实际上是男女双方的一种性心理活动，是一种强烈的性心理感受与表现活动，是受男女大脑中枢神经系统支配的一种极强烈的感受活动。所以爱情，是人的自然属性与社会属性的统一，是性爱与情爱的统一，是一种渴望与对方长相厮守的最强烈、稳定、专一的感情。

拓展阅读

爱情是什么？爱情是一门艺术。要精通爱情这门艺术，除了理论和实践，还必须认定世界上没有其他任何东西能比这门艺术更重要。

爱情包含着关心、责任、尊重、认识。关心是对我们所爱的生命和人或物成长的主动关注。责任是一种完全自愿的行动，是我们对另一个人需要的反映。尊重是关心另一个人，使之按照其本性成长和发展，并能够意识到自身的独特个性。认识是只有当他超越对自身的关心并且在另一个人眼中看到自己的时候才有可能实现。我们在平凡、有序的生活中，只有以专注的精神和坚持的态度才能真正获得爱情，并且长久地拥有爱情。

（二）爱情的产生与发展

爱情产生的基础是种族繁衍与心理需求。人类作为生物的一种，在本能的驱使下产生求偶冲动，并引发相应的生理反应。研究表明，产生恋爱双方之间吸引力的物质是一种类似氨基丙苯的化学物质，如苯乙胺、多巴胺、去甲肾上腺素等。这些化学物质可以通过双方之间的眼神传递、肌肤触摸等产生，从大脑开始，沿着神经传导进入血液，进而使皮肤变红，身体发热甚至出汗，心情激动亢奋，促使热恋中的双方坠落“情网”，难以自拔。

一段爱情的发生发展过程称为爱情周期。有观点认为，爱情的周期为 18 个月至 30 个月。我们把恋爱分成三个阶段、九个心理过程：初恋阶段的三个过程分别是了解、试探性的投入和认可；热恋阶段的三个过程是思念、心理时间差（一日不见如隔三秋）和内在化（此时已不在乎对方的外表而是心的相容）；准婚阶段的三个过程是占有欲、强烈的排他性和淡漠期（恋爱到一定时间后对爱情的感受进入不敏感状态，就是有些人会说的“不过如此”“没有意思”）。爱情周期的长短，不全是由社会心理因素来制约的，在诸多社会条件的背面，有些生物心理因素也不能忽视。科学家们发现，人体的苯乙胺等化学物质不能永久存在，恋爱一段时间后，苯乙胺等化学物质开始逐步减少，直到消失。恋爱双方的激情逐渐淡薄，爱情也相应一步步进入到末期。有的研究还提出了男性的“克立茨”现象和女性的“返祖”行为。“克立茨”现象即指喜新厌旧的现象。性学家认为男人的喜新厌旧有相当的生物学内因，似乎是男人的种属性。不过这种属性可因一个人的信仰和观念不同而表现各异。至于女性的“返祖”行为，是针对那些多次易夫或过分性放纵的现象而言的，因为在原始母系社会里，女人是无性约束的。

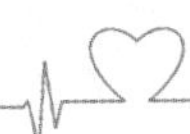

爱情在不同的阶段以曲线的状态存在，维持久的爱情通常它的曲线不会偏离太远，而是或上或下地围绕其向前发展，这股力量来自爱情双方的合力，分歧的角度越大，同等力下产生的合力就越小，反之亦然。普遍认为，维持爱情的武器或法宝有相互关怀、理解、包容、兴趣、情调等，这是爱情长久的相同性方面。不同性由各人的性情和客观的现实情况决定，譬如人不可能永葆青春，但有的人在不同年龄段都有吸引对方的秘密和方法；男女的生理条件不同，从而决定爱情不和谐的因素等。恋爱双方可以尽量地根据爱情的不同阶段进行调适，一方面通过自身的努力和相应的改变加强自身素质和修养；另一方面影响和引导对方共同朝着积极健康的方向发展，使双方关系转化为一种平衡、安全、互相依靠的深化状态。

（三）爱情的特点

1. 排他性

这是爱情的最大特点，是指抗拒其他人对自己的爱恋对象给予任何亲近的心理倾向。一方面它使人的感情专一、执着；另一方面也容易引发自私、嫉妒、猜疑，甚至可能使爱情异化为占有的代名词，从而造成爱情破裂。一个人如果同时爱上两个或更多的异性，那不可能是真正的、健康的爱情。现实生活中的许多事例告诉人们，爱情是一碗芳香的蜜糖，若不以忠诚和专一去维系，它最终会变成一杯难以吞咽的苦酒。只有对爱情忠贞不渝的人，才能享受真正爱情的甜美与幸福。

2. 依存性

这是指相互爱慕的男女双方，相互吸引，相互配合。似乎如果没有一方，另一方就不能存在。在爱情中，双方在对方身上找到的是作为整体的自己，自己的本质力量在对方身上得以实现，感情上相互眷恋，行动上相互依靠，生活上相互支撑。

3. 冲动性

冲动性，即在行为学上表现出强烈的亲近欲望和随时都可能激起的不顾一切的行动驱动力。爱情的冲动性是爱情力量和爱情魅力的重要表现，当爱情受到外来阻力时，对爱的强烈激情能使相爱的双方产生令人敬畏的勇敢表现，并做出果断的抉择，但同时它也容易使人失去理智，不顾行动的后果，因而具有冒险性和破坏性，是导致许多恶性案件发生的主要因素。

4. 隐秘性

在爱情的初期阶段，相爱双方的行为和感情流露具有明显的隐秘性。它使人类的爱情更具有文明的色彩，同时也使爱情的心理感受在含蓄的体验中带有某种美好的诗意。这是它积极的一面，但也可能会掩盖一些不正当的动机，从而产生许多消极影响。

二、爱情效应

（一）契可尼效应

初恋是爱情交响乐的第一乐章，面对第一个所爱之人，第一份青涩的甜蜜，个中滋味只有自己才能细细体味。对于大多数人而言，初恋毕竟带有实验性质，来得快也去得快，难以维系。也许得不到的总让人回味无穷，初恋对象总是令人难以忘怀，甚至会影响到之后的恋爱行为。

心理学家契可尼（Zeigarnik）做了许多有趣的实验。他发现普通人对已完成的或者已有结果的事情极易忘记，却对中断了的、未完成的、未达到目标的事情念念不忘且记忆深刻，这种现象被称为“契可尼效应”，属于一种记忆效应。人天生有一种办事有始有终的驱动力，因为想完成的动机已经得到满足，所以人们会忘记已完成的事情。如果事情尚未了结，这种驱动力会给他留下深刻印象，形成“未完成情结”。因此，没有结果的初恋自然而然被看成“未能完成的、不成功的”事件，会留下刻骨铭心的印象，正如张爱玲在小说《红玫瑰与白玫瑰》中所写：“也许每一个男子全都有过这样的两个女人，至少两个。娶了红玫瑰，久而久之，红的变了墙上的一抹蚊子血，白的还是床前明月光。娶了白玫瑰，白的便是衣服上沾的一粒饭黏子，红的却是心口上一颗朱砂痣。”

（二）多看效应

对越熟悉的东西越喜欢的现象，心理学上称为“多看效应”。20 世纪 60 年代，心理学家查荣茨做过这样一个实验：他向参加实验的人出示一些人的照片，让他们观看。有些照片出现了二十几次，有的出现十几次，而有的则只出现了一两次。之后，请看照片的人评价他们对照片的喜爱程度。结果发现，参加实验的人看到某张照片的次数越多，就越喜欢这张照片。他们更喜欢那些看过二十几次的熟悉照片，而不是只看过几次的新鲜照片。也就是说，看的次数增加了喜欢的程度。

另一个实验：在一所大学的女生宿舍楼里，心理学家随机找了几个寝室，发给她们不同口味的饮料，然后要求这几个寝室的女生，可以以品尝饮料为理由，在这些寝室间互相走动，但见面时不得交谈。一段时间后，心理学家评估她们之间的熟悉和喜欢的程度，结果发现：见面的次数越多，相互喜欢的程度越大；而见面的次数越少或根本没有，相互喜欢的程度就较低。

（三）吊桥效应

人们每每感觉爱情来临时，会心跳加速、呼吸急促、面红耳赤。心动就是爱情来临了吗？我们先来看一个实验。

达顿和阿伦做了一个经典的吊桥实验。他们找到一位漂亮女性作为研究助手，由她在一些大学男生中做一个调查。第一组大学生的调查地点是一座悬在峡谷之上230英尺高的吊桥，桥身狭窄并且很不稳当，不时左右摇晃。第二组大学生的调查地点是一座悬挂在小溪上10英尺高的木桥，桥身宽大而且坚固稳定。她希望大学生们根据一张图片编一个小故事，并留下自己的电话号码，让他们实验后可以随时联系。研究者想知道：这些大学生会编出什么样的故事？谁会在实验后给漂亮的女助手打电话？结果发现，在危险吊桥上参加实验的第一组大学生，打电话给漂亮女助手的人数超过50%，所编撰的故事中也包含更多的情爱成分。而第二组只有12.5%的人给女助手打了电话，所编撰的故事平淡无奇。

为什么会出现这种情况呢？阿伦给出这样的解释：我们的情绪体验，更多取决于对自身生理唤醒做出的解释，而不一定来源于我们的真实遭遇。当人们身处危险动荡的吊桥时，会不由自主地心跳加速、呼吸急促，人们需要为这种生理现象寻求一个合理的解释。比如，是吊桥的危险让自己产生了恐惧情绪，还是漂亮的女助手让自己意乱神迷、怦然心动？大部分人选择了后者，即归因于女助手。在心理学上，这被称为生理唤醒的错误归因。

该研究给恋爱中的人提供了启示，危险或刺激性的情境可以激发类似爱情的感觉。如果你心中已有心仪的对象，想增进彼此的感情，在了解了爱情与生理唤醒的关系后，或许你会巧妙地选择下一次约会的地点吧！

（四）罗密欧与朱丽叶效应

心理学家德里斯科尔对91对夫妇和相恋已达8个月的41对情侣进行了调查，试图了解他们父母的干涉是否改变了相爱水平。调查发现，在一定范围内，父母干涉程度越高，外界阻力越大，越能加深情侣之间的相爱程度。这种现象被冠以莎士比亚名著的名字，称为“罗密欧与朱丽叶效应”。

人们做选择时，如果选择是自愿的，会增加对所选择对象喜欢的程度；如果选择是强迫的，会降低对所选择对象的好感。因此，当外在压力强迫人们放弃自己所选择的恋人时，人们会对这种外在压力产生强烈的抗拒心理，引发强烈的对立情绪，并促使人们坚持自己的选择，同时增加对自己所选对象的喜爱程度。另外，人们更愿意自由进行选择，越被禁止的东西，越显得神秘、有趣和充满诱惑，越能激发人的叛逆心、反抗性和尝试欲望。对于处于热恋期的恋人来说，父母越想棒打鸳鸯，结果却“越打越热”。

三、爱情理论

(一)爱情三角理论

爱情三角理论是由美国心理学家罗伯特·J.斯滕伯格提出的，是目前一个非常重要且为人熟知的爱情理论。斯滕伯格认为爱情包括三种成分：亲密(intimacy)、激情(passion)和承诺(commitment)。因此，爱情三角理论又称爱情成分理论。

亲密指的是两个人心理上互相喜欢，心灵相近，互相归属的感觉，包括对恋人的赞赏、照顾恋人的愿望、自我展露和内心沟通，都属于爱情的情感成分。亲密产生于人与人之间强有力的、频繁的和方式多样的联系中，自我表露和亲密交流尤为重要。激情是指强烈地渴望跟对方在一起的状态，是与“性”相关的动机驱力，是促使关系产生外在吸引力的动机，属于爱情的动机成分。承诺是指自己愿意与所爱之人保持并主动维持情感。它包括短期和长期两个部分，短期部分是指“决定”去爱一个人，长期部分是指对两人之间亲密关系所作的持久性承诺，属于爱情的认知成分。斯滕伯格认为不同的爱情可以表示为不同大小的三角形。三角形的形状代表爱情三种成分之间的关系，三角形面积的大小代表爱情的质与量，“三角形面积越大，爱情就越丰富”。根据斯滕伯格的三角理论，我们可以通过亲密、激情和承诺三个成分的不同组合，得出八种可能的关系类型。

1. 无爱(nonlove)

亲密、激情、承诺三个因素都不具备。

2. 喜欢(liking)

只有亲密成分。在一起很温馨也很舒服，但是没有激情，也没有断守终生的承诺，例如友谊。友谊并不是爱情，喜欢并不等于爱情。不过友谊还是有可能发展成爱情的，尽管有人因为恋爱不成连友谊都丢了。

3. 迷恋之爱(infatuated love)

只有激情成分。对方对自己强烈的吸引力更多来自性的吸引，没有亲密和承诺。例如初恋和一见钟情，都是激情占主导地位，是一种受到本能牵引和导向的爱情。

4. 空洞之爱(empty love)

只有承诺成分。封建社会中那种“父母之命，媒妁之言”之类的包办式婚姻大多属于此类爱情，只有一纸婚约，却缺乏心灵契合和必要的激情。

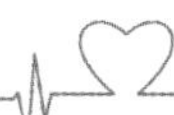

5. 浪漫之爱(romantic love)

有亲密成分和激情成分，没有承诺成分。这种爱情崇尚过程，不在乎结果。就像我们说的“只在乎曾经拥有，不在乎天长地久”。

6. 伴侣之爱(companionate love)

有亲密成分和承诺成分，缺乏激情成分。这样的爱情因责任而维持，双方心灵契合，缺乏激情四射。夫妻间相濡以沫的平淡爱情就属于这类。

7. 愚昧之爱(fatuous love)

只有激情成分和承诺成分，没有亲密成分。没有亲密的承诺是空头支票，没有亲密的激情是纯生理的冲动。

8. 完美之爱(consummate love)

同时具备三要素，包含激情、承诺和亲密。这一类爱情堪称完美。

(二)爱情态度理论

爱情态度理论由罗宾提出，他认为爱情是对某一特定的他人所持有的一种态度。这种理论将爱情归为社会心理学的人际吸引，并能使用一般测量方法研究爱情。他假设爱情是可以被测量的独立概念，可视为一个人对特定他人的多面性态度，他从文艺著作、普通常识及人际吸引的文献资料中，寻找拟定叙述感情的题目，经过项目分析、信度、效度考验而建立爱情量表(love scale)和喜欢量表(liking scale)，他发现爱情与喜欢有质的差别，其爱情量表中包含三种成分：一是亲和和依赖需求；二是帮助对方的倾向；三是排他性与独占性。

(三)爱情依恋理论

依恋这个概念最早是由英国精神病学家鲍尔比提出的，他将依恋定义为“个体与具有特殊意义的他人形成牢固的情感纽带的倾向，能为个体提供安全和安慰”。后来的研究者们将爱情与依恋联系研究，拓展为爱情依恋理论。婴儿时期与人建立的依恋关系，会使个体形成一个持久且稳定的人格特质，这项特质在个体与异性建立亲密关系时自然流露出来。巴塞洛缪将成人的爱情关系视为一种依恋的过程，分三种类型：

1. 安全依恋型

安全依恋型的人有浪漫和热情的爱，而较少有极端的、无我的、完全奉献式的爱。他们具有高安全感和人际信任，乐于享受情侣之间的亲密，不会为恋情是否安全过分担心，对恋人满怀爱意并能准确表达自己的情感，善于发现和了解对方的情绪变化。他们喜欢与恋人分享自己的成功和所遇到的问题，当对方需要时在他们身边提供帮助，善于与伴侣沟通。在发生争吵时，他们会选择适当的妥协。他们愿意奉献，不担心自己依附对方，不喜欢隐藏自己的真实想法。与恋人的关系稳定且相互支持。多数人的爱情属于安全依恋性。

2. 逃避依恋型

逃避依恋型的人认为在亲密关系中保持独立非常重要，对独立的重视程度超出了情侣间的亲密程度。他们与身边重要人物难以建立亲密和信任关系，在爱情关系中过度的亲密会让他们感到不舒服，因而选择与恋人保持一定距离，不允许自己依附恋人。交往中不愿意付出，失去时也极少悲伤，不会明确表达自己的想法和意图，总担心被拒绝，往往不愿意敞开心扉，显得比较冷漠和隔离，难以与人建立亲密关系。法国电影《天使爱美丽》中的艾米丽就属于这种类型。

3. 焦虑依恋型

焦虑依恋型的人有着占有、依赖式的爱，渴望与对方亲密，但又担心被抛弃、担心对方的不忠。他们因对方情绪的微小波动而变得非常敏感，用自己的想法去揣测和分析对方。会因为对方不在自己的视线范围内而焦虑，通过不断确认，如频繁地打电话、发信息等行为来表达焦虑。表现出一种爱恨交织、相爱相杀的状态。这种类型的人尽管可能在恋爱关系中陷得很深，却较难建立长久稳定的亲密关系。《过把瘾》的男女主人公就属于这种类型。

拓展阅读

哈洛的代母实验

美国心理学家哈洛将刚出生的婴猴与猴妈妈及同类隔离开，并做了两个“代母”——一个能够喂奶的铁丝母猴，一个什么都没有的绒布母猴——与其相伴。刚开始，婴猴多围着铁丝母猴，然而没过几天，令人惊讶的事情就发生了：婴猴只在饥饿时才找铁丝母猴，其他时间都与绒布母猴待在一起。在遇到威胁时，比如木制的大蜘蛛，婴猴会跑到绒布母猴身边并紧紧抱住它。

哈洛的代母实验证明：安全感是心理健康的基础，安全感来自依恋，依恋是因为爱；而爱，是超越人的理性的。对孩子来说，最重要的，不是奶瓶，是爱的行动(包括拥抱、触摸、摇动、玩耍)。

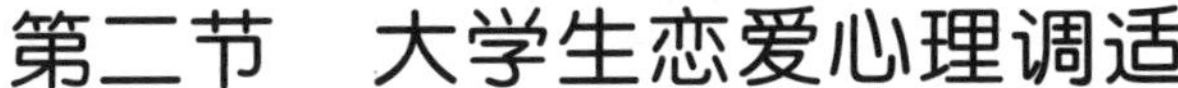

第二节　大学生恋爱心理调适

心理讲堂

王同学，男，大三学生，平时表现良好，与班级同学、舍友相处融洽，有一个本班级的女友。相处半年后女友提出了分手，王同学不能接受，与女友发生激烈的争吵，并出现过激肢体冲突。女生报警后双双被带到派出所做笔录，民警联系辅导员来领人，在辅导员的劝说下两人返回学校。但是王同学不能接受分手的事实，多次纠缠女友，并扬言手中有亲密照片，如果女友坚持要分手，就散播照片，毁了女友。女友再次报警后不再纠缠，但是自此以后王同学情绪低落，失眠，整天浑浑噩噩，无心学习，不愿意与人交流，且有轻微自残行为，甚至想休学回家。

这是一起典型的大学生失恋引发的心理挫折和情感危机。案例中王同学因失恋陷入深深的痛苦情绪之中，爱而不得后产生偏激想法，出现过激行为，如不及时开展情感关怀和危机干预，很容易引发一系列严重的校园安全问题和后果。

（资料来源于网络，有删改）

一、大学生的恋爱心理

恋爱在很大程度上改变着一个人的思想和行为。恋爱越健康，积极的改变就越多，反之，这种改变就可能是消极的。有学者指出："对青年来说，恋爱更多的是一种涉及生活全貌和人格整体的事情。如果说一个人进入青年期以后，在人格、生活态度以及人生观上发生了很大变化，那么导致这种变化的最大因素，大概莫过于恋爱了。"

大学生正值青春期阶段，大学校园又是青年人相对集中的地方，由于学习、生活中的朝夕相处，异性之间容易产生感情。因此，大学生了解自己的恋爱心理特点，把握、分析自身恋爱心理活动规律及机制，减少、消除自身心理上的困惑，避免、纠正行为上的盲目性具有重要意义。

（一）大学生恋爱心理的特点

1. 注重恋爱过程，轻视恋爱结果

恋爱向来被看作是为了寻觅生活伴侣，是婚姻的前奏。当代大学生注重的是恋爱过程本身，至于恋爱的结果已经不太在意。注重恋爱过程，有利于双方相互了解、加深认识，也有利于培养感情、增加心理相容度，同时也反映出大学生不愿落入世俗，着意追求爱的真谛。但是，只注重恋爱过程，强调爱的“现在进行时”，把恋爱与婚姻相分离，不考虑爱的“将来完成时”，未免失之偏颇。现在大学生中流传着一句顺口溜“不求天长地久，只求曾经拥有”。一些大学生把恋爱当作一种感情体验，及时行乐，借以寻求刺激，满足精神享受。一些大学生是为了充实课余生活，解除寂寞，填补空虚，把恋爱当作一种消遣文化。只注重恋爱过程而轻视恋爱结果，实质上是只强调爱的权利而否认了爱的责任。

2. 愿望上学业第一，行动上爱情至上

绝大多数大学生能够正确看待学业与爱情的关系。他们赞成学习是学生的天职，大学阶段应以学习为主，爱情应当服从学业；或者希望学业和爱情双丰收，既渴求学业有成，又向往爱情幸福。总之，绝大多数大学生都没有忘记学业，还是把学业放在首要的位置。但是，上述这些仅仅是大学生主观上、思想上的愿望而已。在行为上能够正确处理好学业与爱情关系的大学生，虽然也有，但为数不多。更多的是一旦坠入情网就不能自拔，强烈的感情冲击一切，甚至学习也受到严重影响。有的大学生整天如痴如醉、想入非非，沉浸在卿卿我我的甜言蜜语中；有的大学生中午、晚上不休息，加班加点谈恋爱，致使上课时倦意甚浓，无精打采；有的大学生干脆逃课，一心一意谈恋爱，成为恋爱“专业户”。很多大学生在不知不觉中变得“儿女情长，英雄气短”，成就事业的热情一天天冷却，爱情逐渐成为生活的唯一追求。可见，摆正学业与爱情的关系，是大学生难以控制而又必须正确处理的问题。

3. 恋爱观念开放，传统道德淡化

随着时代的发展，当代大学生的恋爱观念日益开放，传统道德逐渐淡化。中国传统文化及伦理道德观虽对大学生影响较深，但随着对外开放的范围不断扩大，国外近些年的“试婚”“一人连续多配偶制”等婚姻观逐渐影响到大学生，使得学生常常处于理智与感情矛盾的旋涡中，在理性认识上觉得应该保持贞操，应该遵守传统的伦理道德观，但在爱的激情下，又不愿再受传统观念的束缚，恋爱方式公开化，光明正大，洒脱热烈，不再搞“地下工作”，甚至一些大学生在公共场所、大庭广众之下，竟旁若无人，做出过分亲密的举动。

4. 恋爱关系脆弱，失恋后承受能力较弱

在校大学生谈恋爱一般不考虑经济、地位、职业、家庭等社会性问题，浪漫色彩浓厚，自主性强，约束性差；情感性强，理智性弱。往往不能理性地对待恋爱中的挫折，表现为恋爱率高，巩固率低，能发展为缔结婚姻关系的寥寥无几。感情挫折后出现一个时期的心理阴暗期是正常的，绝大多数大学生通过找朋友诉说，或理性思考，对自己和对方采取宽

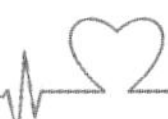

容的态度，尊重对方的选择。但仍有一部分学生摆脱不了情感危机，有的失去信心，放弃对爱情的追求，立下誓言“横眉冷对秋波，俯首甘为光棍”；有的一蹶不振，沉沦自弃，认为一切都失去了意义，以至于悲观厌世；有的视对方如仇人，肆意诽谤，甚至做出极端行为伤害对方。因失恋而失志、失德者，虽属少数，但影响很大。

（二）大学生的恋爱心理误区

1. 爱情观和恋爱动机的误区

（1）恋爱追求时尚化。有的大学生谈恋爱是在“从众心理”的支配下追求时髦的结果。他们认为能谈到女（男）朋友是有本事，谈不到朋友就会被人瞧不起。而且“相爱”的方式方法也应是时下最为流行的。日益普及的校园恋爱也对部分同学过早涉足爱情起了很大的示范和催化作用。

（2）恋爱态度体验化。现在有不少的大学生是抱着一种体验的态度在谈恋爱，他们往往并不是要寻觅终身伴侣，而仅仅是在寻求一种两性情感生活上的一时满足和人生体验，真正以婚姻为主要目的而恋爱的不多。因此，“不求天长地久，只求曾经拥有”的爱情观在大学里得到了很多大学生的认同。

（3）恋爱目的实用化。无论是利用恋爱来打发时光，还是满足虚荣心，抑或用来体验情感生活，都是爱情价值观日趋实用化的一种表现。这种实用化倾向还有一个更加危险的表现，就是用爱情作为交换条件来达到自己追求的特殊目标，如为了毕业留城、找个好工作，甚至为了功课考试及格也都不惜以情相许、以身相许。

（4）恋爱过程快餐化。与大学生恋爱人数越来越多、恋爱进展越来越快形成鲜明对比的是，部分大学生的恋爱过程越来越短、恋爱关系的稳固程度越来越低、恋爱成功率也越来越小。

（5）恋爱交往放纵化。有部分大学生谈恋爱是抱着随便玩玩或寻求刺激的心态，把爱情视为游戏。社会学家约翰·艾伦·李描述的六种爱情类型中的“游戏之爱”，即把爱看做没有承诺的游戏，游戏于爱情的人善变，经常会同时拥有几个伴侣。这种玩世不恭、不负责任的行为是对神圣爱情的亵渎。

2. 爱的判断误区

（1）寂寞与爱情。产生寂寞心理的原因有很多。大学生虽然已度过了“心理反抗期”，但此前形成的与父母、老师、长辈等成年人之间的心理距离依然存在，这种心理隔膜使他们在思想、情感上进行交流的愿望只能转向同龄人（同学）。但是，如果仅是为了填补心灵的空虚，摆脱心理的寂寞和孤独而去恋爱，那是不明智的。真正的爱情具有感情和理智的双重因素，应珍惜自己的生活和感情。

（2）好感与爱情。一些大学生把男女之间的相互吸引、好感等同于爱情。殊不知好感的产生往往只需要对方的某一点能使自己倾心或愉悦便可。并且异性之间的好感是广泛的、无排他性的。好感常常表现为人们一时出现的情绪感受。而爱情则是在长时间的相互了解中形成的、延续终身的深刻感情。

(3)虚荣与爱情。有一些大学生在选择自己的恋爱对象时，并不是出于是否相互爱慕、倾心，而是以对方是不是对得起周围的"观众"，是不是能"带得出去"作为最主要的选择标准，造成择偶中的相互攀比，以至容貌身材、家庭经济、社会关系等都成为选择恋人的筹码。从心理学上讲，这是择偶的虚荣心理，也称为攀比心理。

(4)友情与爱情。友情作为爱情的基础，具有发展为爱情的可能性。但是，友情和爱情毕竟是两种各具内涵的不同情感。异性间的友情并不一定会引发爱情，如果把这种不具备转化可能性的友情糊里糊涂地发展为爱情，那么，悲剧的产生将不可避免。即使是可以发展为爱情的友情，也不可以在二者之间直接画上等号，它需要具备一定的条件，把握适当的时机。一般来说，只有当自己真正理解了生活，理解了爱情并充分认识了自我价值时，再把友谊升华为爱情，如此爱情才能更加甜蜜。

(三)大学生积极的恋爱心理

1. 提倡志同道合的爱情

大学生恋爱应把具有一致的思想、共同的信仰和追求放在首要地位，把心灵美好、情操高尚、心理相融作为择偶的第一标准。莎士比亚曾说，爱情不是花荫下的甜言，不是桃花源中的蜜语，不是轻绵的眼泪，更不是死硬的强迫，而是建立在共同基础上的心灵沟通。因此，在恋人的选择上最重要的条件应该是志同道合，思想品德、事业理想和生活情趣等大体一致。马克思和燕妮的崇高爱情就是建立在志同道合的基础上的，正因为如此，他们的爱情才经受住了艰难困苦的考验而传为佳话。大学生作为新时代的栋梁，其恋爱观应该是理想、道德、责任、事业和性爱的有机结合。

2. 正确处理爱情与事(学)业之间的关系

爱情是美好的，它是人生内容的重要组成部分，但不是人生的全部，它应该服从于事业，促进事业的发展。一个人只有事业取得成功，其爱情之花才会开得更加鲜艳芬芳。所以，大学生应该把事业放在首位，摆正爱情与事业的关系，不要把宝贵的时间过多地用于谈情说爱上而放松了学习。没有事业的爱情如同在沙漠中播种，缺乏坚实的根基和土壤，迟早会枯萎。只有爱情同事业相结合，爱情才有旺盛而持久的生命力。

3. 要懂得爱情是一种责任和奉献

大学生在恋爱中应该懂得，爱不仅是得到，更重要的是一种责任和奉献。在社会生活中，人具有两方面的责任：一是个人对社会应尽的责任；二是个人对家庭、父母、孩子、朋

友和伴侣的责任。责任属于私人生活的性质，是社会干预最为微弱的生活领域，主要依靠良好的道德修养和自觉的责任感来维持。大学生一旦进入爱的王国，就必须具有强烈的责任感和奉献精神，才能获得崇高的爱情。

4. 恋爱要严肃认真、感情专一

爱情是一个男性与一个女性之间的爱慕关系。这种关系包括自己特有的感情和义务，它只能存在于恋爱者两人之间，不容许第三者介入。而且，恋爱不是儿戏，双方要真诚相待。既实事求是地对待自己，也实事求是地对待对方。无数事实证明，用欺骗手段骗取爱情，是不会幸福的。另外，双方一旦建立了恋爱关系，就要忠贞如一、一心一意，不能三心二意、见异思迁。任何一个人搞三角恋爱、多角恋爱的行为都是不道德的。

5. 恋爱要信任包容、互相尊重

在恋爱过程中，应多一些理解、信任和宽容，互相尊重，共同进步。爱情是互爱的统一，相爱的双方，都有着自己独立的人格和精神世界，既不能完全依附对方，也不能要求完全占有对方。爱情与做人一样，理解、信任、诚实和宽容都是十分可贵的品质。爱很多时候意味着一种付出，要相知、相敬、相让。“世上没有十全十美的人”，两个人在一起并不是简单的组合，必须互相迁就。爱，就必须接受对方的一切，包括缺点。

6. 遵守恋爱道德

大学生谈恋爱时，遵守恋爱道德的主要内容是相互尊重，恋爱自由，彼此忠诚，行为端正文明，举止文雅有分寸，不可玩世不恭随心所欲，无视社会公德。

二、大学生恋爱中常见的心理问题及调适

(一) 选择的困惑及调适

选择的困惑是大学生恋爱中最常见的问题之一，其中较常见的有下列 5 种情形。

1. 不知道应不应该谈恋爱

这部分大学生应首先树立对爱情的正确态度。如果自己还不知道该不该谈恋爱，那说明在你的心里还没有自己喜欢的异性，只是因为看到许多同学都在谈恋爱，才产生了自己是否要谈恋爱的想法。当真正的爱情还没有来到的情况下，不要盲目去寻找爱情。

2. 不知所爱的人是否爱自己

自己爱上了别人，但不知道对方是否也爱自己，想表白心迹，又怕遭到拒绝，左右为

难。对于这样的困境，首先要学会正确认识对方对自己的情感。如果经过观察甚至巧妙的考验，发现对方根本就对自己没有那个“意思”，就没有必要向对方表白自己的心迹，因为你的表白不但得不到回报，而且会使对方为难。如果两人是同班同学，还会影响两人之间的关系。如果经过观察，发现对方也对自己有一定的感情，就可以大胆地向对方表白自己的心迹。

3. 不知道如何拒绝对方的求爱

面对他人的求爱，当你不准备接受时，一般应当在不伤害对方自尊心的情况下，委婉地拒绝。如果对方进一步追求，而你无论如何也不可能接受对方的爱情，那就应该明确地拒绝。另外，大学生也应注意，不要为了害怕伤害对方的自尊心，或者是为了自己的虚荣心，在自己没有产生爱情的情况下，盲目接受对方的爱，因为这不但会伤害对方，而且对自己也是一种伤害。

4. 不知道如何终结不合适的恋爱

在恋爱的过程中发现对方不适合自己，而对方还依然爱着自己，不知道如何提出分手才不会伤害对方的自尊心。在这种情况下，要明确：爱情是不能强求的！如果一方发现对方不适合自己而准备结束恋爱关系是无可厚非的。当然，最好是让对方有一定的思想准备，比如，用一些暗示性的语言表明两人不合适。在对方有思想准备的情况下再提出分手，对方可能好接受一些，感觉受到的伤害也会少一些。

5. 不知道如何分辨友情与恋情

这种恋爱心理困境的原因主要在于对友情和恋情的认识还很肤浅，并缺乏对社会中人际关系的科学认识。正确的做法是，认真审视、调整自己的择偶标准，在寻求爱情的过程中，既要有主观上的用心，又要顺其自然。

(二) 爱情心理效应导致的问题及调适方法

1. 光环效应

光环效应是指人际交往过程中形成的一种夸大的社会印象。在大学生恋爱中表现为两种不同类型：一种是人们通常所说的“情人眼里出西施”。把对方理想化、完美化、偶像化，而对对方的弱点、缺陷视而不见，对其评价以主观色彩掩盖客观现实。当感情随着时间逐渐变得平淡时，便会发现对方并不完美，心里就会产生一种“受骗”的感觉，甚至造成日后爱情的悲剧。另一种则是所谓的“西施眼里觅情人”，有些人在恋爱过程中，过高地估计自己，过低地评价他人，强烈的自我优越感使其对择偶标准过高，脱离了自己的实际水平，结果在现实生活中屡屡碰壁，难以获得爱情。

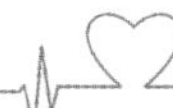

大学生只有通过努力培养对爱情的内在审度力，善于吸取他人的意见，使自己获得全面、客观的正确认识，用理智战胜感情，如此才能克服感情光环带来的不良影响。

2. 嫉妒心理

在恋爱中，嫉妒心理是爱情排他性的一种反应。爱得越厉害，嫉妒得也越厉害。在恋爱婚姻中嫉妒有两种形式：自然性嫉妒和变态性嫉妒。自然性嫉妒人皆有之，它的出发点和归宿都是爱情。而变态性嫉妒虽然也是出于爱情，但实际上是同爱情背道而驰的，一般具有猜疑、敌意、报复三个特征。生活告诉我们，爱情中的自私成分越多，嫉妒就表现得越强。海伦·凯勒曾说过："在你爱的时候，请你时刻开着理智的闸门。"大学生们要学会用理智战胜嫉妒，不让嫉妒成为爱的障碍。

3. 自卑心理

自卑心理是大学生恋爱心理中常见的心理障碍之一。自卑感过强的人，在恋爱问题上常常怀疑自己的能力，惧怕自尊心受到伤害而无法敞开真心。一旦恋爱受挫，往往会采取自我封闭等手段，不再与他人交往的方式，以逃避现实。大学生恋爱中的自卑心理大都是因为自身的"缺陷"和"不足"造成的，比如个人的身高、外貌等。虽然人的外表美所引起的审美愉悦是导致男女相互爱慕的一个重要因素，但在爱情生活中，形象的审美毕竟不是首要因素。人的心灵和外形相比，心灵则是更内在的和本质的东西，一个追求真正爱情的人，对异性的审美一定要由外形的层次上升到内心的层次，并以内心层次为主，从而正确认识外形美与内在美的关系。

三、大学生恋爱中的心理挫折及应对

（一）暗恋与爱情错觉

当一个人爱上另一个人时，没有告知或者暗示对方，这叫作暗恋。暗恋往往会使人产生爱情的错觉，错误地认为对方对自己"有意"，或者把双方正常的交往和友谊误认为是爱情来临。暗恋与爱情错觉是大学生恋爱问题中常见的心理挫折之一。爱情是以互爱为前提的，暗恋与爱情错觉只是一种虚幻的爱情，它们都是恋爱心理在认知和情感上的失误，往往会导致当事人发生强烈的内心冲突，使人情绪低落，影响正常生活，甚至会引起心理障碍。

1. 暗恋的心理特征

暗恋是一种单相思，是心理失去控制的情感表现，是单方面点燃爱情之火。因此，陷入单相思的人，常常容易想入非非，自作多情，把对方的言行举止误解为向自己示爱的信号。一旦发现对方并无此情，便会蒙受失恋的痛苦，昼思夜想，影响健康，甚至导致精神疾病。

暗恋最大的心理误区是把暗恋对象过于美化，看成十全十美。这种恋爱心理是认知和情感的失误，如果处理不当，对自己今后的恋爱和婚姻生活都将产生消极的影响。因此，陷入单相思的大学生要及早止步，另做选择。要想克服暗恋所产生的爱情错觉，最重要的是正确理解爱情的深刻含义，同时用理智驾驭情感，尊重对方的选择，不可感情用事。

2. 暗恋的心理调适

暗恋的心理调适方法主要有以下几种：

(1)客观评价对方。客观评价对方可以起到熄灭暗恋之火的作用。客观评价对方，摘掉对方头上的光环，寻找对方的缺点。同时客观评价自己，暗示自己："我比他(她)更有优势，他(她)不一定是最好的。"相信自己的能力，提高自信心。

(2)勇敢地表达爱慕。找合适的机会将爱慕表达出来，如果遭到拒绝可以进行积极自我暗示："我虽然遭拒绝，但并不证明我不行，是他(她)没眼光，没有发现我的优点，我勇气可嘉，肯定有更好的知己等着我。"

(3)放弃虚幻的爱情。爱与被爱的双方都有选择的权利，要尊重对方的选择。长痛不如短痛，不要穷追不舍。

(4)广交朋友。广泛与同学进行交往，在友谊中寻找感情的满足。

(5)转移注意力。用取代转移法把注意力转移到其他的兴趣、爱好上，如画画、打球、唱歌等。

(二)失恋

失恋是指恋爱的中断。失恋带来的悲伤、痛苦、绝望、忧郁、焦虑、虚无等情绪会使当事人受到伤害。失恋所引发的消极情绪若不及时化解则会导致身心疾病。失恋者可以尝试运用以下方法进行自我调适。

1. 失恋的心理特征

世界上有恋爱就会有失恋。幸福的爱情可以给人以美的享受，并且有益于身心健康。而一旦爱情因失恋而遭受挫折，精神也会因此受到极大刺激，人容易变得烦恼、忧伤、思维迟钝、精神萎靡、食欲不振。心理学家把这种因失恋而引起的症状称为恋爱挫折综合征。人对失恋的应对方式反映了一个人心理成熟水平的高低和恋爱观的正确与否。一个人能够理智地从失恋中解脱出来，往往会使自己变得更成熟。

2. 失恋的心理调适

失恋后的心理调适在于对自我现状的认知和对自我情感的认知，主要心理调适方法有：

(1)纠正认知偏差。首先，要认识到每一个未婚青年都有追求爱情的权利，也有接受爱情和拒绝爱情的权利。恋爱受挫是常有的事，失恋不能失志，更不能失德。其次，要认识到恋爱是双方的事情，决不能强求，如婚前充满危机，婚后未必幸福。最后，要认识到一个人的价值体现是多方面的，要善于升华到用事业成功体现生命价值，多找自己的优势和长处，增强自信心，相信会找到更好的意中人，最终肯定能获得真正的爱情。

(2)逆向思考。要想恋爱取得成功，除了社会公认的品质、观念以外，还有许多特殊的心理要求，比如：性格和谐、志趣相同、价值观一致、生理特征相配等等。如果因为这些方面发生矛盾，而使恋爱不能进行下去，不必过于痛苦。不妨反过来思考一下，如果勉强凑合下去，难免造成以后感情不和，爱情难有幸福可言。失恋固然不是幸事，然而没有志同道合、个性契合的伴侣，及早分手也并非坏事，塞翁失马，焉知非福。

(3)适当运用酸葡萄心理效应。当一个人失恋之后，如果总是回想过去恋人的种种优点，就会越发怀念过去的恋人，同时也就越发否定自己，觉得自己一无是处。结果形成恶性循环，使情绪越来越消沉，心理越来越压抑。当一个人失恋之后，如果难以从失恋的阴影中摆脱出来，不妨尝试运用酸葡萄心理机制。所谓酸葡萄心理机制，就是降低对自己无法得到的东西的好感和其对自己的重要性，吃不到葡萄就说葡萄是酸的。也就是说，当一个人失恋之后，可以尽量多想想过去恋人的缺点，少想或不想过去恋人的优点，心理也就容易平衡了。

当然，一个人对酸葡萄心理机制的运用必须适当，如若过分运用酸葡萄心理，容易形成一种不符合实际的观念。久而久之，容易导致一些非理性思维方式，也不利于自己的心理健康。

(4)情感调节。运用情感升华、情感宣泄和情感转移来进行情感调节。情感升华是把一些自己若直接表现出来会受到处罚或产生不良后果的行为和欲望，导向比较崇高的方向，并使之有利于本人和社会。情感宣泄，是在失恋后不要独自把痛苦长期埋在心底，更不要时常独自品味，而可以找些亲朋好友倾诉心中的烦恼，将痛苦和烦恼宣泄出来，以减轻心灵上的负荷。情感转移的方式有三种：一是寻找一位新的恋人；二是投身大自然的怀抱；三是积极投身集体生活，付出自己的情感和爱，使自己摆脱空虚和痛苦。

(5)丢弃自卑。失恋并非羞耻之事。但有些失恋者却认为失恋是耻辱的，是被对方"涮"了、"玩"了，从而感到脸上无光，无地自容，产生强烈的自卑感，甚至因此离群索居。其实，任何事情的发展都面临着两种前途，恋爱也是一样。恋爱一次便成功固然可喜，但这毕竟只是可能性，而不是必然性，所以谈恋爱就要有谈不成的心理准备。失恋是情理之中的事，这是无可非议的。如果能从失恋中发现自己的不足，吸取教训，必有所进取。尽快忘掉这次恋爱的经历，淡化曾经发生的事，保持冷静理智。要知道第一个撞进生活的异性不一定是合适的伴侣，不成终身伴侣还可以做朋友，不要反目成仇。

(6)心理减压。找亲朋好友或心理医生宣泄自己内心的痛苦，达到心理减压的目的。

如果出现情绪焦虑可以做放松训练，必要时须使用药物治疗。

(7)重新设定心理边界。曾经的恋爱给予对方充分进入我们生活的权利，允许对方参与我们的生活抉择。分手则意味着收回这些权力，重新设立适当的边界。有的人失恋后发布自己如何痛苦的言论和照片给对方看，或者伤害自己的身体甚至用自杀的方式来报复对方。其实，这种让对方看到自己痛苦和虐待自己来让对方难受的行为，是在继续放开边界，允许前任闯入和窥探。重设心理边界，意味着你的痛苦属于自己，你所做的事情不需要被对方看到。因此，你的生活由自己把握。

(三)恋爱纠葛

1. 恋爱纠葛的心理特征

大学生在恋爱过程中会碰到很多麻烦，如自己并不爱对方，对方却拼命纠缠；双方很谈得来，但又常常发生争吵；自己喜欢的异性却喜欢别人，等等。恋人之间的矛盾和猜疑、三角恋爱、父母的反对或周围人的非议等等都是引发恋爱纠葛的因素。

2. 恋爱纠葛的心理调适

如何处理爱情纠葛？这里主要介绍拒绝、争吵和面对“多角恋爱”的心理调适。

(1)学会拒绝。在恋爱过程中，当需要拒绝时，要注意以下两方面：

一是态度明确。当对方追求你，而你觉得对方并非你所爱的人时，要理智地拒绝。但也应该注意拒绝的艺术，做到既拒绝对方，又不致伤害对方，保护对方的自尊。

二是时机和方式恰当。分手是痛苦的，容易造成不良后果。因此，拒绝时更应慎重考虑，注意选择合适的时机和方式。拒绝不能留有余地，不要给对方以幻想。要清醒地分析对方可能会出现的情绪和行为，并做好应对准备。拒绝会使对方激动、气愤、发怒，这都是可以理解的，此时应保持冷静，避免激烈交锋，更不要轻视他、刺激他，还可请要好的同学和朋友帮助做工作，以免他采用报复或自毁等行为。

(2)理智对待争吵。没有人真正喜欢与恋人吵架，争吵既无助于矛盾的消除，又会伤感情。但恋人之间的争吵往往是不可避免的，此时应学会妥善处理。争吵也是恋爱的艺术，需要注意以下三点：

一是理智沟通。恋爱双方要从内心确立这样的观念：人与人之间的矛盾、冲突是可以依靠理智来调和、消除的，而非无法解决的。因此，当恋人之间发生矛盾时，要尽量控制在以理智为主导的争论范围内，避免演化为以情绪为主导的争吵。如果你能够冷静地倾听对方、让对方的意见和想法得到充分的表达，并且能设身处地理解对方的动机、想法和情绪，那么你就掌握了主动。在争吵中，你可以坚持自己正确的地方，承认自己确实存在的局限与谬误之处。在言语上尽量准确、具体地描述自己的见解、动机和情感体验，批评对

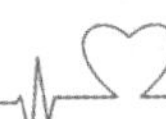

方时有理有据、对事不对人，语言委婉。这样才能营造出一种平等的、互相尊重的、不为争面子而为了真正解决问题的氛围，双方才能尽快地沟通、和解。

二是主动妥协。双方在经过一番争论之后，要提出可行的解决办法。这个办法应当最大限度地有利于双方、能被双方所接纳。双方的所有要求与愿望并不能总是全部得到满足，在得到一些的同时不得不放弃另一些。恋人之间要学会放弃，本着务实的态度容忍小部分利益或优势的丧失，保证大部分的利益在新的关系中得以保存。这种相互间的妥协是十分必要的，而且在恋人之间的争吵中，主动妥协往往会使对方心软，争吵可能很快就平息了。

三是注意保密。既然两人相爱，争吵又是在“二人世界”中进行的，争吵后就应注意保密。切忌以满足自己的虚荣而向同学和朋友炫耀，这样容易引发对方的不满。

3. 处理“多角恋爱”

多角恋与多角恋爱是不同的。处于多角恋位置的人，凭出众的容貌、突出的才华或独特的魅力，从而引起数个异性的同时追求。他(她)与这几个异性保持良好的友情，但未与其中任何一个异性确立恋爱关系，而是处于观察与选择的阶段。而多角恋爱则是同时与数个异性建立恋爱关系，企图同时占有数个异性的感情而玩爱情游戏。因此，多角恋与多角恋爱是两个不同的概念，二者不能相提并论。但是，多角恋与多角恋爱之间仅隔薄薄的一层纸，只要出现认识上或道德上的偏差，就会由多角恋转入多角恋爱的阶段。

多角恋爱历来被认为是典型的爱情不专一、朝三暮四，视爱情为游戏，把自己的幸福建立在牺牲他人感情的基础之上的行为。不管从哪个角度来讲，多角恋爱都为社会和道德所不容许，且可能产生多种不良后果。我们认为，不要轻易说谈恋爱过程中的变化就是三角或多角恋爱。同时，我们坚决反对三角或多角恋爱。那么，多角恋爱的当事人应当如何正确对待这个问题呢?

从被恋者角色看，被恋者正处在多角恋的漩涡之中，他(她)是否具备良好的心理品质和行为方式是至关重要的。有两个或两个以上的异性同时爱着自己，或先后向自己求爱，说明你是一个幸福的人，有选择爱情的神圣权利，应当从多方面对这些追求者进行了解、比较，并尽快地做出抉择。在抉择之前，对多个异性要保持不超越友谊的关系。如果与一个异性相处已有一段时间，彼此已有了一定了解，建立了一定感情，此时在你的生活中又出现另一个人，对比之下，你才明白与前者之间有的不是爱情只有友谊，那么这时候用不着被“喜新厌旧”的想法所束缚，不要犹豫徘徊，你有权利做出选择。这时候，良心自责、感情内疚也无济于事。长痛不如短痛，应尽快做出抉择。关键的问题是要了却与其中一个的关系，待到他(她)感情的波澜较为平静之后，再与另一个发展恋爱关系。

从竞争者角色看，当发现自己站在了危险的“多角区”的一角上时，要宽容地理解：一个好姑娘或一个棒小伙有几个异性追求者，不足为怪，他(她)难以取舍，不易定夺，自己则应当抓住机遇去“自由竞争”，去表现自己的思想、才能、气质、风度，以促使他下决心选择自己。如果竞争“赢”了，要特别小心地对待“失败者”，设身处地地多想想：若是自己处于失恋境地会有怎样的心里苦闷。因此，对“失败者”要予以同情和理解，甚至可以高姿态地向“失败者”表示歉意，而不要加剧别人的心灵创伤。如果是竞争的“输家”，你要正视现实：自己与对方没有缘分，就不要再强求。应当尊重所钟爱的人的选择，尽快从竞争中撤退。

恋爱心理团体辅导活动

——爱的艺术

一、团体辅导活动——走近爱情

二、心海沙盘——恋爱心理自测

一、团体辅导活动——走近爱情

【活动目的】

1. 促进成员互动，形成温暖、相互支持的团体气氛.
2. 发现一些恋爱中的男女差异，掌握恋爱中沟通的技能。

【活动内容】

1. 活动准备：音乐(节奏适中、轻快的音乐)、纸、笔、课件。
2. 破冰活动：你喜欢我吗?

活动步骤：

(1)所有人围成一个圆圈，一人站在圆心。

(2)导师宣布规则：站在圆心的人随机问圆圈里的人，比如说“a，你喜欢我吗?”如果a回答“喜欢”，则a周围相邻的两个人就要互换位置，在互换位置的时候，站在圆心的人就要迅速地插到a周围相邻的两个位置之间，这样a周围相邻的两个人有一个就没有位置，那么就由他表演一个节目或做自我介绍，然后就由他站在圆心，开始下一轮游戏。

(3)如果a回答“不喜欢”，则站在圆心的人将会继续问a：“那你喜欢什么。”如果a回答：“我喜欢戴眼镜的人”，则场上所有戴眼镜的人都必须离开自己的座位寻找空位，而站在圆心的人需要迅速找一个位置，这样没有找到位置的人就需要由他表演一个节目或做自我介绍，然后就由他站在圆心，开始下一轮游戏。

(4)除了回答“不喜欢”，a还可以回答“我喜欢穿白袜子的人”“我喜欢穿白鞋子的人”等这些具有不容易被人发现的细节特征的人，以增加游戏的难度和趣味性。

3. 体验活动：爱情拍卖。

活动步骤：

(1)出示课件，列出16项拍卖项目，并询问学生：“在异性交友过程，你最盼望得到什么?”

序号	拍卖项目
1	可以和他(她)分享生活中的点点滴滴
2	可以因他(她)而扩展生活领域
3	可以和他(她)相知很深
4	可以和他(她)共同建立一个家庭
5	可以因他(她)提携，激励而成长进步
6	可以多一个工作伙伴

续表

序号	拍卖项目
7	可以获爱和支持的感觉
8	可以享有和他(她)的美好性生活
9	可以有他(她)随时随地陪在你身边
10	可以和他(她)一起赚很多钱
11	可以去照顾和爱他(她)的付出感觉
12	可以因他(她)而生活更有变化
13	可以有他(她)照顾生活起居
14	可以和他(她)一起生儿育女
15	可以因他(她)而增加生活乐趣
16	可以因他(她)而获得安定感

(2)请大家认真思考，每人有10分拍卖积分。由导师进行拍卖，每次叫价以1拍卖积分为单位，至16项卖完为止。

(3)拍卖完，导师组织学生讨论以下问题：

①让选择相同拍卖项目的组成一组，各自陈述选择理由，并讨论异性交友带来的价值是否可以通过其他方式获得？

②如果你选择的拍卖选项与你的男(女)朋友相冲突或不同时，怎么办？

③若重选一次，你还会选择这个项目吗？

(4)导师进行总结，帮助大学生理解恋爱中男女的认知差异和表达差异，增强爱的能力，从而避免恋爱中不必要的误会和矛盾。

二、心海沙盘——恋爱心理自测

古人云：“以利交者，利尽则散；以色交者，色衰则疏。”因此，树立健康的恋爱观、婚姻观是幸福婚姻的重要保障。它需要通过不断加强思想意识修养，陶冶情操来促就。然而，什么样的恋爱观是理想的或基本正确的，自己的恋爱心理是否成熟，自己目前的恋爱关系是否存在危机，这些具体情况应该怎样判断？这里向大家推荐一组恋爱心理自测的量表，同学们可以填写量表或者用手机扫描二维码进行自测，然后根据测试结果分析原因，并在本书中寻找解决办法或请教指导老师以寻求帮助。

爱情与喜欢量表

“喜欢”与“爱情”你分辨得出来吗？不管你是否恋爱，试着心中想一个重要的朋友，对自己的情况或想法勾选下列的项目。

恋爱观自测

本测试共有17个问题，每一个问题的下面，都有4种不同的选择，请你选择符合自己想法的选项，每题只选一种答案。

恋爱危机测验

这个测验帮助你判断你和恋人的感情是否出现危机，你们的爱情是否仍有希望。请根据实际情况认真回答下列问题。

恋爱心理成熟度量表

恋爱的艺术并非人人得以掌握。你的恋爱心理发展到了什么程度？请据实自测。

第十章　揭开面纱

——大学生性心理调适

本章知识图谱

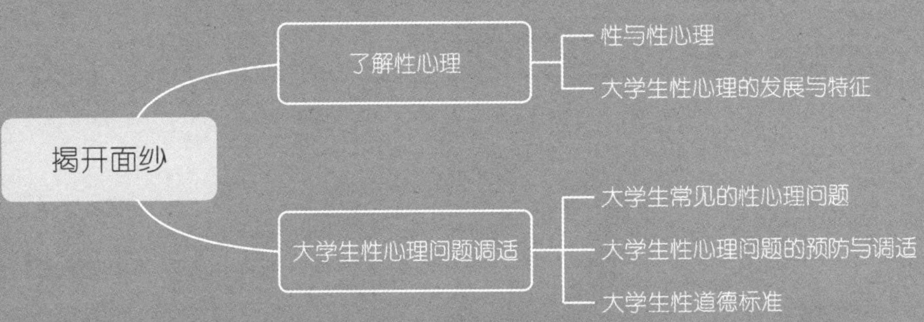

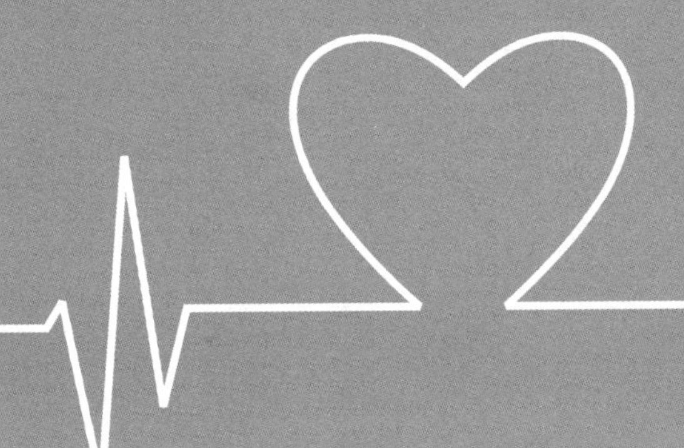

本章学习目标

1. 了解性与性心理的基本知识，以及大学生性心理的发展阶段和特征。

2. 了解大学生常见的性心理问题。

3. 掌握预防、调适性心理障碍的方法。

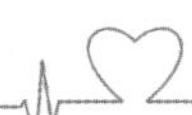

第一节　了解性心理

心理讲堂

大学生在性心理发展过程中，对性既好奇又困惑，既充满了向往和期待又充满了恐惧和不安，他们需要老师陪伴着走出这个沼泽地。大学生常见性心理问题的主要表现有哪些呢？

第一，性体像意识的困扰。这主要表现为大学生男女不能正确、客观地认识自己的身体及第二性征。如唐爱武(1989)的调查报告中就有50%的女生和16%的男生对青春期出现的第二性征感到害羞、不安和不理解；女性对自己的乳房发育不满意，为形体的胖瘦而烦恼。有的青少年由于片面追求苗条而形成体像障碍，男性对自己的生殖器不满意，为身材矮小而苦恼。有的青少年认识不到生长的突增在身体的各个部位并不同时开始，因而产生体像和自信心方面的问题。

第二，性意识的困扰。个体在进入青春期后，伴随着生理的发育成熟，性意识也开始觉醒。大学生的性意识常见的有被异性吸引、常想到性问题、性幻想及性梦等。这些性意识在大学生中十分普遍，大部分同学能正确对待，但在少部分大学生中，性意识却成了困扰其心理、行为的不良因素，并且发生率极高。

一、性与性心理

(一)性的本质

“性”是人类与生俱来必须面对和处理的一个问题。对于现代人来说，能否坦然、理智地面对性，是衡量一个人是否成熟的标志之一。性，是生物学上的词语，常指男女两性在生物学上的差异。性的本质是人类自然属性和社会属性的统一。作为自然属性的性，是指男女在生理构造上的差异和人类生来就具有的性的欲望和本能，是人类自身生存和维持种族繁衍的必要条件。性，从生物的形态学和生理学上来理解，是伴随着性生殖而出现的，性征是男性与女性特点的表现。性，从生物的本能来看，是指人的性欲和性活动。马克思说，人有两大基本欲望，一是生存欲望，二是性欲。然而，人是社会性的动物，人的性行为受到社会的制约和规范。只有把性行为控制在社会允许的正当、合理范围之内，人类自身才能获得健康生存与发展，社会才能维持稳定。人的性需要，不仅包括生理性需要，更重要的是包括社会性需要。例如，择偶不仅是寻找异性，而且还要满足个人审美的需要、爱的需要、个人生活幸福与自我发展的需要等，还要考虑对方的文化、经济、职业、家庭等社会因素。人的性行为必须通过婚姻、经济、伦理、道德、法律关系的规范才能得以实现。

（二）性的意义

人类的存亡与对快乐本能的需求离不开性，可以说性是人类生命发展链条中的纽带，没有性，人类将不复存在。性需要的满足是人作为生物的本能需要，健康的性生活能够使人在肉体和精神上感到快乐，增进人的身心健康。我们由爱情的概念知道，理想、责任和性爱是构成爱情的三个基本要素。而性爱把爱情与人世间的其他情感，如亲人之爱、朋友之情或同志之谊明显区别开来，使爱情成为特殊的"情爱"。因此，如果仅仅把性单纯理解为生物性的享受与满足，不但忽视了情爱这种人类高级情感的作用，还会有损身体健康。另外，性的社会属性表明爱是性的本质。人类由性发展为爱，是人类社会进步的表现。

（三）性心理的表现

性心理是指在性生理的基础上，与性征、性欲、性行为有关的心理状态与心理过程，也包括了与他人交往和婚恋等心理状态。它主要包括以下 3 个方面的表现形式。

1. 性意识

性意识包括：被异性吸引（相思病）；常想到性问题（有关性的意念、裸体表象、性感部位及体验到自己的性冲动）；性幻想（自编、自导、自演与异性交往内容有关的联想）；性梦（潜意识的性本能）等。

2. 性行为活动

据社会学家的调查、统计，许多个体在出生后不久就已经出现了性行为活动，只是当时的性行为尚带有简单模仿和好奇的性质而已。在大学生中发生过性行为的人数占一定的比例。这些性行为包括手淫、抚弄性器官、游戏性性交、婚前性交等。

3. 异性交往与恋爱

心理学研究表明，青春期的青少年特别是大学生正处在性心理发展的异性交往友谊期和恋爱期，渴望与异性同学建立友谊或恋爱关系，这是很正常的。但是，在这一特殊时期与异性交往必须把握好度，使其健康发展；否则，会陷入不明确的异性关系中，从而影响到双方的心理健康。

二、大学生性心理的发展与特征

(一)大学生性心理发展的三个阶段

性心理发展是弗洛伊德在19世纪末20世纪初提出的一个概念，是心理学理论的核心概念。大学生处于青年发展的中期，其身心发展的最明显特征是随着极大的生理变化，其性心理也得到快速发展并走向成熟。进入青春期后，第二特征的出现，性腺的逐渐发育成熟，性意识的觉醒，青年开始关注两性关系及对待异性的态度和行为规范。一般认为性意识的发展大体经历性疏远期、性亲近期和恋爱期三个阶段。

1. 性疏远期

处于青年初期的学生对性的差别很敏感，性别角色越来越明显，孩提时代两小无猜的男女伙伴开始疏远了。在日常生活和学习中，男女学生间很少说话，不理不睬，如同路人，各自心里却产生不安和羞涩。一对男女在一起，其他人便起哄，同桌之间画“三八”线。这种男女界限的出现，标志着男女学生性意识的觉醒，刺激他们产生对异性之间接触的好奇感，使他们渴望了解许多关于男女自身及其相互之间的秘密。

2. 性亲近期

处于青年初期后半段的学生(一般为十五六岁)随着性意识的发展，异性之间的疏远逐渐转变为彼此接近。他们开始注意异性对自己的态度，常以友好的态度对待异性，并在异性面前表现自己，以期望博得异性的好感。具体表现为注意打扮自己、愿意同异性接触、对异性的关注特别敏感。有的同学在表现自己的同时，会以含蓄的方式表达自己的心意并试探对方的意图，也有的同学干脆递条子，写情书明确求爱。不过这一阶段性亲近的对象具有广泛性、不稳定性、幻想性，这是性意识发展的一个重要阶段。

3. 恋爱期

处于青年中期的大学生生理发育已基本完成，社会成熟和心理成熟达到较高水平，性心理的发展达到了高峰期，加之社会角色已获得认同，如大学生未来的职业已定，成才大有希望，“成家”问题也就提上了议程，考虑恋爱、婚姻等问题已成现实，开始进入恋爱期。

(二)大学生性心理的一般特征

大学生从入学到毕业的年龄一般为18~23岁，属于青年期。处在青年期的大学生由于受文化层次、接受教育程度以及所处的特殊环境影响，其性心理发展除了具有这一年龄阶段青年的普遍性特征以外，还有其特殊性。

1. 性心理的本能性和朦胧性

青年期的性心理往往缺乏深刻的社会内容，基本上还是生理急剧变化所带来的本能作用。对异性的认识还带着一层朦胧的面纱，对异性的兴趣、好感和爱慕主要是异性间的吸引，但这种吸引也披着一层朦胧的轻纱。不少学生不了解性的基本知识，觉得性充满神秘感。所以，那种对异性的兴趣、好感和爱慕主要还是受异性的吸引。然而，正是在此基础上，在朦胧纷乱的心理变化中，性意识逐渐强烈和成熟起来。

2. 性意识的强烈性和表现上的文饰性

青年期很显著的特征是闭锁性和强烈的寻求理解性，这就导致了其心理外显方式的文饰性。在对待性问题上也是如此。他们十分重视自己在异性心目中的印象、评价，但又表现得拘谨、羞涩、冷漠；心里对某一异性很感兴趣，表面上却有意无意表现得无动于衷、不屑一顾或做出回避的样子。他们表面上显得讨厌那些亲昵的动作，实际心里却很渴望体验。

3. 性心理的动荡性和压抑性

青年期是一生中性能量最旺盛的时期，但由于不少大学生的心理还不成熟，尚未形成稳固的、正确的性道德观和恋爱观，自控能力较弱，因而他们的性心理易受外界不良的影响而动荡不安。与此相反，另一些人由于性的能量得不到合理的疏导、升华而导致过分压抑，少数人还可能以扭曲的方式甚至变态的行为表现出来，如“厕所文学”、“课桌文学”、窥视、恋物等。

4. 男女性心理的差异性

大学生的性心理在男生与女生之间有很大差异。女性性意识比男性性意识成熟更早，而男性获得某些性感的体验在年龄上要比女性早。在对异性情感的流露上，男性较外显和热烈，女性则含蓄而深沉；在内心体验上，男生多新奇、喜悦和神秘，而女生常常是惊慌、羞涩和不知所措；在表达方式上，男生一般较主动，女生往往采取暗示的方式；此外，男生的性冲动易被视觉刺激唤起，而女生则易在听觉、触觉刺激下引起兴奋。

第二节 大学生性心理问题调适

心理讲堂

这是一位女大学生的求助信：我是刚刚进入大学认识他的，他是我的老乡，他在我初次离家孤独时给予我太多的安慰与帮助，不知不觉我陷入了恋爱之中。随着交往的深入，我们的恋爱也不仅限于精神层次的交往，彼此从身体上渴望接纳对方。于是在某一个晚上，我们有了第一次。虽然我们还在恋爱，可每次在一起我总会想到性，我感到恐慌，经常觉得所有人都知道我们的事。久而久之，我出现了睡眠障碍、上课注意力不集中、产生性幻想等。现在，我也陷入了深深的担忧之中：如果今后我们分手了怎么办？我真不知道该如何面对。

这是典型的因为婚前性行为造成的内疚与自责，心理无法摆脱自责的感觉。当欲望的潮水袭来时，要用理智战胜脆弱的情感。儿童心理学专家曾做过“延迟满足”的实验，告诉被试如果选择等待，将能够获得更多的奖赏比如糖果，而即时满足只能获得极少的奖赏。随着年龄的增长，儿童会主动选择延迟满足。这对爱情中的性也是合适的，只有学会延迟满足，才能为将来的生活打开一扇幸福的大门。

一、大学生常见的性心理问题

(一)性方面的困惑和问题

1. 与异性交往不适的困扰

在青春期，如果没有与异性的交往，不仅生活单调乏味，而且会在一定程度上影响到个性的成熟和社会适应能力的养成。但是，一些大学生在实际的交往过程中，却存在着种种困惑与问题。

有部分大学生由于传统观念的影响，头脑中还残存着一些男女授受不亲的封建观念。有的大学生认为男女之间除了谈情说爱，是不可能有真正的友情的。还有的大学生由于性格内向、缺乏自信而不敢与异性交往。所以，他们不积极与异性交往，久而久之就变得害怕与异性交往，紧张与羞怯使其在交往中局促不安，严重者会产生异性恐惧症。

还有一部分大学生，在与异性交往的过程中，受西方性观念和性思潮的影响，随意放纵的倾向较严重。他们认为谁与异性交往得更广泛频繁，谁就更“有魅力”，更有“本事”。于是，他们往往不分对象不加选择，轻率地与各种类型的异性交往。有的大学生使用不适当的方式，甚至采取性挑逗等手段与异性交往。这种异性交往的观念与态度最终会使他们陷入两难境地，严重地影响他们自身的心理健康。

2. 性爱焦虑心理

大学生恋爱焦虑心理源于对待性爱问题深刻的矛盾心情和冲突心理。据了解，66.6%的男大学生和77.7%女大学生出现不同程度的性爱焦虑。他们不知该如何处理性爱生理成熟与心理需求增长之间的矛盾；不知该如何对待情爱发展与尚未经济独立、求学成才之间的矛盾，表现为苦恼、烦躁不安、厌恶感和紧张感。大学生恋爱焦虑心理的主要引发因素如下：

(1)性意识的困扰，即对性意念处理不当而引起的烦恼。许多同学因性知识缺乏，性教育不当，而将性意识表现与觉醒，如性幻想、手淫等看作罪恶，产生严重的“自我道德谴责”，越想让自己不去想这些问题，结果越适得其反，陷入痛苦的不安之中。有的同学因第二性征的体征状态不如己意，希望改变，又不遂人意，很难将它改变时，就出现了深刻的焦虑与烦恼。

(2)陷入婚恋认识误区。有的同学曾经有过性伤害或性过失的经历，而在心灵上留下较深的烙印，而当再次面临情爱问题时，由于调适能力差，他们既渴望通过某种形式的爱去战胜自己的孤独感，又担心自身“不洁”而失败，处于困惑的极度压抑之中，在婚恋观上形成种种焦虑的自我否定评价。

(3)面临情感问题的困难选择。在恋爱动机和需要、理想与现实“两极”选择的情景下，他们因不知如何才能做出一种比较理想的选择而思虑万千，顾虑重重。如有的同学因没有异性朋友，无人赏识而产生心理压力，但又因担心恋爱影响学业，学校家庭不能认可而焦虑不安。需要指出的是处在青春期的大学生都有过不同程度的性爱焦虑心理，但并非所有的焦虑都是病理性的。有的焦虑随着时间推移与认知提高而自动消失或转移。有的焦虑在一定的家庭、社会、教育管理者等引导下也能得到自控与转移，对大学生身心没有造成太大的危害。但比较严重和持久的焦虑，对大学生学习、生活造成影响往往是深刻的，应细微观察、高度重视，并积极寻求心理治疗。

3. 性行为失当的困扰

大学生的性行为失当主要是边缘性性行为和婚前性行为。大学生边缘性性行为和婚前性行为的发生率有不断升高的趋势。边缘性性行为包括游戏性性交、接吻、拥抱、抚弄性器官等。这些性行为，如果不能得到较好的控制和应对，久而久之就会导致心理的困扰和心灵的伤害。相关资料显示，有边缘性性行为的学生中，约1/4的男生和1/2的女生在

之后一段时间会出现心理不安、烦恼、自卑、自责、恐惧反应等，严重地影响到他们的正常学习、生活和交往。

大学生的婚前性行为一般有三个特点：一是突发性，往往在无心理准备的情况下突然发生；二是自愿性，而又非理智性。青年学生大多在自愿而又不理智的情况下发生性行为；三是反复性，一旦防线冲破，便可能反复发生。大学生出现婚前性行为，常为社会、家庭和道德所不容，容易引起心理困扰，不仅有认识、观念上的困惑与自我矛盾，还可能动摇其自我评价和对未来的信心。特别是未婚先孕会给女生带来更大的身体上和精神上的痛苦。据调查，在婚前性行为的学生中，事发之后，陷入心理上严重不安、自我否定、恐惧焦虑等情绪的男女学生均占到 82. 2%，对该性行为持有害评价的男生占 37. 0%，女生占 82. 2%。可见，在大学阶段发生性行为是一种对当事人心理影响产生严重后果并极易导致社会问题的有害行为，应引起大学生的高度重视。

大学生已进入青春期晚期，性生理与性心理已基本上发育成熟，伴随而产生的性欲望及性冲动等性需求是一个健康、正常人自然和本能的需求，在漫长的“性等待期”里一定要加强对性行为的自我约束能力，学会采用适当的方式对性冲动与性欲望进行释放、转移、升华以得到合理的疏导，减少由此引发的心理困扰甚至心理行为问题。

(二)常见的性心理障碍

1. 性神经症

性神经症并不是某一特定的疾病单元，而是指区别于性变态的一组心理障碍的总称。其共同特征是患者有反复陈述性器官或性功能的躯体症状，无视多次检查的阴性结果而反复要求检查，当事人具有与症状或检查不一致的焦虑、强迫思维等表现，即使症状的出现和持续与不愉快的生活事件和冲突相关联，他们也不愿探讨或否认心理病因的可能性，他们常偏执地将症状归因于躯体生物因素，迫切求助于新的药物化的医疗手段，不愿在心理和社会行为等方面做出必要的自觉努力。

2. 性别认同紊乱

性别的认同，也称性别的同一性，即男性和女性对自己的性别意识。一个男性在心理上认同自己为“男子汉”，或一个女性在心理上认同自己是“女儿身”就是性别的认同。但是，生理上的性征与心理上对性别的认同并不是一回事，如果心理上的认同与生理上的性别相背离，选择同性作为性爱对象，就出现了性别认同的紊乱障碍。

3. 恋物癖

恋物癖是指以物品或人的某一部分作为对象以引起性兴奋的性变态行为。其特点是通过与异性穿戴或佩戴的物品接触而引起性的兴奋与满足，多见于男性。如男性恋物癖者对女性的内衣、内裤、胸罩、头巾、丝袜等特别感兴趣，常常通过偷窃等非法手段获取此类物品，然后一边摸，一边手淫，以达到性的满足。有些人还把这些东西穿戴在自己身上，以获得性心理的满足。他们一方面为某种变态的性冲动所吸引，另一方面又为此蒙受种种责难，常常受到处罚，感到极大的痛苦，但往往又控制不住自己，因此一犯再犯。对于这种病症，一般的纪律性处理和法律性制裁都很难奏效，需要进行心理治疗。

4. 异装癖

异装癖是指以穿着异性服装而获得性满足的一种性变态行为。异装癖者喜欢穿戴异性的服装，把自己打扮成异性的模样，行为动作也模仿异性，以获得性的满足。他们或是将自己关在屋里，对镜自我欣赏，或是到人多的地方招摇过市，内心产生极大的快感和满足感。此类病患者以男性较为多见。

5. 露阴癖

露阴癖是指通过显露自己的生殖器或完全裸体来求得性快感的心理异常行为，多见于男性。露阴癖患者一般在偏僻场所或黑暗角落等候，当异性接近时，忽然露出自己的性器官，有的时候还进行手淫并说下流的话，从对方惊慌、害怕或羞怯的神态和惊叫中获得性欲的满足。

二、大学生性心理问题的预防与调适

（一）性心理障碍的预防

1. 认知调整，坦然面对

大学生应该努力了解青春期性生理、性心理发展变化的规律，正确认识这些变化带来的各种情绪和行为反应。这些认识包括正确看待身体的变化，愉快地接纳自己的性身份。应该认识到随着第一性征的发展成熟而显现的第二性征是非常正常的，无须为此感到害羞或不安；正确看待性意识活动，树立正确的、健康的性意识观念；正确看待性冲动和自慰行为，确立顺其自然的坦然态度。

2. 顺应变化，主动适应

在正确认识性心理发展规律的基础上，学会顺应变化，主动适应，是进行自我调节和预防性心理问题的关键。主要从以下几个方面入手：

（1）建立正确的人生观，培养远大的理想。社会道德规范与大学生的性欲望和性冲动之间的矛盾，是可以通过自身努力解决的，不要将正常的性欲望看成是实现理想的绊脚

石，而应该顺其自然，这些是可以通过注意力的转移和情感的升华来达到的。

(2)积极参加集体活动，消除紧张心理。这样有助于消除性生理和性心理发展带来的一些生理和心理上的紧张，并能有助于宣泄多余的能量，获得生理和心理上的放松，更能有助于将自身的注意力转移到集体活动中去，从活动中增强自信、扩展视野，增进心理健康。

(3)建立正常的异性交往，促进心理发展成熟。自然、正常的异性交往有助于学生的身心健康和人格发展，对其以后的婚恋生活奠定良好的基础。

3. 及时处理，合理疏导

性心理障碍是困扰大学生的常见问题，它不仅影响青少年的情绪，也影响其学习和人际交往。因此一旦发现自己存在性心理问题时应及时处理。在平时有意识地阅读一些性生理和性心理的科普书籍，有助于帮助自己消除误解，解除心理负担。还须学会找好友倾诉，在好友的帮助下认识自我。这样一方面可以宣泄自己的不良情绪，另一方面可以通过与好友交流，从他人处获得一些如何应对青春期烦恼的信息和经验。还可以通过找心理专家咨询等方法，消除心理上的困扰。心理咨询专家不仅能帮助解决具体问题，还能协助个体心理和人格的健全发展。

(二)性心理障碍的调适

1. 家庭教育与家庭治疗

改善家庭中父母、父子或母子关系。对于有同性恋倾向者，一旦出现了性变态意向和行为，其家长和家庭成员应有更多的理解和关心，而不是粗暴的拒绝与指责，最起码应该引导他们认识到性变态可能带来的严重社会后果，树立性变态是可矫治的信心，不要自暴自弃，使其确立一个实现转变性选择的强烈动机，有这个动机作基础，其后的治疗效果就很容易实现了。

2. 性别角色再教育

童年时代应注意引导孩子明确相应的性别角色，避免将父母亲有关与孩子实际性别相反的愿望投射到孩子的姓名、穿着打扮、游戏和日常生活教育等方面。避免长期只与某一性别的伙伴接触。对同性行为应给予强化；对异性化行为或不予理睬，或给予厌恶治疗；可由医生、父母或同伴作为性别角色的榜样，让其模仿学习，帮助塑造其正当的性别角色行为。

3. 行为交往与自信训练

适当的男女之间的自然交往，对于消除异性间的社交恐惧，认识自我和学会欣赏异性是有益的。

4. 厌恶治疗

对于一些重度的同性恋、露阴癖、窥阴癖等性变态，可以将药物诱发的恶心、呕吐或无害但强烈的电刺激与患者的性变态幻想或刺激联系起来，建立病人对性变态行为厌恶的条件反射。

6. 文学艺术疗法

从心理学上看，艺术是一种对未能满足的现实愿望的替代活动。无论是文学，还是音乐、美术，都具有宣泄性压抑和爱情受挫情绪的心理功能。可以通过阅读文学作品、欣赏音乐和美术作品来达到净化灵魂、促进顿悟、提升自我的精神目的。

拓展阅读

关于自慰(手淫)的正确认识与处理

所谓自慰也叫手淫，是指个体用手或其他物品刺激自己的生殖器以获得性满足的过程。性自慰时所产生的生理变化，相当于性交时的生理变化。性自慰是消除性饥渴和性烦恼的一种有效手段，是一种不涉及他人的、合法的和合乎伦理的性欲满足方式。在性医学上，适当的自慰对于克服性冷淡、不射精、缓解神经症焦虑等病理现象还具有积极的治疗作用。一些青年因为对自慰有错误的认识而背上沉重的思想包袱，焦虑不安或自卑自责，这是不必要的，或因此彻底戒除自慰习惯更是因噎废食。事实上只有那些过度的或不恰当的手淫才是有害的。对于自慰行为，我们应抱以“不以好奇去开始，不以发生而烦恼”的积极态度去对待。

三、大学生性道德标准

达拉斯·罗杰斯认为一个在性方面有教养的人，应当符合以下几点标准：具有良好的性知识；对于性没有由于恐惧和无知所造成的不当态度；性行为符合人道；在性方面能做到“自我实现”；能负责地作出有关性方面的决定；能较好地获得有关性方面的信息交流。此外，性行为还必须符合社会道德标准，即性道德标准。这是指两性关系中所应遵循的道德标准，是指导人们性行为的最基本的原则。我们评价两性关系和性行为道德的标准，主要有以下几方面：

(一)自愿原则

人们要进行性行为，必然有其目的性，如对异性形体外貌的美的追求，或企图通过肉体的接触、生殖器官的摩擦获得快感，或是为了传宗接代、生育子嗣。为达到这些目的，就必须由一个主体影响另一个主体，从而成为一种社会性行为。这样就会有双方主动或仅仅一方主动，双方愿意或仅仅一方愿意的区别。性道德的标准之一，是建立在自愿，即双方自愿的原则上。自愿的原则应有一定的范畴，就目前来说，有些青年男女受“性解放”“性自由”思潮影响，未婚即随便进行性交，虽是“自愿”，却违反了普遍的性道德原则。

(二)“无伤”原则

假如只片面强调“自愿”原则，只要两性同意，就可以随时随地发生性关系，显然也是不道德的，这里还应有个“无伤”的原则。“无伤”主要指两人之间的性行为不会损害其他人的幸福，不会对后代的健康产生不良影响，不会影响社会的安定发展。以及讲究性卫生，使性交行为不会损害自己或对方的身心健康。

婚前性行为虽然符合“自愿”原则，也无所谓伤害他人，但实际上若形成风气，无疑是对社会的一大危害。同时，这样的青年男女本身由于经常处在兴奋、紧张、担忧、沮丧等心理活动的频繁交替中，极易妨碍自身身心健康的发展。若未婚先孕，则将对自己、对孩子都造成极大的危害。所以“无伤”原则应从各方面广义理解，以维护性行为的道德准则。

(三)爱的原则

恩格斯在《家庭、私有制和国家的起源》中曾指出：“对于性交关系的评价，产生了一种新的道德标准，即不仅要问，它是结婚的还是私通的，而且要问，是不是由于爱情、由于相互的爱而发生的。”性道德的标准，只有自愿和无伤是远远不够的，人类社会之所以区别于动物性的活动，就在于人类具有超乎动物界的思想与情感，因此在性活动中具有对异性的、尤其对特定的“某一个”异性的爱情，这成为人类性道德的重要原则。

只有具有爱情的性行为，才符合性道德原则。性爱不是单指性交，它是性行为中躯体和心理感觉的有机融合。单纯为求肉体上一夜之欢的性交，很难说有什么性爱，只是为了满足性欲而已。爱本身就是一种美德，单单有性吸引的内容不足以完善，必须有精神的、智慧的因素，才能完整地表达出爱的真、善、美的本质。

(四)婚姻缔约的原则

人类社会的性道德具有明显的社会性，而社会又是充满各种规范的，性行为同样须由道德规范和法律来制约。婚姻缔约，就是道德规范在法律上的表现。两个异性之间产生爱情，即使这爱情是自愿与无伤的，也必须经过法律的程序予以认可，才是符合道德原则的。

俗话说："男大当婚，女大当嫁。"人们对两性生活的追求，应该通过婚姻这条途径去实现和得到满足。因此可以认为，性行为是婚姻的目的，婚姻是性行为的前提、手段和过程，是满足性生活中古今中外最普遍、最规范化的方式。

性心理团体辅导活动

——爱的升华

一、团体辅导活动——当爱情遇到性

二、心海沙盘——婚姻，你准备好了吗？

一、团体辅导活动——当爱情遇到性

【活动目的】

探讨婚前性行为是否合适，帮助大学生认识性行为和爱情的关系，了解自己对待婚前性行为的态度，学习对自己的性行为决策负责。

【活动内容】

1. 热身活动：体验一个奇妙的生理现象（游戏——爱的含义）。

游戏规则：

请同学伸出两手，将中指向下弯曲，对靠在一起，就是中指背靠背在一起。然后将其他的四根手指分别指尖对碰。在开始游戏之前，明确游戏过程中，五对手指只允许其中一对手指分开。

游戏过程（指导老师提示）：

请张开你们那对大拇指，大拇指代表我们的父母，能够张开，每个人都会有生老病死，父母也会有一天离我们而去。

请大家合上大拇指，再张开食指，食指代表兄弟姐妹，他们也都会有自己的家庭，也会离开我们。

请大家合上食指，再张开小拇指，小拇指代表子女，子女长大后，迟早有一天，会有自己的家庭生活，也会离开我们。

那么，请大家合上小拇指，再试着张开无名指。这个时候，大家会惊奇地发现无名指怎么也张不开，因为无名指代表夫妻，是一辈子不分离的。真正的爱，粘在一起后，是永生永世都分不开的。这就是夫妻。

做完游戏后，请大家分享在热身活动中的感受。

2. 案例引入：小芳是一名大二的女生，与男友小明恋爱一年多了。随着交往的深入，男友小明不满足两人仅限于精神层次的交往，希望彼此从身体上渴望接纳对方，于是多次向小芳提出了更进一步的“特殊要求”。按照小明的说法，他们早就应该搬出宿舍同居了，他的许多哥们都是和女朋友认识不到两个月就开始同居了。然而，小芳是个相对保守的女孩，她并不是不能接受恋爱中的男女发生性关系，只是觉得时间还太快，或者自己还没准备好。但是男友却不愿意再等了，三番五次地对小芳提出性行为的要求。终于在某一次聚会后，小芳禁不住小明的软磨硬泡，两人借着酒精的刺激有了第一次。但最近两人却感到非常恐慌，原因是小芳意外怀孕了。拿着医院的检查结果，小明也不知道要怎么办。两人都为了这事惴惴不安，经常觉得所有人都知道自己的事，但又不敢告诉任何人。小芳现在不仅出现了睡眠障碍、上课注意力不集中等症状，而且陷入了“如果今后我们分手，我该怎

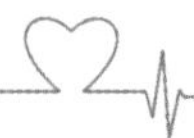

么办”的深深担忧中。

3. 根据同学对婚前性行为的态度将每个班的同学分为三个组：赞成组、反对组、中立组。

4. 指导老师引导同学们思考：婚前性行为造成女生意外怀孕，去做流产手术，对男生和女生有没有伤害？对谁伤害大？

5. 每个小组收集资料，分析婚前性行为的利与弊并说明自己的理由。

6. 组织同学针对“爱我，就给我”和“爱我，就等我”两种观点进行讨论。

7. 教师点评总结。

活动感悟

如今同居现象在大学校园里已算不得是新鲜事了。一定意义上讲，性关系有可能会增加彼此的亲密度，可是对于还在高校里学习的大学生是否有能力承担同居后的责任，是同居前要仔细思考的事情。

(1) 如果性是一个人被爱的原因，那么这种关系会维持多久？当性的吸引力逐渐趋于平淡的时候，爱还在吗？

(2) 大学生的性行为可能会给双方或某一方带来不安和担忧，这种心理压力下的爱还能保持新鲜吗？性行为的后果双方考虑清楚了吗？分手后如何面对？

(3) 同居前的准备是否已经做好？比如是否有经济能力租房，同居后的家务如何分配，发生矛盾是否有能力解决，等等。

二、心海沙盘——婚姻，你准备好了吗？

美国《纽约时报》的婚姻专家列出的婚前必问的十五个问题(表 10-1)，可以在婚前检验我们是否真的做好了进入婚姻的准备。同学们可以根据问题清单认真回答，也许很多想法能够得到澄清，这对于准备步入婚姻的男女大有裨益。但是如果四个以上的问题双方都没答案，那就要三思啦！

表 10-1 婚前必问的十五个问题

序号	问题清单	我的答案
1	我们要不要孩子？如果要，孩子主要由谁负责？	
2	我们的赚钱能力及目标是什么？消费观及储蓄观会不会发生冲突？	
3	我们的家庭如何维持？由谁来掌握可能出现的风险？	
4	我们有没有详尽地交换过双方的疾病史(包括精神上的)？	
5	我们父母的态度有没有达到我们的预期？他们会不会给予足够的祝福？如果没有，我们该如何面对？	
6	我们有没有自然、坦诚地说出自己的性需求、性偏好及恐惧？	
7	卧室能放电视机吗(泛指一切生活习惯上的差异，如养宠物意见不一，口味不一样，一个爱收拾一个乱)？	
8	我们真的能倾听对方诉说，并公平对待对方的想法和抱怨吗？	
9	我们清晰地了解对方的精神需求及信仰吗？我们讨论过孩子将来的教育模式和信仰问题吗？	
10	我们喜欢并尊重对方的朋友吗？	
11	我们能不能看重并尊敬对方的父母？我们有没有考虑到父母可能会干涉我们的关系？	
12	我的家族最让你心烦的事情是什么？	
13	我们永远不会因为婚姻放弃的东西是什么？	
14	如果我们中的一人需要离开其家族所在地陪同另一人到外地工作，做得到吗？	
15	我们是不是能充满信心地面对任何挑战使婚姻一直往前走？	

活动感悟

王子和公主的梦醒时分

单身男女在经历等待后遇到属于自己的意中人，像童话中的王子找到了公主。两个人如胶似漆，似乎只要有爱情就可以天荒地老，正所谓“有情饮水饱”。在盛大的婚礼后，“王子和公主从此幸福快乐地生活在一起”，可现实中的婚姻才刚刚开始。婚前对婚后的生活期望过高，过度脑补“对方的好”，进入婚姻后发现并非如此，两相对比之下容易产生心理落差。能否卸下华衣洗手做羹汤，能否放下手机和对方唠唠嗑，能否为了关照家庭而割舍一部分自我，能否把对对方100%的期望降低，都能影响婚姻的幸福程度。此时的王子和公主需要放弃不切实际的幻想，开始面对婚姻中点点滴滴的平实生活。

绚烂的爱情化为平淡的生活，相互适应是婚后相当长时间内的生活主题，所以婚前称作“谈恋爱”，婚后叫作“过日子”。恋爱是两个人的事，结婚是两个家庭的事；恋爱要处理的只有两个人的关系，婚后要处理的除了夫妻关系，还有婆媳关系、翁婿关系以及亲戚关系，或许还有更为复杂的大家族的关系。因此，恋爱阶段的“两性之好”变成了婚姻中的“两姓之好”。

第十一章　珍爱生命

——大学生生命教育

本章知识图谱

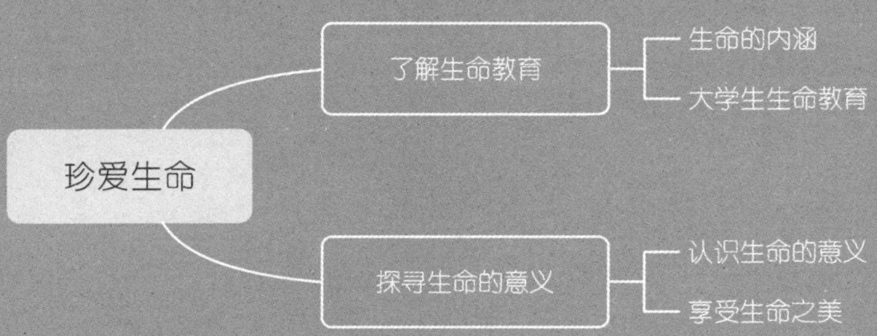

本章学习目标

1. 理解生命的内涵。
2. 了解生命教育的内容、目的和功能。
3. 认识生命的意义，树立正确的生命观。
4. 培养积极思维，提升生命价值。

第一节　了解生命教育

心理讲堂

昏暗的教室里，电子大屏幕上闪动着各种急救器械的画面，生命监测仪不停地发出“滴滴”的提示音。讲台下，学生不时地啜泣着。“好，现在，我们请专业医务人员为我们演示遇到急需抢救人员时如何进行CPR(心肺复苏术)。”讲台上的老师关闭了视频，大声地讲道。这一幕并不是在医学院校的专业课堂，而是在某普通高校一节“沉浸式”的生命教育课上，老师正在为同学们播放大型医疗急救纪录片《人间世》中的某个片段，并现场进行CPR(心肺复苏术)的普及宣讲。

我们忌讳在一切场合谈“生死”，不仅因为关于“生与死”的话题“过于沉重”，还因为谈这个话题，多少带着点“晦气”与“不吉利”。所幸的是，这一问题已经引起不少教育工作者的重视。上面这堂课，就是一个很好的例证。

(资料来源于网络，有删改)

一、生命的内涵

生命是大自然的神奇现象，生命的存在是世界上一切存在物中最宝贵的存在，世界因生命而富有活力、富有生气，没有生命的世界，就是死寂沉闷的世界。生命的概念，不是从单一学科上能够界定的，既有生物学意义上的自然生命，又有社会学意义上的社会生命，还有文化学意义上的文化生命。不同的学科对生命概念的理解都有自身的特殊性。从心理学的角度来说，人的生命是人的生理、心理、社会属性的复杂的统一体。

(一)生命通过追求本真的意义而实现发展

追寻生命的意义是生活的本性。人的生活过程就是生命的存在和延续过程，生活本身就是价值的生产、创造和享受过程。可以说，人的生活即人的生命求得意义的活动。在追求意义中，生命实现超越与升华。追求生命的意义是一个过程，而不是一个结果。这个过程表现为人对自己生活的审视，对自我的审视，考虑自己要成为一个什么样的人，什么样的理想值得去追求。在这样的追寻过程中，就把握和理解了生命的意义。生命本身不是最高或终极的价值，我们每个人享有生命是为了实现生命的意义。

（二）生命在自主的生活中实现生命价值

阿德勒曾说：“人们并不是命运的牺牲品，而是自主的、有选择权和创造力的人，人们的行为是有目标、有意义的。”生命表现在生活中，过什么样的生活是我们自主选择的。人们常常说为了生活，这些就是最基本的生命价值，有人常常找不到活着的价值，只要你能够活着，就存在生活的价值。这只是人的生命价值的一个构成部分，并不是全部的生命价值内容，但也是最基本的一个方面，只有先实现了人的生活价值，其他的生命价值才能得以实现，否则一切都是空谈。

（三）生命是共生的

在《关于费尔巴哈的提纲》中，马克思指出：“人的本质不是单个人所固有的抽象物，在其现实性上，它是一切社会关系的总和。”人类天生是合群的社会动物，每个人都生活在一定的社会关系之中，都是统一的社会关系之网上的一个网结，不存在脱离群体脱离一定的社会关系或不与他人发生任何社会联系的绝对孤立的个人。由此可知，生命是休戚与共的，没有一个生命是绝对单独生存的，而是与其他生命共生的。共生意味着对世界、对他人、对他物的关怀。“人们只有为同时代人的完美，为他们的幸福工作，才能使自己也达到完美。”也就是说，人们要使周围的人感到幸福，就必须为社会的发展和大多数人的幸福做贡献。如果一个人仅仅过一种自私自利的生活，不仅在道德上不是高尚的生活，而且其生命价值是非常有限的，这样的人生也没有任何意义。

（四）生命是追求幸福的

生命是以生活的幸福为取向的。幸福源于旺盛的生命，幸福感也成就了生命的价值。何谓幸福？心理学家认为，幸福，是一种心理感受，是一种内心平和与满足的感觉，是一种稳定持久的心理反应。作家毕淑敏在《提醒幸福》中写道：“世上有预报台风的，有预报蝗虫的，有预报瘟疫的，有预报地震的，没有人预报幸福。其实幸福和世界万物一样，有它的征兆。”幸福，不由外在决定，而更多地取决于我们每个人内心的感受，是我们如何与自我相处、与他人相处、与世界相处的问题。

研究证明，具有追求和充满意义的生活方式会全面地提升一个人的幸福水平和生活满意程度，并促进身心健康，减少忧郁。而具有讽刺意义的是，那些一味追求幸福的人，反而感到不幸福。很多大学生进入大学后开始盲目追求所谓的自由。睡觉、喝酒、玩游戏、逃课……一开始这些的确给大学生带来了快乐，但是这些强烈的物质刺激最终导致了生活无聊，心灵空虚，生命无价值，甚至莫名的挫败感。这些贪图一时愉悦的个体被心理学家定义为“失重者”，认为他们注定要承受抑郁和沮丧。正如著名精神病学专家和神经学专

家维克多·弗兰克也在《生命的意义》中写道："对幸福的过度追求，反而阻挠了幸福的降临。"

美国疾控中心的调查结果显示，约四成美国人并没有尽如人意的生活追求；还有四成人或者认为他们没有明确的生活追求，或者对他们的生存意义不置可否；近四分之一的美国人甚至根本没有对生存意义的感觉。读到这里，请同学们思考，你属于怎样的人？你是从生活点滴感受细微幸福的人，还是在物质刺激下迷失自我、忘记思考生命意义的人？我们应该清晰地认识到"追求幸福，并不是生命的全部意义"。幸福只是一种存在于此时此刻的情感，最终它会像其他的情感一般消散殆尽。这些积极的影响和情感上的愉悦都是转瞬即逝的。

二、大学生生命教育

何谓生命教育？生命教育的实践在全球已得到迅速发展，我国学术界对于生命教育的内涵目前存在三种观点。第一种观点认为生命教育就是指引导学生正确认识人的价值、人的生命，理解生活的真正意义，培养学生的人文精神，使他们学会过现代文明生活。第二种观点认为生命教育是通过认识生命的起源、发展和终结，从而认识生命、理解生命、欣赏生命、尊重生命，进而珍惜有限生命，建立起乐观、积极的人生观，促进学生价值观、生理心理、社会适应能力的全面均衡发展的教育。第三种观点认为生命教育就是指死亡教育，其内涵包括从生命开始、到生命过程的失落(包括各种大小失落、死亡)与哀伤，以及生命价值的省思等，教导学生了解生死真相，省思生命大义，期望能避免校园中自我伤害、不爱惜生命的事件发生，进而能够珍惜生命，发挥生命的价值。

这三种观点都渗透着生命教育就是基于人的生命规律，以生命的视角来重新审视人与自然、人与人、人与自身之间的关系，确认生命的整体性和人发展的主体作用；按照人生命成长、发展的规律和社会需求实施教育，为受教育者提高生命质量和终身幸福奠定基础的含义。

从大学生心理健康教育的角度出发，我们不妨从两个方面来理解生命教育。一是教育"生命"，即让大家认识生命，既做到珍爱自己生命，又能关爱他人生命，最终达到尊重所有生灵，敬畏生命的高度；二是"生命的教育"，即将生命意识主题贯穿于日常生活学习中，这一点对于同学们和老师们来说，都是一个更高的要求。

(一)生命教育的内容

生命教育既是一切教育的前提，同时还是教育的最高追求。生命教育应该是在充分考察人的生命本质的基础上提出来的，全面关照生命多层次的人本教育。因此，生命教育的内容应该从以下五个维度展开。

1. 人与自我关系的教育

认识自我生命的意义和价值，珍爱自己的生命，能够进行自我心理和情绪的调控，规划人生的发展，开发生命的潜能，不断地超越自我，实现自我。

2. 人与他人关系的教育

理解“人类社会是一个相互依存的共同体”以及他人的存在对自己生命的意义和价值，学会尊重他人、关怀他人，具有宽容的意识，尊重人与人之间的差异，创造一个和谐的人际环境。

3. 人与社会关系的教育

作为一个社会性的存在，个体生命首先要社会化，适应社会的要求，学会处理个人与社群、集体的关系，既要维护个人的正当权益、权利、自由，又要维护公共的道德和集体的利益，树立社会关怀和正义感。

4. 人与自然关系的教育

大自然是人赖以生存的环境，自然界的其他物种都是与人类息息相关的“朋友”。因此要具有一种民胞物与的情怀，尊重生物的多样性，珍惜周遭的自然环境，保持自然生态平衡，追求可持续发展，创造一种天人合一的境界。

5. 人与宇宙的关系教育

从终极意义上说，生命以死亡为终点。但人正因为有死亡，短暂的人生才要活出意义，所以生命教育教人思考死亡的意义，探索人类存在的价值，确立自己的人生信仰，努力创造自己灿烂的人生。同时，要认识国家、世界的伦理，关心人类的危机，树立地球村的观念。

(二) 生命教育的目的

1. 热爱生命，维护生命尊严

热爱生命，即在生活的任何一个阶段、任何一种境况下，都能够以生命为贵，珍惜生命，维护生命的尊严，以顽强的毅力和精神坚持生命的活力与理想，坚持生命的追求。但是，在生命面对挫折、困难、疾病、不幸、诱惑的严峻条件下，是否能够坚持生命的理想和尊严就是十分关键的。此外，维护生命尊严必须严肃地对待自我、对待生命的选择，这就是生命教育应该培养的生命尊严的意识。

2. 关爱生命，实现生命共生

当代社会特别注重人们自我利益的实现，这是无可厚非的。但是，生命是休戚与共的，如果我们仅仅看重自己的利益，而无视与我们共同存在的他人的生命、其他动物的生命，我们生命的境界还是有限的。因此，生命教育应当培养学生的生命共生意识，关爱他者的生命。生命必须彼此相依，因为我们有共同的、平等的生命尊严和生命权利。

3. 珍惜生命，实现生命价值

生命教育要培养大学生的生命价值意识，通过大学生容易理解和接受的形式，使其了解生命价值在生活中的表现，生活中丰富的价值追求就是生命的追求。我们要鼓励大学生以开放、达观、积极的态度处理生活中的问题，积极探索自己的生活兴趣和个性化的独特的人生目标，探寻自己人生的可能性，丰富自己的生活，美化自己的生活，提升生命品质。

在社会的公共生活领域中，通过思想、言说和行动表现自我，不仅仅是塑造自我的方式，更是一种在公共生活里面实现自我价值的方式，是热爱生命的表现。公共生活使生命的价值更具有道德性。一个人积极地参与公共生活，为公共福祉贡献自己的思想、行动，是一个人有价值的生活的表现，是生命真正有创造活力、有价值、睿智的生活方式。

4. 德化生命，实现生命幸福

生命的幸福就意味着过道德高尚的生活。以德行来提升生命，是生命弘扬自身的根本。生命通过道德追求实现自身的升华，使自身具有道德价值感，因此生命的自我塑造就体现在道德品行的自我塑造上。生命教育重要的组成部分就是通过适当的方式引导儿童追求道德价值，塑造他们的德性品质。德性品质是生命最为重要的收获，也是生命实现和谐、共生和幸福的重要条件，是一个人在生命历程中持久表现出来的个人人格品质。一个人知道什么是美好的事情，并去热爱这些美好的事情，同时尽量去做美好的事情，就是在过美好的生活，就是幸福。比如，尊重和自尊、公正与正直、关心与自爱、团结与协作、诚实与真挚、宽容与豁达、节制与勇敢、明智与智慧等德性都是生命实现价值、追求幸福必不可少的。

（三）生命教育的功能

1. 认识功能——认识自我，升华道德境界

大学生生命教育的内容覆盖大学生生活的方方面面，如生命理想教育、生命信仰教育、人生责任教育、人生幸福教育等。大学生生命教育的中心任务就是帮助学生发现自身特殊的生命意义。开展大学生生命教育，将改善现实教育中忽略生命教育的现状，从大学生的生理、心理特点和社会发展现状出发，引导大学生珍惜和热爱自己的生命，形成积极

健康的生命态度，并在此基础上实现生命的价值。

2. 激励功能——确立目标，提高学习效率

意志力消失的结果就是感觉生命失败和直觉价值的丧失。但是，当一个人意识到了他需要承受来自他人的温情，或是意识到了他需要完成他人未竟的事业，他就永远不会放弃自己的生命。因为他已经知道了自己生存的意义，所以他能坦然面对前方的任何挑战。为此，生命教育要求教育者一方面必须培养大学生树立长远目标和远大理想，使其产生使命感。另一方面，要帮助大学生规划出一个个近期明确的并完全可以实现的小目标，使其有兴趣、有信心去完成。

3. 实用性功能——张扬个性，增强就业能力

生命教育正是坚信“人人都有特殊的责任和使命，因而人人都有特殊的生命意义”，强调从实际出发，根据学生的家庭背景、个性特点、特长爱好和社会需求引导学生发现自己特殊的生命意义，制订有个性特征的职业生涯规划，并在个性发展得到充分尊重的职业教育环境下，人尽其才，各扬其长，使学生的个性、特长得到淋漓尽致的发挥。

4. 预防性功能——充实生活，促进身心健康

尼采有句名言：“知道为何而活的人，几乎能够忍受任何情形。”爱因斯坦也曾说过：“认为生命毫无意义的人不仅得不到快乐，而且很难生存下去。”当人们一旦找到了生命的意义，即使生活在最骇人的环境之下，一个人的生存适应力也会大大提高。

5. 发展性功能——获取意义，提升生命价值

生命教育要求把大学生学到的本领运用到实践中去，使学生的潜力得到更大发挥，在“为人民服务”的社会实践中让他们感受到知识的意义、人生的意义。

第二节　探寻生命的意义

心理讲堂

生命虽然都必须经历生老病死，但对生者而言，是带着微笑和尊严死去，还是在无望与恐惧里腐烂发臭，这将决定着此生的意义。如果我们能够理解这一点，我们就不难明白，满脸褶皱、身体佝偻的老嬷嬷特蕾莎为什么会被称作“世界上最美丽的女人”。

特蕾莎修女说过，不同情是最大的苦难。而成就这位修女的正是人间的苦难。她回忆曾在加尔各答看到的悲惨世界：那里有个濒死的妇人，老鼠和蛆正在啃噬她的身体。那时的特雷莎修女来到她的身边，陪着她，直至她死去。此后，一直清修的特蕾莎无法再得安宁，她走出高墙，建立“仁爱修会”，照看那些从大街上捡来的垂死的人，她陪伴他们走向死亡，看着他们微笑，并被深深感染。后来她出了名，世界各地都有志愿者前来协助。1979 年她面对庆祝盛宴黯然神伤，将其折合成钱连同奖金全数捐出。1997 年她病逝，印度为这个外国女人举行了与国父圣雄甘地一样规格的国葬。

一、认识生命的意义

人生而为人，其独特的一生就是为了追寻生命的意义。很多学生在考上大学后常常陷入人生低谷。理想和目标的缺失、大学宽松的时间管理和富有诱惑的外界环境，使得不少自制力较差的大学生很快颠覆以往良好的生活方式和学习习惯，失去人生目标。如果任由其发展而不及时引导，他们就很容易陷入惰性思想的泥淖，沉迷网络或是用其他途径寻找最直接的乐趣，沉溺其中不能自拔。更严重的可能还会出现抑郁、自闭甚至自杀等极端事件。而这些都是因为没有认识到生命的意义而造成的。

作为大学生，我们应该积极思考“人生是什么”“人究竟为什么活着”“怎样才能活得更有意义”“人应该怎样度过一生”等问题。具体而言，我们可从以下几个方面去探寻生命的意义。

（一）积极追寻生命的价值和意义

人对自身生命价值的追寻，是人不断走向成熟的标志，是人的生命力量在自身主体意识中的呈现，是人的自我意识的觉醒。人的生命价值，既是人的生命存在的价值，又是人的生活本身的意义，还是人的生命创造、生命提升和发展的指向，是人之所以为“人”的内在依据，是人立足于自身生命，创造自身生命，超越自身，使自身价值不断得以提升的生命之旅。大学生应当去主动认识、追求真、善、美的意义，使大家在意义体验、追求中肯定自我、完善自我，不断去提升生命质量，实现人生社会价值和自我意义的融合。

(二)有意识地培养自己的生命责任意识

生命是一种责任，承担和履行这种责任的过程，就是探索生命价值的过程。大学生对生命的漠视，自杀、杀他等行为其实就是缺乏一种对自己、对他人生命的责任感。在对大学生生命责任意识的培养上，大学应让学生首先自我肯定，忠实于自己，为自己的生命负责，并真诚地立足于自己的生命去寻求人生的意义。对自己的生命负责，这是一个人最起码的责任心。只有对自己人生负责的人，才可能对其他人、其他事情负责，才会珍惜生命。我们应该要知道生命是有尊严的，要善待自己的生命，并且由此推己及人，善待一切生命。大学生在尊重自己生命的同时也要尊重他人的生命，要懂得每个人都有拥有自己生命的权利，尊重他人的生命权才能保证自己生命权利的完整性。

(三)培养自身的生命信仰

信仰，是人们对其所认定的体现着最高生活价值的对象始终不移的信赖和执着不渝的追求。作为一种终极价值目标，信仰是人类精神生命的最终依托。德国著名哲学家卡西尔说过："人用以与死相对抗的东西就是他对生命的坚固性、生命的不可征服性、不可毁灭的统一性的坚定的信念。"

(四)加强对抗挫折的素质培养

大学生处于心理成熟的关键期，依赖性与独立性在头脑中共存。为了更好地适应社会，也为了自身更好地成长与发展，大学生应该有意地锻炼自己克服困难、经受考验、承受挫折的能力。因为进行生死教育，甚至生命教育的落脚点就是要提升大学生面对困难和挫折的能力，形成朝气蓬勃、昂扬向上的精神状态，学会砥砺意志、调控心理、挑战苦难，不断在实践中了解自我、改变自我、接纳自我，从而从容应对压力、竞争、选择和变化。

(五)正确认识死亡

在《自然辩证法》中，恩格斯指出，"生命是蛋白体的存在方式，这个存在方式的本质要素就在于和它周围的外部自然界的不断的新陈代谢，这种新陈代谢一停止，生命就随之停止，结果便是蛋白质的分解""一切产生出来的东西，都注定要灭亡"。由此我们可知，死亡是自然规律的体现，是自然变化流转的一个环节。史蒂夫·乔布斯在斯坦福大学2005年毕业典礼上的演讲中说过，"'记住你即将死去'是我一生中遇到的最重要的箴言。它帮我指明了生命中重要的选择"。请同学们在面对死亡问题时不必过于紧张，其实每个人面对死亡都会存在一定的恐惧心理，而适度的死亡焦虑，可以让人们正视生命的有限性，能

够更加珍惜自己所拥有的一切，在有限的生命中实现自己的价值和意义。

(六)提升自身的生存能力

我们要提高自身面对死亡威胁时的自救能力，要掌握基本的应急避险技能和生存本领，拥有较高的心理素质，能够在遭遇地震、火灾、车祸、溺水等灾难时，不慌张、不盲从，做到冷静从容地自救、互救。

二、享受生命之美

生命是一切智慧、力量和美好情感的唯一载体，失去它一切都不存在。它是任何东西都不可能替代的。人的生命价值就在于它是人类创造和实施一切价值的前提和先决条件。在探寻生命意义的人生旅途上，我们会发现生命不仅赋予了我们独特的人生，生命本身也是如此的绚烂多彩。

(一)生命“独特”之美

每个人的生命是独一无二的，这起源于几亿精子的搏杀。父母赋予你名字独一无二的含义，过去的经历打造出今天独特的你，你的所思、所想、所做、所为造就了未来的你。正是这种生命独特性的展现才让整个世界变得丰富多彩、生机焕发。青松之壮美、杨柳之潇洒、翠竹之秀丽，都是在各自一片土地上展现生命的辉煌。每个人的特性都是自己宝贵的资源和财富，我们要善于去发现属于自己的独特之美，走出自己的人生轨迹，每个人都是一道独特亮丽的风景。

(二)生命“梦想”之美

人的生命相对于苍茫宇宙来说是那么的短暂，简直是沧海之一粟。无论科技如何发达，也很难无限延伸人类生命的长度。但是我们可以充实生命的内涵、拓展生命的宽度。马活驰骋，人活梦想。一个人要有梦想才有前进的动力，只有追逐梦想生命才会更加精彩。有人说过：我们每一个人从小到老、到死，都朝着一个方向走，这就是人生之目标，不管我们会不会走，或者我们中途走入了迷径，看错了方向。而那人生之目标就是这丰富横溢的不分成败的生命。

(三)生命“坚韧”之美

坚韧可以说是生命之美的精髓。生活中难免遇到挫折和困难，拥有坚强而不轻言放弃的力量，往往能帮助我们克服困难，渡过难关。尼克·胡哲面对自己残缺不全的躯体仍然精彩地活着，李安遭遇事业低谷时不放弃心中的理想，都让我们感受到了生命的坚韧。风雨过后，眼前会是鸥翔鱼游的天水一色；走出荆棘，前面就是铺满鲜花的康庄大道。在人生的旅途中，尽管会有坎坷，会有遗憾，却不能失去生的希望。相信自己，善待自己，生活总会好的。让我们记住那句话："错过了太阳，不要哭泣，否则，将会错过星星和月亮。"

（四）生命"平凡"之美

我们生而平凡，或许只是大千世界中毫不起眼的一员。平凡的人安于平凡的生活，却在做着不平凡的努力。平凡的人以平常心待人，懂得收敛自己身上的锋芒，知道自己做人的良知和责任。平凡不是平庸，我们要学会接纳平凡，但是也要学会拒绝平庸。柏拉图说："征服自己是最大的胜利。积累平凡，就是积累卓越。"在平凡的生活中也可以有着自己不平凡的人生价值。也许，你不是浩瀚的大海，只是一条平凡的小溪，你也可以在山涧跌宕欢歌，滋润沿岸的花草，让平凡的生命变得精彩。

生命教育团体辅导活动

——生命因你而精彩

一、团体辅导活动——洞口余生

二、团体辅导活动——我的美丽人生

一、团体辅导活动——洞口余生

【活动目的】

这是一个澄清生命意义的心理游戏，不关乎正确与否，每个人在游戏中感悟着自己、体会着别人的人生。只要拥有生命，一切皆有可能。希望这个游戏能激发同学们对生命的热爱与珍惜，感悟生命的美丽，从而认识到自己生命的主控权掌握在自己手中，学习为生命负责的态度。

【活动内容】

1. 把班级成员分成5~6个人一组。每组围圈坐下，尽量缩短相互之间的距离，留一个出口；为增强气氛可以拉上窗帘，关上灯，出口处最好靠近门或窗。

2. 情景引入：有一群学生到郊外旅游，不巧遇到泥石流倾泻，全部被困在几米的地下，只有一个出口，一次只可以过一个人，而出口随时有倒塌的危险，谁先出去谁就更有生的希望。请每个人依次说出自己求生的目的及将来可能对社会作出的贡献，然后大家协商，看谁可以最先逃出，并排出次序。

3. 全体一起讨论活动过程及自己的感受。讨论的重点集中到自己能否说出将来生活的指向，听了别人的意见后自己是否有修正原有的想法，小组内以什么为标准决定逃生者的次序。

二、团体辅导活动——我的美丽人生

【活动目的】

1. 深化学生对生命有限性的认识，激发珍惜生命的情感。

2. 通过回顾和展望，引导学生理解生命的意义和价值。

3. 培养学生积极面对生活的态度，提升心理韧性。

【活动内容】

活动一：生命倒计时

(1) 导师引导学生想象自己的生命只剩下最后3分钟，请他们闭上眼睛，深呼吸，沉浸在这个情境中。

(2)随后，导师以每分钟为单位开始倒计时，让学生思考并分享在这有限的时间里，自己最想做的事情、最想见的人、最想说的话等。

(3)分享结束后，导师引导大家讨论这种体验带来的感受，让学生认识到生命的短暂和珍贵。

活动二：画出生命线

(1)准备一张白纸和彩色笔，让学生在纸上画出一条代表自己生命线的曲线。

(2)引导他们从自己的出生开始，在线上标出重要的生活事件，如入学、毕业、恋爱、工作等，并用不同的颜色表示不同的阶段或情感。

(3)完成后，让学生分享自己的"生命线"，讲述每个阶段的故事和感受。

导师总结并引导大家思考，如何在生命的每个阶段都活出自己的色彩和意义。

活动三：我的墓志铭

(1)导师向学生解释墓志铭的概念，即描述一个人一生的简短文字。

(2)让学生思考，如果自己去世后，希望别人怎样评价自己，并用简短的文字写下自己的"墓志铭"。

(3)分享时间，让每位学生读出自己的"墓志铭"，并解释其中的含义和选择这些词语的原因。

通过这个活动，引导学生思考自己的人生价值观，明确自己的人生目标和追求。

活动四：画出生命树

(1)准备一张白纸和彩色笔，让学生在纸上画出一棵树，代表自己的生命之树。

(2)引导他们想象这棵树的树根、树干、树枝和树叶分别代表什么，如树根代表家庭背景，树干代表自己的成长历程，树枝代表不同的经历和成就，树叶代表未来的可能性和希望。

(3)完成后，让学生分享自己的"生命树"，讲述每个部分的故事和寓意。

导师总结并引导大家思考，如何在生命的每个阶段都不断滋养自己的"生命树"，使其茁壮成长。

活动总结：

活动结束后，导师对本次活动进行总结，强调生命教育的意义和价值，鼓励学生珍惜生命、热爱生活、积极面对挑战。

第十二章　职场扬帆

——大学生职业心理素养

本章知识图谱

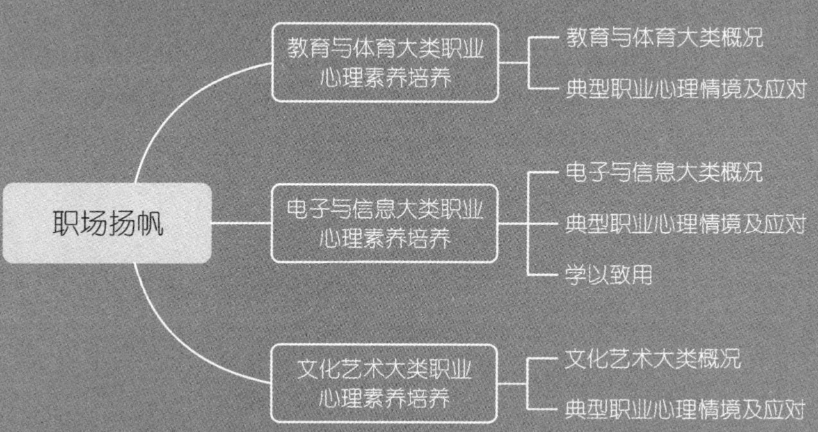

本章学习目标

1. 了解教育与体育大类、电子与信息大类、文化艺术大类职业岗位应具备的职业心理素养。
2. 了解典型职业心理情境的主要特点，理解典型工作情境的心理困扰。
3. 通过心理训练，探索典型职业情境的应对方式。

第一节　教育与体育大类职业心理素养培养

心理讲堂

王育霖，湖南科技大学黎锦晖音乐学院副院长、教授，2023年被评为湖南省首批“新时代新雷锋”。从故乡到边疆，从一个人到一群人，他是先锋志愿者，是爱的领路人。他牵头成立湖南省首支留守儿童合唱团，带领孩子们登上国家大剧院和央视春晚舞台，点亮4000余名留守儿童成长的心灯。他创立“心与馨”志愿支教服务队，带领师生远赴新疆开展义务支教，用音乐架起“文化润疆”的桥梁。王育霖是新时代“经师”与“人师”相统一的教师典范，是用音乐浸润留守儿童心灵、用爱心浇灌民族团结之花的志愿服务先锋。

高职院校教育与体育大类的学生经系统学习后，具备完善理论知识和实践应用能力，毕业后可从事中小学教师、幼儿园老师、翻译员、社会体育工作者、艺术教育工作者及特殊教育工作者等职业。为胜任这些岗位，需具备相应职业心理素养，并学习培养方法。

（资料来源：环球网，有删改）

一、高职教育与体育大类概况

（一）教育与体育大类包含的主要专业群

高职教育与体育大类主要包括语言类、教育类、体育类3类。其中，语言类包括中文、应用英语、应用泰语等16个专业；教育类包括小学语文、数学、英语、科学、艺术教育、心理健康教育等16个专业；体育类包括运动训练、社会体育、休闲体育等16个专业。

（二）教育与体育大类职业岗位应具备的主要职业心理素养

在教育与体育大类职业岗位上，从业者不仅需要具备扎实的专业知识和技能，而且应该拥有良好的职业心理素养。这些素养是支撑他们在复杂多变的工作环境中稳定前行、不断进步的关键力量。以下详细解析这些必要的职业心理素养。

1. 高尚的情操

高尚的情操是每位从业者所必备的心理品质，包括全心全意为人民服务的敬业精神，对职业的神圣使命感，以及高度的社会责任感。从业者应对自己的职业充满自豪感和荣誉感，将个人发展与国家、社会的需要紧密结合，以实际行动践行社会主义核心价值观。

2. 完整和谐的人格

完整和谐的人格对于从业者来说至关重要。他们需要具备良好的性格特征，如活泼开朗、热情待人、正直无私等；同时，还需具备较高的综合素质，包括文化素养、道德品质、审美情趣等方面。积极乐观的心态能够帮助从业者面对工作中的困难和挑战，保持积极向上的精神状态。

3. 稳定乐观的情绪

稳定乐观的情绪是教育与体育大类职业岗位的从业者必须具备的一项心理素养。在日常工作中，从业者需要面对各种复杂多样的服务对象，如学生、家长、同事等。因此，他们需要善于控制情绪和不良心境，避免浮躁和脾气暴躁。对复杂多样的服务对象保持积极态度，有助于建立良好的人际关系，提高工作效率。

4. 良好的思维品质

良好的思维品质是从业者不可或缺的心理素养，包括深刻性、灵活性、批判性、敏捷性和独创性等思维品质。从业者需要具备深入分析问题、灵活应对变化、批判性思考、快速作出决策及创新性地解决问题的能力。这些思维品质有助于他们更好地适应教育与体育大类职业岗位。

5. 人际沟通能力

人际沟通能力是教育与体育大类职业岗位的从业者必须掌握的能力。他们需要根据不同的情境和对象特点调整自己的认知和技能，运用有效的沟通行为传递知识和技能。这要求从业者具备敏锐的洞察力、丰富的语言表达能力和良好的倾听能力。

6. 团队协作精神

团队协作精神是教育与体育大类职业岗位的从业者不可或缺的心理素养。在团队工作中，成员之间需要相互合作、互帮互助，以实现团队的最大工作效率为目标。从业者需要愿意为团队目标奉献自己，积极参与团队活动，与团队成员共同解决问题、达成目标。团队协作可以发挥每个人的优势，提高整体工作效率和质量。

教育与体育大类职业岗位的从业者需要具备高尚的情操、完整和谐的人格、稳定乐观

的情绪、良好的思维品质、人际沟通能力和团队协作精神等职业心理素养。这些素养将有助于他们在工作中更好地发挥自己的专业知识和技能，为教育事业和体育事业的发展做出更大的贡献。

二、典型职业心理情境及应对

(一)职业倦怠困扰心理情境

1. 典型工作情境描述

某天午饭时间，豆豆跟平时一样自己在吃饭，在吃到一半的时候对西西老师说："老师，我吃完了，我要喝汤。"因为接到过豆豆父母的嘱咐，中午必须让她吃完一碗饭，所以西西老师对她说："豆豆，你先把饭吃完了再喝汤。"豆豆说："不，不，不吃了，要喝汤。"西西老师说："妈妈说的必须吃完一碗饭才能喝汤。快，吃了饭老师就舀汤喝。"这时候，豆豆突然大哭起来："呜呜呜，我不吃了，不吃了，我就要喝汤。"不管西西老师怎么和她说，她就是一个劲地强调自己不要吃饭，要喝汤。西西老师让她不要哭闹了好好说话，她也不听，一直哭闹不止。

西西老师面对哭闹不已的豆豆和注意力分散的学生，感到很挫败。豆豆一旦在自身需求得不到满足的情况下，就会想用哭的方式来解决问题，并且她在哭闹的期间是不会遵守老师的任何要求，只会反复强调自己想要干什么、自己想要得到什么，希望借用哭来达到自己的目的；并且老师与她多次讲道理只会更刺激她的激动情绪，导致哭闹行为一发不可收拾。

2. 典型心理困扰的表现

西西老师遇到的心理困扰，是工作中常见的职业倦怠问题。在现代社会中，教师职业是一个充满挑战和责任的职业，然而，一些幼儿教师却面临着职业认同感低、身心失调及行为懈怠等诸多问题。这些问题不仅影响了教师个人的工作积极性和心理健康，也制约了幼儿教育的质量和发展。职业倦怠困扰的具体表现如下：

(1)职业认同感低。职业认同感低是幼儿教师面临的一个普遍问题。教师的职业认同感主要源于学生的成就和全面发展。然而，在幼儿教育中，由于幼儿的年龄特点和学习方式的特殊性，教师往往难以在短时间内看到明显的教育成果。此外，幼儿教师的工作内容相对单一，重复性强，缺乏创新和挑战，这也使得一些教师感到工作缺乏意义和价值。在这种情况下，教师容易对自己的职业选择和价值质疑，从而导致职业认同感降低。

(2)身心失调。幼儿教育是一项需要高度专注和耐心的工作，教师需要在长时间的工作中保持高度的警觉和精力。然而，由于幼儿的个体差异较大，教师需要针对每个孩子的不同特点和需求进行个性化的教育。这需要教师投入大量的时间和精力，导致他们经常处于脑力与体力劳动并存的状态。此外，教师还需要承担自编教材、制订个性化方案等多项任务，这使得他们的工作负担更加沉重。长期下来，教师容易出现心理疾病和情感疲劳，甚至导致身心健康问题的出现。

(3)行为懈怠。由于长期面临工作压力和身心疲惫，一些教师逐渐失去了对工作的热情和活力。他们开始敷衍了事，对待工作不再认真负责，甚至出现了个人发展停滞等现象。这不仅影响了教育质量，也损害了教师的形象和声誉。

幼儿教师的职业认同感低、身心失调及行为懈怠等问题不容忽视。我们需要从多个方面入手加以解决，以提高教师的工作积极性和教育质量，为幼儿的全面发展提供更好的保障。

3. 职业心理素养的培养

西西老师一想到自己在学前教育专业学习期间许下的愿望——要好好地帮助幼儿和家长们，就觉得自己不能轻言放弃。那么，应该如何应对职业倦怠心理，培育职业心理素养呢？具体可从以下四个方面培养。

(1)提升工作价值感。学前教育教师们面对的是尚未懂事的孩子，但这些孩子的未来将直接关系到国家的发展和社会的进步。教师们在日复一日的教学中，不仅传授着知识，而且在无形中影响着孩子们的性格形成、价值观塑造及行为习惯的养成。他们的辛勤付出，让孩子们在受教育的过程中不断取得进步，从而为社会培养出更多有素质、有能力的人才。为了提升工作价值感，教师们应不断充实自己的专业知识和教学技能，通过参加培训、阅读相关书籍、交流教学经验等方式，不断提高自己的教育教学水平。同时，他们还应积极寻找工作中的乐趣，发现每一个孩子的闪光点，从而更加珍惜和热爱自己的职业。

(2)增强教师角色适应能力。由于幼儿年龄较小，他们的情绪常常波动较大，因此，教师需要学会与幼儿的相处，能够妥善处理各种突发状况。此外，教师还应培养自己的兴趣爱好，劳逸结合，以保持良好的身心状态。在面对现实困境时，教师应积极调整心态，接受现实并努力改变状况或积极应对困境。

教师的角色应该是多元化的，包括品行塑造者、健康指导者、情感支持者等。因此，教师应不断拓宽自己的角色定位，以适应不同情境下的教育需求。同时，教师还应具备专业化和职业化的素养，能够熟练掌握并运用各种教育教学方法和技巧，为幼儿的全面发展提供有力支持。

(3)合理规划职业生涯。根据卡茨(Lilian G. Katz)的四阶段理论，教师的职业生涯可以分为求生与发现期、巩固期、更新和生涯挫折期、生涯稳定期。在每个阶段，教师都会面临不同的挑战和机遇。因此，教师应准确把握各阶段的特点，科学规划自己的职业生涯。在求生与发现期，教师应注重自我探索和发展，寻找适合自己的教学方法和风格；在巩固期，教师应不断巩固自己的专业知识和教学技能，提高教育教学质量；在更新和生涯

挫折期，教师应积极面对困境和挑战，寻求新的发展方向和突破点；在生涯稳定期，教师应保持平和的心态和稳定的工作状态，为幼儿的成长提供持续的支持和帮助。

(4)培养职业素养。幼儿园教师作为幼儿的启蒙者和引导者，应具备爱心、耐心、细心和恒心等品质。他们应始终保持乐观向上的精神状态，热情开朗地对待每一个孩子。同时，教师还应具备较强的亲和力和良好的沟通技巧，能够与孩子们建立良好的师生关系。在面对挫折和困难时，教师应具备强大的抗挫折能力和自我调适能力，能够保持平和的心态并积极寻找解决问题的方法。此外，教师还应注重因材施教，尊重每个孩子的个体差异和特殊需要，为他们提供个性化的教育和指导。

提升工作价值感、增强教师角色适应能力、合理规划职业生涯、培养职业素养是学前教育行业教师必须关注和努力的方向。只有这样，他们才能更好地履行自己的职责和使命，为幼儿的成长和发展贡献自己的力量。

(二)自我意识困扰心理情境

1. 典型工作情境描述

在彩虹幼儿园的一间明亮的教室里，张悦老师正在组织孩子们进行音乐活动。突然，一阵尖锐的哭声打破了原本和谐的气氛。原来，是小二班的小华在与其他小朋友玩球时不慎摔倒，头磕在了硬木地板上。张悦老师立即放下手中的乐器，奔向小华身边。她看到小华眼角有血迹，赶紧将小华抱起，送往幼儿园的医务室。经过医生的初步检查，发现小华额头有轻微的擦伤，并建议送往附近的医院进行详细检查。

在送医途中，张悦老师不断安慰小华，并通知了他的家长。在医院，医生诊断小华只是轻微的擦伤和轻微的脑震荡，没有大碍。

然而，赶到医院的彩虹幼儿园园长严肃地指出了张悦老师在活动过程中的疏忽，并指出她没有尽到照顾每一个孩子的责任。园长对张悦老师进行了严厉的批评，并决定扣除她当月的绩效奖金，取消她的年度优秀教师评选资格。

面对园长的批评和惩罚，张悦老师感到十分委屈和失落。她回想起自己为了孩子们的音乐启蒙付出的努力和心血，却因为这次意外而遭受了如此严重的打击。她感到自己的工作价值被否定，开始质疑自己是否适合从事这份工作。

然而，在沮丧和失落之余，张悦老师也想到了自己与孩子们之间的深厚感情。她想起了孩子们纯真的笑容和他们对音乐的热爱，这些美好的回忆让她重新找回了对工作的热爱和信心。她决定放下心中的不满和抱怨，积极面对这次的挫折和挑战。她相信自己一定能够从中汲取教训，不断提高自己的教育水平和管理能力，为孩子们创造更好的成长环境。

2. 典型心理困扰的表现

在职业岗位上，张悦老师所经历的喜与忧、好与坏，往往交织成一幅复杂的心理画卷。

她的心理困扰主要是职业自我意识问题，具体表现如下：

（1）职业身份认同不足，价值感偏低。幼儿园教师的工作往往被视为一种平凡、日常甚至只是照看孩子的工作，这种社会认知导致幼儿教师的专业身份和价值感被低估。张悦老师在工作中也感受到了这种压力，她开始质疑自己的专业能力和价值，担心自己不如其他教师，自我评价逐渐降低。她对于幼儿教师这份工作的意义和价值产生了迷茫，不清楚自己的付出是否得到了应有的回报。

（2）职业满足感匮乏。对于热爱幼儿教师职业的人来说，工作的动力来源于内心的热爱和主动的追求，这能够带来强烈的职业幸福感。然而，对于张悦老师而言，她可能出于某些原因而对这个职业缺乏足够的热爱，或者在工作中遇到了挫折和困难，导致她的职业满足感匮乏。特别是在经历了幼儿安全事件后，她对自己的工作能力和态度产生了怀疑，害怕再次犯错，这种担忧和不安让她难以体验到工作的幸福感和满足感。

（3）心理调节能力与抗挫折能力较弱。每个人的心理承受能力和调节机制都各不相同。在面对职业压力和挫折时，张悦老师表现出了较弱的心理调节能力和抗挫折能力。她不能很好地处理来自园长的批评和指责，开始质疑和否定自己之前的努力和付出，这种消极的心态让她难以客观地看待工作中的得失。她需要学会调整自己的心态，增强自己的心理调节能力和抗挫折能力，以更好地应对工作中的挑战和压力。

3. 职业心理素养的培养

职业心理素养的培养对于每位教育工作者来说都是至关重要的。张悦老师可以通过以下几种方式来调整自己的心理变化，进一步提升职业心理素养。

（1）客观全面地认识自我，积极提升职业价值感。应通过自我反思、记录工作日志等方式，深入了解自己的优点和不足，从而有针对性地提升自己的专业技能和知识水平。同时，与资深教师、学校领导等交流，倾听他们的经验和建议，有助于更好地认识自己的职业定位和发展方向。

（2）提升自我满足感，培养职业道德、职业素养和敬业精神。应积极参与各类教育教学活动，努力发掘工作中的乐趣和美好，从而更加热爱自己的职业。同时，应时刻保持一颗感恩的心，珍惜工作中的每一个机会和挑战，努力提高自己的工作满意度和成就感。

（3）提高自我调节能力，确立合理的职业抱负，锻炼坚强的意志品质。在面对工作压力和困难时，应学会运用积极心理防卫机制，如寻求支持、调整心态等，以保持良好的心理状态；还可以通过制订明确的职业规划和发展目标，激发自己的内在动力，不断追求更高的职业成就。

（4）培养豁达热情的职业素养。应以身作则，用自己的言行影响幼儿，传递正能量和关爱。在与幼儿的互动中，应展现出耐心、细心和爱心，关注每个幼儿的成长需求，为他们提供个性化的教育支持。

（5）培养良好的人际沟通能力。应主动与同事、家长、幼儿等多方进行沟通交流，了

解他们的需求和期望，积极寻求合作和支持。在沟通过程中，应保持开放的心态，善于倾听和理解他人的观点，从而建立和谐的人际关系，共同推动教育事业的发展。

通过客观全面地认识自我、提升自我满足感、提高自我调节能力、培养豁达热情的职业素养、培养良好的人际沟通能力等方面的努力，我们可以不断提升职业心理素养，为幼儿的成长以及教育事业贡献自己的力量。

(三)情绪困扰心理情境

1.典型工作情境描述

李明一年前毕业于某艺术学院美术专业，怀揣着对艺术教育的热情，他加入了一家知名的幼儿园，担任艺术课老师。他希望通过自己的努力，激发孩子们对艺术的热爱和创造力。

在一次绘画课上，李明正引导孩子们用色彩和线条表达自己的想象。然而，就在这时，教室里突然传来了一个孩子的哭声。大家的目光都转向了坐在角落的小丽，她正捂着自己的右手，眼泪止不住地流。李明急忙走过去查看，发现小丽的右手被画笔划了一道浅浅的伤口。原来，在绘画过程中，小丽旁边的同学不小心碰到了她的手臂，导致画笔划伤了她的皮肤。虽然伤口不深，但小丽显然受到了惊吓。她的妈妈闻讯赶来，看到女儿受伤，心疼不已，开始责怪李老师没有看管好孩子们。

幼儿园园长也找到了李明，批评他在课堂上没有尽到应有的监管责任，并提醒他要多向有经验的老师学习。李明感到十分委屈和焦虑，他觉得自己已经尽力了，但还是出现了这样的意外。他开始怀疑自己的教学能力和管理能力，担心园长和家长们对他的评价会因此降低。

在接下来的几天里，李明的情绪一直很低落，他无法像以前那样全身心地投入教学中。他担心自己的表现会影响到孩子们的学习体验，也害怕自己会被幼儿园解雇。

2.典型心理困扰的表现

李明因工作不顺产生情绪困扰，包括焦虑、自卑和抑郁。具体表现为：面对工作突发情况沟通不畅，担心领导看法影响工作稳定性；被领导建议向同事学习，产生自卑心理；使用消极心理防御机制，导致抑郁情绪。

3.职业心理素养的培养

职业心理素养的培养对于个人的职业发展和工作表现具有至关重要的作用。以下是一些具体的建议，旨在帮助大家全面提升自己的职业心理素养：

(1)学会觉察自己的情绪。在工作中，我们难免会遇到各种困难和挑战，这时往往会产生消极情绪。我们不必害怕或逃避这些情绪，而是要学会允许它们的存在，并与它们共

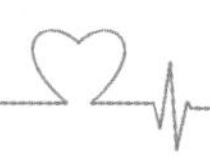

处。通过正念、静心等方式，我们可以更深入地了解自己的情绪，认识自己的情感需求，从而更好地应对工作中的挑战。

（2）学会表达情绪。学会表达情绪有助于我们更清晰地认识自己的情绪状态。同时，我们还可以通过社会、心理支持系统来诉说自己的情感，与同事、朋友或家人分享自己的感受。此外，加强与领导的沟通也是非常重要的，通过向领导表达自己的困惑和需要，我们可以获得更多的理解和支持。

（3）学会缓解情绪。面对各种压力和挑战，我们时常会感到紧张、焦虑，从而影响我们的身心健康和工作效率。因此，寻找有效的情绪缓解方法变得尤为重要。在这里，我们可以采用多种方法，帮助我们缓解紧张和压力，使身心得到放松和恢复。身心放松法是一种非常实用的方法。通过深呼吸、冥想、瑜伽等，我们可以让身体和心灵逐渐放松下来，减少焦虑和压力。这种方法不仅可以缓解情绪，还可以提升我们的专注力和思维能力，使我们在工作中更加高效。除了身心放松法，观看喜剧影片也是一种有效的情绪调节方式。喜剧影片往往能够带来愉悦和轻松的感觉，引发我们的欢笑，帮助我们暂时忘却烦恼和压力。亲近大自然也是一种非常好的情绪调节方法。在大自然的怀抱中，我们可以感受到宁静和美好，使心灵得到放松和滋养。此外，音乐疗法、食物疗法、运动疗法及认知调控法等方法也各具特色，可以帮助我们有效地缓解情绪。音乐具有独特的疗愈力量，通过聆听舒缓的音乐，我们可以让心情变得平静和愉悦。食物疗法是通过摄入一些具有舒缓作用的食物，如巧克力、香蕉等，来调节情绪。运动疗法是通过运动来释放压力，提升情绪状态。认知调控法是通过调整我们的思维方式、改变我们对压力和挑战的看法，来减轻情绪负担。

这些方法各具特色，我们可以根据自己的喜好和实际情况选择适合自己的方法。同时，我们也要认识到，情绪管理是一个长期的过程，需要我们不断地学习和实践。只有掌握了有效的情绪管理方法，我们才能更好地应对生活中的各种挑战，保持身心健康，提升工作效率。

（4）培养职业素养。这是提升职业心理素养的关键。我们需要以学生为本，因材施教，不断提升自己的职业自信心。同时，我们还需要向“服务型”“学习型”“创新型”人才转变，不断提升自己的综合素质和能力水平。通过不断学习和实践，我们可以赢得社会的认可和尊重，实现个人职业价值的最大化。职业心理素养的培养是一个长期而持续的过程。我们需要学会觉察自己的情绪、学会表达情绪、学会缓解情绪并培养职业素养，以全面提升自己的职业心理素养。只有这样，我们才能在职场中更好地应对挑战、发挥自己的潜力，实现个人和组织的共同发展。

学以致用

案例分析

张老师是一位拥有十五年教学经验的高中数学教师。随着学校对教学质量要求的提高，张老师感受到了前所未有的工作压力。他不仅要完成日常教学任务，还要参加各种教学研讨会和竞赛活动，准备各种教学材料和考试试卷。这种压力让他感到疲惫不堪，甚至有时会出现失眠和食欲不振的情况。最近一年，张老师开始在课堂上表现出过度的紧张和焦虑。他担心自己的讲解不够清晰，担心学生无法理解他的教学内容。这种焦虑导致他频繁地重复解释同一个问题，甚至有时在课堂上突然中断，忘记接下来要说什么。张老师与同事之间的关系变得紧张。他常常怀疑同事在背后议论他，质疑他的教学能力。这种怀疑让他在与同事交流时显得过于敏感和防备，进一步加剧了人际关系的紧张。

张老师开始怀疑自己的教学能力和价值。他觉得自己无法胜任教师这个职业，无法为学生提供高质量的教学。这种自我怀疑让他在课堂上更加紧张和焦虑，形成了恶性循环。

你能帮到张老师吗？请为张老师支支招。

想想做做

学习了本节知识后，请你认真思考总结：作为教育与体育大类职业岗位的从业人员，你应该具备哪些职业心理素养？如何培养此类职业岗位的职业心理素养？请为自己制订一份详细的职业心理素养培育规划书。

第二节　电子与信息大类职业心理素养培养

心理讲堂

大国工匠池昭就

一双手，粗壮有力；一双眼，炯炯有神……锉、削、磨、抛，他处理的模具、工装及柴油发动机零件，误差仅0.005毫米。眼前这位工龄29年的老钳工，是广西玉柴机器股份有限公司模具钳工首席技能大师兼先进成型技术与装备国家重点实验室副主任池昭就。他的这份本事，没人不佩服。咋练的？“刚入行，拿到一大摞模具图纸，让我一头雾水。”当时，资料有限，池昭就跑遍整个玉林，也只找到一本模具图册。他白天看图纸，晚上学图册，跟着技术员在学中干、在干中学，逐渐入门。

1999年，他第一次被公司评选为劳模。加班簿上，写满400多条加班记录……“钳工要想走得远，手上功夫须过硬。”池昭就用锉刀、钢锯、扳手、虎钳，进行划线、錾削、攻丝、研磨，指纹都磨平了，终于首创玉柴钳工“三精一法”——精密测量技能、精密钻铰孔技能、精确锉配招式和独有的工艺技法。

大国工匠钟福洪

执着专注源自对“择一事，终一生”的坚守。自制的刀具轻轻一转，随着雪白的瓷泥落下，小桥下的流水再添一笔波澜。在景德镇老雕艺术馆里，江西省景德镇市御窑陶瓷研究所副所长钟福洪正在专心致志地创作。“在陶瓷上雕刻，首先要分析陶瓷的特性。”钟福洪指着正在创作的作品说，陶瓷素坯颗粒大，若掌握不好力度很容易崩裂。在素坯上雕刻，经过上色和烧制后有一定烧坏的概率，所以必须刻画得非常精细，工期也会随之拉长。

最初，钟福洪没有工具，就买来修自行车用的长锯条，尝试在陶瓷素坯上雕刻传统题材；上釉的时候，没钱买专门的工具，他就使用打农药的喷雾器代替……40年来，钟福洪将全部身心投入精进技法之中。“任何一件事，只有坚持才可能成功。”钟福洪说，“工匠成长就像堆雕，需一笔笔在坯体上不断累积。”

（资料来源：《人民日报，有删改》）

思考：你从大国工匠池昭就、钟福洪身上看到了什么精神？

一、电子与信息大类概况

(一)电子与信息大类包含的主要专业群

电子与信息大类包含的专业主要有电子信息、计算机、通信、集成电路 4 类，具体包含电子信息工程技术、物联网应用技术等 37 个专业。

(二)电子与信息大类职业岗位(群)应具备的主要职业心理素养

电子与信息大类职业岗位对我国经济的高质量发展起着重大支撑作用，因为有了它们，一些重大项目才得以实施，我国科技信息业才得以转型升级。很多“大国工匠”都从从事这些岗位的人当中产生，他们承担着国家发展的重大任务，也为“中国智造”走向世界做出了重大贡献，因此受到社会的广泛尊重。将来在电子与信息大类职业岗位就业的大学生，除了掌握一般的心理知识之外，还需具备以下职业心理素养。

1. 创新意识和品质

创新意识和品质在电子与信息大类职业岗位中占据着举足轻重的地位。它们不仅仅是创造新事物的内在动机和外在表现，更是推动整个行业不断向前发展的强大动力。在快速变化的科技领域中，创新意识和品质对于从业者来说，如同明灯照亮前行的道路，指引着他们不断追求创新、突破自我。具备创新意识和品质的从业者，能够敏锐地洞察市场需求和技术趋势，勇于挑战传统观念和方法，不断尝试新的思路和技术。他们敢于冒险，不怕失败，能够在失败中汲取教训，不断完善自己的知识和技能。创新意识和品质不仅有助于个人职业生涯的发展，而且能推动整个行业的技术进步和创新发展。

2. 开放性思维

开放性思维是电子与信息大类职业岗位的从业者必备的一种思维方式。它要求从业者能够突破传统思维的束缚，从多个角度、全方位地看待问题，从而找到更加全面、有效的解决方案。在电子与信息领域，技术的更新换代速度极快，新问题、新挑战层出不穷。具备开放性思维的从业者，能够迅速适应这种变化，不断探索新的思路和方法。他们善于倾听他人的意见和建议，乐于接受新观点、新知识，能够在不断的学习和实践中提升自己的能力。

3. 团队协作意识

团队协作意识是电子与信息大类职业岗位的从业者不可或缺的一种精神品质。在团队合作中，每个成员都扮演着重要的角色，只有大家齐心协力、共同努力，才能取得更好的成果。具备团队协作意识的从业者，能够积极参与团队活动，主动承担责任，与团队成员保持良好的沟通和协作。他们善于倾听他人的想法和建议，尊重他人的意见和贡献，能够在团队中发挥自己的优势，为团队的成功贡献自己的力量。

4. 沟通能力

沟通能力是电子与信息大类专业学生必须培养的一项关键能力。在职业岗位中，良好的沟通能力不仅有助于提高工作效率，还能促进团队成员之间的和谐关系。沟通能力包括外在技巧和内在因素。外在技巧方面，学生需要学会清晰、准确地表达自己的观点和想法，善于倾听他人的意见和建议，能够用简洁明了的语言解释复杂的技术问题。内在因素方面，学生需要培养积极、开放的心态，尊重他人、理解他人，建立良好的人际关系。为了提高沟通能力，学生可以多参加团队项目、实践活动和社交活动，锻炼自己的口头表达能力和人际交往能力。同时，也可以通过阅读相关书籍、参加培训课程等方式，学习沟通技巧和方法，不断提升自己的沟通能力和水平。

5. 责任心

责任心是电子与信息大类职业岗位从业者的基本素养之一。它体现了个人对工作的认真态度和对职责的担当精神。具备责任心的从业者，能够认真对待自己的工作，尽职尽责地完成每一项任务。他们对自己的工作成果负责，能够主动承担责任并寻求改进。同时，他们还能够关注团队的整体利益，积极为团队的发展贡献自己的力量。为了培养责任心，从业者需要树立正确的价值观和职业观，明确自己的职责和使命。同时，也需要加强自我管理和自我约束，不断提高自己的专业素养和综合能力，以更好地履行自己的职责和担当更多的责任。

6. 耐心

耐心是电子与信息大类职业岗位从业者不可或缺的一种品质。在电子与信息领域，工作往往涉及复杂的技术问题和烦琐的操作流程，需要从业者保持冷静、耐心、细致的态度。具备耐心的从业者，能够在面对困难和挑战时保持冷静，不急躁或轻易放弃。他们能够仔细分析问题、查找原因，并采取合适的措施解决问题。同时，他们还能够耐心地与同事、客户或合作伙伴沟通交流，确保工作的顺利进行。为了培养耐心，从业者需要学会调整自己的情绪，保持积极向上的心态。同时，也可以通过多参加实践活动、积累经验等方式，提高自己的专业素养和应对能力，从而更好地应对工作中的困难和挑战。

二、典型职业心理情境及应对

(一)职业定位困扰心理情境

1. 典型工作情境描述

小张，一位从某高职院校物流管理专业毕业的年轻人，五年前怀揣着对未来的憧憬和

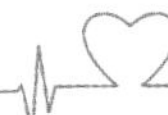

热情，成功进入了一家全国知名的电子制造企业，开始了他的仓储管理职业生涯。然而，随着时间的推移，小张渐渐感受到工作的单调和枯燥，对职业前景产生了迷茫和焦虑。在企业的仓储部门，小张的主要工作是负责进出仓库的产品和原材料的统计与上报。这份工作看似简单，但实际操作起来却需要极高的耐心和细心。由于仓库人员不多，小张常常需要独自面对大量的数据和文件，反复进行核对和记录。这样的工作流程单调而枯燥，让小张感到自己就像是一台机器，不停地重复着同样的操作。

除了工作的单调性，小张还面临着晋升困难的问题。由于企业规模庞大，晋升机会相对较少，小张觉得自己在职业发展上看不到希望。同时，由于仓库人员相对较少，小张缺乏与同事之间的交流和倾诉机会，有时感到孤独和郁闷。在薪酬方面，虽然小张的工资有所增长，但相对于他的付出和期望来说，仍然显得不足。尤其是在加班时，加班费并不高，让小张感到自己的付出没有得到应有的回报。面对这样的困境，小张开始对自己的职业定位产生怀疑。他不知道自己是应该继续在这个岗位上坚持下去，还是寻找新的职业机会。在这种心理状态下，小张感到前途无望，决定辞职。

2. 典型心理困扰的表现

小张是一名在大型电子制造企业辛勤耕耘的职场人，近年来虽然工资有所增长，但内心却愈发感到动摇和迷茫。他发现自己每天所从事的工作越来越显得单调和枯燥，职业定位似乎也变得模糊不清。这不仅是小张一个人的困境，许多和他一样的职场人，尤其是刚入职的大学毕业生，也面临着类似的职业迷茫和挑战。

(1) 未来迷茫。在快节奏的现代社会中，许多年轻人怀揣着满腔热血和激情踏入职场，期待能够大展拳脚，实现自己的价值。然而，随着时间的推移，他们渐渐发现现实与理想之间存在着巨大的鸿沟。小张就是其中的典型代表。他毕业已有五年，虽然一直在同一家企业工作，但晋升的机会却始终未能降临。他感到自己的前途一片黯淡，对于未来的方向感到迷茫和不安。

(2) 意志力不坚定。除了对未来感到迷茫外，小张还面临着意志力不坚定的挑战。在职场中，每个人都会遇到各种困难和挑战，而能否坚持下去，往往取决于个人的意志力。然而，对于一些年轻人来说，由于工作不如意、待遇不尽如人意或工作强度过大等，他们很容易产生动摇和放弃的念头。小张也不例外，他时常觉得自己无法忍受这种单调枯燥的工作，想要寻找新的机会和挑战。

3. 职业心理素养的培养

(1) 设定阶段目标，逐步迈向最终目标。这是我们在工作和生活中必须遵循的一个重要原则。设定阶段目标至关重要。在漫长的奋斗路上，我们需要将最终目标分解为若干个可实现的阶段目标。这些阶段目标不仅能帮助我们保持前进的动力，还能让我们在达到每一个小目标时获得成就感，从而激发我们继续前行的信心。为了实现这些目标，我们需要制定详细的计划，并付诸实践。

(2)保持乐观心态。在面对困难和挑战时，乐观的心态能够帮助我们看到问题的积极面，从而激发我们的创造力和解决问题的能力。同时，我们还需要积极寻找自己的兴趣爱好，并尝试将它们融入工作和生活中。这样不仅能够提升我们的生活质量，还能让我们在追求目标的过程中保持愉悦的心情。

(3)明确适合自己的岗位。在选择工作时，我们需要充分了解自己的性格、兴趣和能力，找到能够发挥自己优势的工作岗位。这样，我们才能在工作中发挥出最大的价值，实现自己的职业理想。

(4)积极交友。与志同道合的朋友交流，分享彼此的经验和感悟，不仅可以帮助我们度过迷茫期，而且可以帮助我们拓展视野，还可以让我们在遇到困难时得到支持和鼓励。这种友情的力量将成为我们前进的动力。

(5)适时释放不良情绪。我们可以通过倾诉、呼吸调节、运动、听音乐、回归自然、洗热水澡、借物宣泄等方式来有效缓解心理压力。这些方法不仅能够帮助我们恢复平静，还能提升我们的情绪状态，使我们更加积极地面对挑战。

(6)培养持之以恒的意志品质。我们需要从简单的小事做起，坚持按时起床、跑步等习惯。这些看似微不足道的行为，实则能够培养我们的毅力和耐力。在工作中，我们也需要不断创新、坚持、努力，等待机会的到来。当我们获得成就感时，会更有动力继续前行。同时，我们不应该轻易放弃已经坚持的工作，因为每一次的放弃都可能让我们失去前进的勇气和信心。

总之，设定阶段目标、保持乐观心态、明确适合自己的岗位、积极交友、适时释放不良情绪、培养持之以恒的意志品质，是我们在追求最终目标的过程中需要遵循的重要原则。只有坚持这些原则，我们才能不断前行，最终实现自己的梦想和目标。

(二)挫折困扰心理情境

1.典型工作情境描述

小伍在一家计算机公司担任计算机组装与维护的工作。他一直以来都以认真负责的态度对待工作，努力提升自己的技能。然而，一次意外的失误给他带来了职业上的重大挫折。

一天，一位客户来公司组装新的计算机，并要求全程观看组装过程。在得到主管的许可后，小伍带着客户进入了工作室。尽管拆机和组装在技术上相对简单，但由于小伍的工作经验尚浅，他在拆机过程中不慎装错了零件，导致散热器的方向错误。客户对这次服务非常不满意，并将问题直接反映给了主管。主管得知情况后，对小伍进行了严厉的批评，并要求他向客户道歉。更令小伍难以接受的是，公司决定扣除他一个月的奖金作为处罚。这对于一直以来努力工作的小伍来说是一个沉重的打击，他感到非常委屈，情绪难以自

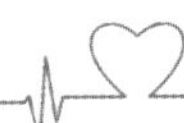

抑，当场就流下了眼泪。此后的工作中，小伍的情绪状态明显低落。他害怕再次面对客户，害怕自己的工作再出差错，对自己的职业发展也产生了严重的怀疑。

2. 典型心理困扰的表现

作为一名计算机技术人员，小伍缺乏应对工作突发情况的经验，面对挫折时不知所措。在现代社会，抗挫折能力和工作热情对于一个人的职业发展至关重要。然而，有些人在这两方面却表现得相对薄弱，这不仅影响了他们的工作表现，还可能对个人的心理健康产生负面影响。具体表现如下：

（1）抗挫折能力弱。抗挫折能力弱，即在面对挫折时难以保持坚韧不拔的心态和行动力。小伍的遭遇便是一个生动的例子。他在工作中因一次失误而受到上司的责备，却难以接受这一事实，并感到极度委屈。这种情况很可能与他之前过于顺利的工作和生活经历有关，因为他很少或几乎没有遇到过挫折，所以缺乏应对挫折的经验和心态。抗挫折能力弱的人，在面对困难和挑战时，往往容易陷入消极情绪，难以从中汲取教训，甚至可能因此一蹶不振。这种状态在后续工作中表现为精神状态不佳、工作表现下降，甚至产生退缩行为。这些迹象都显示了小伍在应对挫折方面的能力较差，需要加以关注和提升。据统计，那些在职场中表现出较强抗挫折能力的人，往往能更快地适应环境，更好地应对挑战，从而在职业生涯中取得更好的成绩。因此，提升抗挫折能力对于个人职业发展具有重要意义。

（2）工作热情下降。工作热情是驱动个人积极投入工作的关键因素。然而，随着时间的推移，许多刚入职的大学毕业生逐渐发现，现实与理想之间存在一定的差距。他们可能发现工作并非想象中的那样有趣、有挑战性，或者发现自己的努力和付出并未得到足够的认可和回报。这些负面因素都会导致他们的工作热情逐渐消耗。当工作热情下降时，他们往往变得萎靡不振、得过且过，对工作的投入和关注也会大打折扣。这不仅会影响个人的工作效率和质量，还可能对团队的整体氛围和绩效产生负面影响。为了保持工作热情，个人需要不断调整自己的心态和期望，积极寻找工作中的乐趣和挑战。同时，公司管理者也应该关注员工的需求和感受，为他们提供足够的支持和激励，帮助他们保持高昂的工作热情。

总之，抗挫折能力和工作热情是影响个人职业发展的重要因素。我们需要不断提升自己的抗挫折能力，保持坚韧不拔的心态；同时，也需要保持高昂的工作热情，积极投入工作，不断追求进步和发展。只有这样，我们才能在职业生涯中取得更好的成绩，实现自己的人生价值。

3. 职业心理素养的培养

（1）增强抗挫折能力，以应对职场挑战。在职场中，挫折与困难时常相伴，如何面对并克服这些挑战，关键在于我们的抗挫折能力。而这种能力，很大程度上取决于我们的心态。因此，保持积极乐观的心态至关重要。

无论工作如何，我们的态度都至关重要。积极的态度能够让我们在遇到困难时保持冷静和理智，从而更好地寻找解决问题的方法。同时，积极的态度还能增强我们的抗挫折能力，让我们在面对挫折时更有韧性，不轻易放弃。为了培养积极的态度，我们可以多阅读、学习，不断提升自己的知识水平和视野。此外，向有经验的同事请教，了解他们是如何应对职场挑战的，也是一个很好的方法。通过不断学习和借鉴，我们可以提升自己的专业技能和信心，从而更好地应对职场挫折。同时，积极的自我暗示也能增强我们的信心和勇气。在遇到困难时，我们可以告诉自己："我能够克服这个困难。""我具备解决这个问题的能力。"这样的自我暗示能够帮助我们更加坚定地面对挑战，迎接成功。总结经验教训也是提升抗挫折能力的重要途径。我们需要认真分析自己在工作中犯过的错误，找出原因并加以改进。通过总结经验教训，我们可以不断提升自己的工作水平，减少犯错的可能性，从而增强抗挫折能力。

(2)学会有效沟通，提升职场竞争力。在职场中，有效沟通是成功的关键。无论是与同事、上司还是客户交流，我们都需要掌握一定的沟通技巧，以确保信息的准确传递和理解的顺畅。倾听是有效沟通的基础。在与他人交流时，我们应该先倾听对方的意见和想法，了解他们的需求和关注点。在倾听的过程中，我们要保持专注和耐心，不打断对方的话语，让对方充分表达自己的观点。通过倾听，我们可以更好地理解对方的立场和需求，为后续的沟通打下良好的基础。在回应对方时，我们要注意表达清晰、准确，避免使用模糊或含糊不清的语言，以免产生误解或歧义。同时，我们还要根据对方的反应和反馈，适时调整自己的表达方式和语气，以确保信息的有效传递。

有效沟通还需要我们注重信任和尊重。在与他人交流时，我们要尊重对方的观点和意见，即使存在分歧也要保持冷静和理性。通过稳重的判断和决策，我们可以增加对方的信任感，提高沟通的效率和质量。学会有效沟通还需要我们不断学习和实践。通过参加培训课程、阅读相关书籍、观看视频教程等方式，我们可以不断提升自己的沟通技巧和水平。同时，在实际工作中，我们也要多尝试与他人进行有效的沟通和交流，积累经验和教训。

(3)消除职业紧张，保持身心健康。职业紧张是现代职场中普遍存在的问题，它会对我们的身心健康产生不良影响。为了消除职业紧张，我们需要保持良好的心态和合理的工作安排。我们要认识到职业紧张的存在并正视它。不要将其视为一种负担或压力，而要将其视为一种挑战和机遇。通过积极的心态调整，我们可以将紧张情绪转化为动力和激情，更好地应对职场挑战。合理安排工作也是消除职业紧张的关键。我们需要根据自己的实际情况和能力水平，制订合理的工作计划和目标。避免过度追求完美和过度投入工作，以免导致身心疲惫和紧张情绪的产生。

改善生活方式也是缓解职业紧张的有效途径。我们可以通过增加运动、保持良好的作息习惯、合理饮食等方式来提升自己的身体素质和免疫力。同时，我们还可以寻求社会支持，与家人、朋友或同事分享自己的困扰和感受，寻求他们的理解和支持。及时放松自己

也是消除职业紧张的重要措施。在工作之余，我们可以参加一些兴趣爱好或娱乐活动，如阅读、旅游、健身等，以缓解工作压力和紧张情绪。通过适时放松自己，我们可以保持工作热情和创造力，更好地应对职场挑战。

(三)职业认知困扰心理情境

1. 典型工作情境描述

何林，一位高职院校移动互联应用技术专业的毕业生，凭借其扎实的专业知识和对行业的热情，成功进入了一家大型通信企业担任前台督导。他的主要职责是负责基站设备安装过程的监督及技术支持，这要求他不仅需要频繁地前往安装现场，还必须具备深厚的技术功底。

工作初期，何林对这个岗位充满了好奇和热情。他乐于前往各种偏远地区，面对各种挑战，尽管时间不规律，但他都咬牙坚持了下来。然而，随着时间的推移，何林逐渐发现这个岗位远非他最初想象的那么简单。除了需要频繁地跑腿外，他还需要精通各种技术细节，以确保基站设备的安装和维修能够顺利进行。这种高要求让何林倍感压力。他发现自己不仅需要具备出色的沟通和协调能力，还需要在技术上不断学习和进步。然而，由于工作繁忙，他很难抽出足够的时间来深入学习新技术。这导致他在面对一些复杂的技术问题时，往往感到力不从心。一次，在维修一个基站的设备时，由于何林对某个技术问题了解不够深入，再加上技术人员的疏忽，导致一根线装反，最终造成了基站设备的损坏。这次事故让何林受到了领导的严厉批评，他感到十分委屈和沮丧。他觉得自己已经付出了很多努力，但最终还是因为技术问题而受到了责难。

这次经历让何林开始怀疑自己的职业选择。他觉得自己在这个岗位上很难获得快乐和成就感，反而经常感到疲惫和无力。他开始考虑辞职，寻找一个更适合自己的工作环境。

2. 典型心理困扰的表现

何林初入职场时，对工作充满了热情与期待，然而随着时间的推移，一些问题逐渐浮现出来。这些问题的核心在于何林对职业的认知不足，具体表现在以下几个方面：

(1)职业认知相对匮乏。他对自己所从事的工作内容和要求缺乏深入的了解，导致在实际工作中无法很好地履行岗位职责。由于缺乏职业认知，何林难以对自己的工作进行有效的规划，也无法准确地把握工作的重点和难点。这使得他在工作中时常感到迷茫和无助，无法充分发挥自己的潜力。

(2)动力缺乏。他逐渐发现，自己所从事的岗位需要一定的专业技能和知识，而自己在这方面的能力却有所欠缺。由于缺乏足够的技术支撑，何林在工作中经常感到力不从心，无法达到预期的工作效果。这进一步打击了他的工作积极性，导致他缺乏动力去提升自己的能力，工作失误也频发。

（3）缺乏快乐体验。在工作中，他遇到了许多困难和挑战，工作压力较大，工作强度也较高。然而，由于职业认知不足，他无法从工作中找到乐趣和成就感，也无法体验到工作的价值和意义。这使得他对工作产生了厌倦和抵触情绪，进一步影响了他的工作效率和质量。

3. 职业心理素养的培养

（1）增强职业认知是关键。我们需要帮助何林深入了解自己所从事的职业特点、工作内容和要求，以及行业的发展趋势和前景。这可以通过间接经验和直接经验相结合的方式来实现，比如请教同事或上司、参加行业培训和交流活动等。同时，我们还需要培养何林吃苦耐劳、敢于挑战的精神，让他在面对困难和挑战时能够保持积极向上的态度。

（2）增强工作动力必不可少。当何林在工作中失去动力时，我们可以帮助他调整目标，将大目标分解为小目标，让他更容易实现并取得成就感。同时，我们还可以鼓励他勤奋地完成日常工作，积累经验和技能，提高自己的能力水平。如果何林发现当前的工作与自己的兴趣和能力不匹配，我们还可以考虑为他提供换岗或转行的建议和支持。

（3）寻找工作快乐。这是提高工作满意度和幸福感的重要途径。我们可以引导何林从内心、行动、合作、充电和平衡等方面寻找快乐。比如，他可以积极调整心态，保持乐观向上的精神状态；在工作中主动寻求挑战和机遇，不断提升自己的能力和价值；与同事建立良好的合作关系，共同解决问题和完成任务；在业余时间充电学习，提升自己的专业素养和综合能力；保持工作与生活的平衡，合理分配时间和精力，以享受生活的美好。

针对何林面临的职业认知不足问题，我们需要从增强职业认知、增强工作动力、寻找工作快乐等方面入手，帮助他提升职业心理素养，以更好地适应职场生活。

学以致用

案例分析

张珏，一位充满活力和想法的年轻人，大学毕业后踏入了职场。他的职业生涯经历了多次转变，从家电、IT行业的技术工作到销售岗位，再到广告策划和房地产营销策划，他试图在不同的领域找到自己的定位。初入职场的张珏选择了技术岗位，但很快就发现这份工作并不适合自己。他认为技术工作单调且劳动强度大，而且自己并不满足于这种低层次的工作。这种不满足感促使他寻求新的职业机会。转行做销售的张珏又遭遇了新的挑战。他需要花费大量时间和精力去维护客户关系，这与他的性格不太相符。而且，销售岗位的收入不稳定，业绩压力让他倍感压力。尽管他努力适应，但业绩并不理想，这使他开始怀疑自己的职业选择。在广告策划领域，张珏找到了自己的兴趣所在。他擅长制作广告方案，经常能提出新颖的想法。然而，与上司的沟通问题成为他职业发展的障碍。他对自己的策划方案有着高度的自信，但上司并不总是认同他的想法。这种不断的争论让张珏感到沮丧，也让他开始考虑自己是否适合在广告公司工作。为了充分发挥自己的才华和能力，张珏决定自己创业开广告公司。然而，创业的道路并非一帆风顺。由于经验不足和市场环境的变化，他的公司很快就陷入了亏损。这次创业失败让张珏深感失望和沮丧，也让他开始重新思考自己的职业规划。在经历了创业失败后，张珏选择再次进入职场，这次他选择了房地产营销策划领域。他发现自己在这个领域有着一定的天赋和感觉，但同样面临着与开发商打交道的困难。他不喜欢迎合别人的喜好和上司的官架子，这让他感到难以融入公司的文化。在这种状态下，他想要被公司重用和取得成功变得更加困难。

讨论：如果你是辅导员老师，你对上述案例的主人公有什么建议？

想想做做

为了深入了解电子与信息大类从业者所需具备的优秀职业心理素养及其培育方法，我们特意安排了一项调研任务，要求每位同学通过调研、电话、网络等多种方式，至少访谈五位电子与信息大类者。通过这一过程，我们期望能够收集到真实、丰富的第一手资料，以便更好地分析并整理出他们优秀的职业心理素养及其培育方法。

第三节　文化艺术大类职业心理素养培养

心理讲堂

有位演员谙熟秦腔、眉户、碗碗腔，人称“三门抱”，全国先进工作者，她就是秦腔界的领军人物和“秦腔最高学府”的当家人，陕西省戏曲研究院党委书记、院长李梅。

李梅是秦腔剧种的领军人物，专业水平在全国名列前茅。她领衔主演了《迟开的玫瑰》《大树西迁》《再续红梅缘》等优秀剧目。其中，《迟开的玫瑰》获得中宣部“五个一工程”奖、原文化部“文华大奖”“优秀保留剧目大奖”“国家舞台艺术精品工程精品剧目”、中国戏剧节“优秀剧目奖”等国家级奖项；《大树西迁》入选“国家舞台艺术精品工程精品剧目”，被教育部、文化和旅游部、财政部选定为“高雅艺术进校园活动”剧目。她谙熟秦腔、眉户、碗碗腔等剧种，嗓音甜润，表演细腻，善于通过内心世界刻画人物形象，在戏曲表演艺术方面成就卓越，获得原文化部“文华表演奖”、中国戏剧梅花奖等奖项。她是享受国务院特殊津贴专家，先后被评选为中宣部“四个一批”人才、全国文化系统先进工作者、陕西省德艺双馨文艺工作者。

近年来随着我国文化事业的繁荣发展，高雅艺术与老百姓的关系正一步步走向“零距离”，越来越多的高雅艺术出现在寻常百姓的视野中，越来越多的国人也走进剧场欣赏自己热衷的高雅艺术。国人对文化艺术的需要也提高了社会对文化艺术大类职业人才的需求。作为文化艺术大类从业者，需要具备哪些职业心理素养，是我们需要学习掌握的内容。

（资料来源：《人民日报》，有删改）

一、文化艺术大类概况

（一）文化艺术大类包含的主要专业群

文化艺术大类包含了60多个专业，每个专业都有其独特的魅力和发展前景。具体而言，文化艺术大类主要分为艺术设计类、表演艺术类、民族文化类和文化服务类4个专业方向。

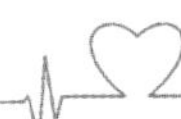

(二)文化艺术大类职业岗位应具备的主要职业心理素养

艺术作为一种独特的表达形式，源于生活又高于生活。艺术家作为艺术的创造者，其修养与品格往往决定了艺术作品的生命力。因此，对于文化艺术大类专业的学生而言，具备一定的职业心理素养显得尤为重要。

1. 创新意识

创新意识是文化艺术大类专业学生的核心竞争力。在这个信息爆炸的时代，创新已成为推动社会进步的重要动力。学生需要具备高度创新精神，善于观察、发现生活中的美好，将灵感转化为创意作品。在创作过程中，他们需要不断尝试新的思路、新的方法，打破常规，追求独特。这种创新精神将贯穿于他们的整个职业生涯，为他们在文化艺术领域取得一席之地提供有力支持。

2. 独立个性

文化艺术大类专业的学生需要具备坚韧不拔的毅力和耐心。艺术创作往往需要长时间的投入和反复的修改，甚至有时需要面对失败和挫折。独立个性是文化艺术大类专业学生不可或缺的品质。在创作过程中，他们可能会遇到各种困难和挫折，这时需要坚韧的毅力和耐心去面对和克服。学生应该坚定信念，相信自己的能力和价值，追求卓越，不断挑战自我。同时，他们还需要具备独立思考的能力，敢于表达自己的想法和观点，不随波逐流，保持独特的个性。

3. 人际沟通

在创作过程中，他们需要与团队成员、导演、编剧等多方人员进行合作，共同完成作品。人际沟通能力也是文化艺术大类专业学生必备的一项技能。在艺术创作和展示过程中，学生需要与团队成员、观众、客户等多方进行交流。良好的人际沟通能力有助于他们更好地传达自己的创作意图，理解他人的需求和意见，从而更好地完成作品。为此，学生应该注重培养自己的言语表达能力、倾听能力和非言语沟通能力，如表情、手势等，以便在交流中更加得心应手。

4. 领悟能力

领悟能力对于文化艺术大类专业学生来说同样重要。领悟能力是指对文化艺术作品的深刻理解和感悟能力。学生需要具备深厚的文化素养和审美能力，广泛涉猎各种文化知识和艺术形式，提升自己的领悟能力。通过不断学习和实践，他们可以更好地把握艺术作品的内涵和精髓，将其融入自己的创作，为作品注入灵魂。从某种意义上来说，领悟能力是艺术工作者的创作灵魂，对美的感知能力，对音乐、节奏的感觉能力，都是艺术工作者不可缺少的。

5. 外向气质

外向气质是文化艺术大类专业学生的加分项，尤其是在广播影视等需要面对镜头的专业中，外向、大方的气质往往能为学生赢得更多的机会和认可。具备外向气质的学生更容易在团队中脱颖而出，成为领导者或核心成员。同时，他们也更善于与人交往、建立良好的人际关系，为未来的职业生涯打下坚实的基础。外向气质是文化艺术大类专业学生必备的职业心理素养之一，文化艺术大类的从业者，尤其是广播影视的从业者，特别需要外向气质。

创新意识、独立个性、人际沟通、领悟能力和外向气质是文化艺术大类专业学生必备的五大职业素养。这些素养不仅有助于他们在学习和创作中取得优异的成绩，而且能为他们未来的职业生涯奠定坚实的基础。因此，文化艺术大类专业学生应该注重培养这些素养，努力成为具备全面素质的文化艺术人才。

二、典型职业心理情境及应对

文化艺术大类职业岗位具有共性和个性的心理区别。当同学们置于以下不同职业场景中，遇到自我意识困扰、人际交往困扰、压力情绪困扰时，应如何应对？如何培养职业心理素养？

（一）自我意识困扰心理情境

1. 典型工作情境描述

刘佑，一位充满梦想和热情的年轻设计师，毕业后加入了一家装饰公司，开始了他的职业生涯。他怀揣着对设计的热爱和对未来的憧憬，决心在设计师的道路上闯出一片天地。在职业生涯初期，刘佑遇到了他的第一个挑战。一对年轻夫妇来到公司咨询家庭装修，刘佑凭借他的专业知识和技能，很快就赢得了客户的信任，并成功签下了第一单。然而，在与客户进行第二次沟通时，刘佑发现客户对他的设计方案并不满意。客户认为这个方案缺乏家的温馨和爱的气氛，有些偏冷系风格。

面对客户的反馈，刘佑并没有气馁，而是开始重新调整自己的设计方案。他进行了第二次、第三次修改，但每一次修改都没有得到客户的认可。在第四次见面时，刘佑的自信心明显不足，他开始怀疑自己是否真正适合这份工作，是否具有专业水平。他感到情绪低落和委屈，甚至开始质疑自己的职业选择。在经历了一番挣扎和纠结后，刘佑开始反思自己的问题。他回想起自己大学时选择设计专业的初衷，是源于对艺术设计的热爱。他意识到，设计不仅仅是技术和技能的运用，更是情感和思想的表达。他回想起大学导师的话：

“设计师要想把自己的创意及思想表达出来，并为观众所接受，才是创作的关键。设计作品的灵魂就是设计师设计作品时的心态和心情。”

刘佑意识到，自己过于关注技术层面的完美，却忽略了客户对于家的情感和需求的表达。他开始调整自己的心态，重新审视自己的设计方案。他不再只追求技术的精湛和风格的独特，而是更加注重客户的需求和感受，努力将家的温馨和爱融入设计中。收拾好心情后，刘佑重新开始了他的创作。他与客户进行了深入的沟通，了解他们的需求和喜好。他将自己的情感和思想融入设计中，努力打造出一个既符合客户要求又充满温馨和爱的家。这一次，他的设计方案得到了客户的认可和赞赏。

2. 典型心理困扰的表现

艺术设计类专业的从业者需具有良好的沟通能力和坚定的自我意识。随着人们审美水平的提高，设计师面临着更高要求。刘佑在职业场景中遇到的问题主要是自我意识与客户需求间的矛盾，具体表现为：

（1）自我认识片面，评价过低。刘佑作为一名专业的设计师，初入职场便面临着诸多挑战。他在遭遇他人的质疑后，往往过于片面地认识自己，导致他对自己的专业能力产生了怀疑。他可能会因为一次小小的失误或批评，就全盘否定自己的才华和付出，进而怀疑当初选择这个职业的初衷。这种片面的自我认识不仅会让他错失了深入了解自己潜能的机会，还会使他在职业生涯的道路上步履维艰。

（2）不被认同，体验消极。刘佑因为与客户在设计上的分歧而感到不被认同，他的创意和想法不仅得不到他人的理解和支持，甚至受到了质疑和批评。这种不被认同的体验让他感到沮丧和失落，导致他对自己的专业水平和技术能力产生了怀疑，从而陷入一种消极的自我否定中。

（3）信心受挫，调节能力弱。面对客户的异议和批评，刘佑因为片面地认为自己“不行”而信心受挫。他缺乏足够的自我调节能力，无法有效地应对这种挑战和压力。当他遇到困难和挫折时，他可能会选择逃避或自暴自弃，而不是积极寻求解决问题的方法。这种心态不仅会让他的职业发展受阻，还会让他在生活中失去了前进的动力。

3. 职业心理素养的培养

（1）全面认识自我，提升认知能力。刘佑在追求设计事业的道路上，首要之务便是全面而深入地认识自我。他需要从多个角度审视自身的专业能力、价值观、兴趣爱好等方面，以便更好地为自己在设计行业中的定位。为此，他积极与同事、导师和行业专家进行交流，了解他们对自己的看法和建议，并汲取他们的经验和教训。

（2）正确对待挫折，积极认可自己。在设计行业中，客户的不理解和不认同是常有的事情。面对这些挫折，刘佑始终保持积极的心态，勇敢面对失败。他深知每一次失败都是一次宝贵的经验，能够帮助他更好地认识自己的长处和不足。因此，他从不气馁，而是从失败中汲取教训，不断调整自己的设计思路和方法。

同时，刘佑也积极认可自己的价值和能力。他明白每个人都有自己的优点和缺点，关键在于如何发挥自己的长处并弥补不足。因此，他不断提升自己的专业素养和技能水平，努力成为行业中的佼佼者。在这个过程中，他逐渐克服了自卑心理，变得更加自信和从容。

（3）积极树立自信，提升自我调节能力。自信是成功的基石。为了提高自己的自信心，刘佑深入了解自己的优点和缺点，并针对性地采取措施进行改进。他采用接受疗法来面对自己的不足，学会接受并改进它们；同时，他也学会了倾诉和寻求他人的帮助，以缓解压力和焦虑。

此外，刘佑还运用积极心理暗示的方法来提升自己的自信心。他时常对自己说“我能够做好这份工作”“我的设计是独一无二的”等正面话语，从而激发内在的潜能和动力。通过这些努力，刘佑的自信心得到了显著提升，也使他更加从容地面对各种困难和挑战。为了增强自己的信心和调节能力，刘佑需要学会正视自己的不足和错误。他可以通过反思和总结自己的经验教训，找到问题的根源并寻求改进的方法；也可以尝试参加一些心理辅导或培训课程，以提高自己的心理素质和应对压力的能力。在面对困难和挑战时，他需要保持积极的心态和乐观的情绪，相信自己能够克服困难并取得成功。

自信心的提升不仅让刘佑在工作中更加得心应手，还有助于提升他的自我调节能力。在面对压力和挫折时，他能够迅速调整心态，保持冷静和理智。这种自我调节能力使他在工作中更加高效和出色。

（4）学会换位思考。在家庭装修设计领域，客户的需求往往多种多样且复杂多变。为了满足客户的期望，刘佑学会了换位思考，设身处地为客户着想。他深入了解客户的生活习惯、兴趣爱好及审美观念，从而设计出更加符合客户需求的作品。

刘佑积极寻求他人的反馈和建议。他通过与客户进行深入沟通，了解他们的需求和期望，以便更好地调整自己的设计思路。他也尝试参加一些团队活动和社交活动，以扩大自己的人脉和影响力，增强自己的社交能力。同时，刘佑还注重与客户的沟通和交流。他耐心倾听客户的意见和建议，并根据实际情况进行调整和改进。这种换位思考和沟通方式使他在客户中赢得了良好的口碑和信誉。

通过全面认识自我、正确对待挫折、积极树立自信及学会换位思考等方面的努力，刘佑在设计行业中逐渐崭露头角。他的专业素养和技能水平得到了显著提升，也让他更加从容地面对未来的挑战和机遇。

（二）人际交往困扰心理情境

1. 典型工作情境描述

刘阳，一个毕业于表演艺术专业的热血青年，原本怀揣着对影视表演的无限憧憬和热

爱，却在一个看似普通的职业机会中遭遇了人生的一次重大打击。这天，公司需要选拔一名演员参加电影演出，这对于他来说，不仅是一次展现自我才华的绝佳机会，而且是实现他演艺梦想的重要一步。然而，就在这个关键时刻，他的好友小啾却出乎意料地站出来反对他，这无疑使他极为困惑和不解。小啾，这个在大学时期与刘阳并肩作战、互相支持的好友，如今却成为他追梦路上的“绊脚石”。刘阳不明白，为何自己最信任的朋友会在这种时刻选择背弃他。他尝试找到小啾，希望能够解开这个谜团，但两人的沟通却以不欢而散告终。

这次的经历让刘阳对友情产生了深深的怀疑，他开始质疑自己是否真正拥有过真心朋友。这种孤独和失落感逐渐侵蚀着他的内心，使他对自己原本热衷的演艺事业也失去了热情。他变得情绪低落，精神不振，仿佛整个世界都与他为敌。然而，在内心的挣扎和反思中，刘阳逐渐意识到，自己不能就这样被失败和挫折击倒。真正的朋友之间应该相互信任和理解，而不是在关键时刻选择背弃。于是，他鼓起勇气再次拿起电话，决定与小啾进行一次深入的沟通。

2. 典型心理困扰的表现

人际交往中的心理现象纷繁复杂，每个人在交往过程中都会展现出各种独特的心理特征。其中，投射心理、嫉妒心理和偏执心理是较为常见的几种现象。接下来，我们将通过深入分析这些心理现象，进一步揭示人际交往中的奥秘。

表演艺术类的从业者，常常被人际交往问题困扰。本案例中刘阳在职业场景中遇到的问题是典型的人际交往心理问题。具体表现如下。

(1) 人际交往中的投射心理。在人际交往中，投射心理是一种常见的心理现象，尤其在表演艺术类从业者中更为突出。这类从业者往往个性鲜明，情感丰富，他们在与人交往时，往往会不自觉地将自己的标准、情感、意志等投射到他人身上，以自己的主观感受来衡量和评价他人。这种“自我投射”心理在人际交往中可能导致误解和冲突，因此我们需要时刻保持客观和理性的态度，避免将自己的主观想法强加给他人。

(2) 人际交往中的嫉妒心理。嫉妒心理往往源于个体对他人所拥有的某种资源或优势产生的威胁感。在人际交往中，当个体感到自己的地位、成就或感情受到他人的威胁时，就容易产生嫉妒心理。例如，刘阳在人际交往中期望朋友对自己保持“真诚、唯一”的关系，一旦发现朋友没有全力支持他，就感到难以接受，甚至产生嫉妒心理。这种心理不仅会影响自己与他人的关系，还可能对自己的心理健康造成负面影响。因此，我们需要学会调整自己的心态，正确看待他人的优势和成就，以宽容和开放的态度面对人际交往。

(3) 人际交往中的偏执心理。偏执心理是一种较为严重的心理现象，表现为个体在人际交往中过于固执己见，难以听取他人的意见和建议。这类人往往爱争论，喜欢钻牛角尖，对自己和他人都持有过于苛刻的标准。刘阳在人际交往中，由于交往方法不当，朋友逐渐疏远，便产生了沮丧情绪。这种情绪进一步加剧了他的偏执心理，使他更加难以与他

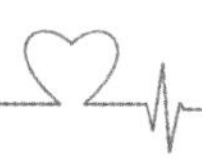

人建立良好的关系。要克服偏执心理，我们需要学会敞开心扉，以开放的心态去接纳他人的观点和建议，同时也要反思自己的交往方式，努力改善自己的人际关系。

人际交往中的投射心理、嫉妒心理和偏执心理都是需要我们关注和应对的心理现象。通过深入了解这些心理现象的特点和成因，我们可以更好地调整自己的心态和行为，从而建立更健康、更和谐的人际关系。同时，我们也要认识到，每个人都有自己的优点和不足，我们需要以包容和理解的态度去面对他人的差异，共同创造一个更加美好的社交环境。

3. 职业心理素养的培养

在现代社会中，人际交往的复杂性日益凸显，如何在纷繁复杂的社交场合中游刃有余，成为一个值得深入探讨的话题。今天，我们就来谈谈如何在人际交往中克服一些常见的心理障碍，以更好地与他人相处。

(1)严于律己、宽以待人。这是我们在人际交往中应该秉持的基本原则。每个人都有自己的性格特点、生活经历和价值观念，我们不应该用自己的标准要求他人，更不应该把自己的意志强加于人。我们要克服投射心理效应，避免将自己的想法和感受投射到他人身上，从而减少不必要的冲突和误解。同时，我们也要学会宽容和理解，尊重他人的差异和选择，以包容的心态去接纳不同的声音和观点。

(2)分享、理解、接纳。这是我们在人际交往中应该积极倡导的行为准则。分享是一种快乐，通过分享我们可以与他人建立更紧密的联系，增进彼此的了解和信任。然而，在分享的过程中，我们也应该克服嫉妒心理，学会理解和接纳他人的成就和优点。我们不应该用统一的标准去评价他人，而是应该看到每个人的独特之处和闪光点。只有这样，我们才能真正做到相互尊重、相互欣赏，建立起和谐的人际关系。

(3)善用交往技巧。这是我们在人际交往中应该具备的能力。人际交往不仅仅是简单的交流，更是一种心灵的碰撞和交融。我们要善于倾听他人的意见和建议，用真诚的态度去回应他人的需求和关切。同时，我们也要学会赞美他人，用真诚、适时、适度的赞美来拉近彼此的心灵距离。赞美是一种艺术，它可以让我们在人际交往中更加得心应手、游刃有余。

(4)求同存异。这是我们在人际交往中应该追求的境界。共性是人际交往的基础和前提，只有找到共同点、建立共同语言，我们才能与他人建立起良好的关系。然而，在追求共性的同时，我们也应该尊重并保留自己的个性。表演艺术大类学生更应如此。他们需要在展示自己的才华和个性的同时，适当收敛个性、展示共性，让个性成为闪光点而不是刺人的荆棘。只有这样，他们才能在舞台上和生活中都展现出独特的魅力。

克服心理障碍、建立良好的人际关系是我们每个人都需要努力的方向。通过严于律己、宽以待人，分享、理解、接纳，善用交往技巧，以及求同存异等原则和方法，我们可以更好地与他人相处，增进彼此的了解和信任，从而建立起更加和谐、稳定的人际关系网络。

（三）压力情绪困扰心理情境

1. 典型工作情境描述

小杨是苏州古镇文化保护与发展部门的一名新入职员工。毕业于艺术学院的她，对传统文化和艺术有着深厚的感情和独特的见解。虽然未能直接从事她梦寐以求的艺术创作工作，但小杨坚信，从文化保护与发展的基层岗位开始，她同样能够为实现自己的艺术理想贡献力量。

初入古镇文化保护与发展部门，小杨满怀憧憬地投入工作中。她了解到，这座古镇拥有丰富的历史文化遗产和独特的民间艺术，但由于年代久远和现代化的冲击，许多珍贵的文化遗产正面临消失的危险。因此，小杨下定决心，要通过自己的努力，让更多人了解和欣赏古镇的文化魅力，同时也为这些文化遗产的保护尽一份力。小杨开始积极学习和研究古镇的历史文化和民间艺术。她深入民间，向当地的艺术家和手工艺人学习，了解他们的创作过程和技艺传承。她还主动向部门内的资深同事请教，学习如何制定和执行文化保护与发展的方案。在充分了解和调研的基础上，小杨设计了一系列的文化推广活动，包括举办民间艺术展览、开展传统手工艺体验课程、组织古镇文化讲座等。

然而，现实与理想之间总是存在差距。尽管小杨的方案得到了部门领导的认可，但在实际执行过程中却遇到了诸多困难。一方面，由于资金和资源有限，一些活动无法如期开展；另一方面，一些居民和商家对文化保护的重要性认识不足，参与积极性不高。此外，部门内部也存在一些管理和协调上的问题，导致小杨的工作进展缓慢。面对这些困难，小杨并没有放弃。她不断与领导沟通，争取更多的支持和资源；同时，她也积极与居民和商家交流，提高他们的文化保护意识。在同事之间，她也主动加强交流与合作，共同推动古镇文化保护与发展工作的进展。然而，尽管如此，小杨仍然感到十分失落。她发现，虽然自己满怀热情地投入工作中，但同事们似乎并没有同样的积极性。很多时候，她需要一个人面对各种问题和挑战，而同事们则显得相对冷漠和消极。这让她感到自己的工作充满了孤独和挫败感。

2. 典型心理困扰的表现

在这个案例中，小杨作为一名辛勤的文化工作者，长期以来遭受了来自各方的消极应付。这种处境不仅严重影响了她的职业认同感，而且在无形中增加了她的工作压力和情绪负担。面对如此困境，小杨的自控能力逐渐减弱，这不仅对她的工作造成了不良影响，而且在一定程度上影响了她的日常生活。

3. 职业心理素养的培养

（1）认识情绪在职业生活中的重要性。情绪作为在认知过程产生的对外界事物态度的体验，是我们每个人不可或缺的一部分。而工作导致的压力情绪，是每个职场人都可能遇到的挑战。当然，负面情绪并非洪水猛兽，关键在于我们如何有效地调节和控制它，以避免它对我们造成更大的伤害。

（2）正确看待压力情绪。首先，我们要明白并非所有的压力情绪都是消极的，适度的压力实际上有助于激发我们的潜能，推动我们不断向前发展。其次，我们要学会找到事件的关键点，将复杂的问题简单化，从而更好地控制自己的心境。最后，积极的自我暗示也是一种非常有效的调节压力情绪的方法。通过不断地给自己正面的心理暗示，我们可以逐渐摆脱负面情绪的困扰，重新找回自信、获得动力。

面对职业生活中的压力情绪，我们既要正视它的存在，又要学会有效地调节和控制它。通过认识情绪在职业生活中的重要性、正确看待压力情绪，我们可以更好地应对工作中的挑战，实现个人与职业的共同发展。

学以致用

案例分析

吕其明，1945年9月加入中国共产党，安徽无为人。曾任上海电影制片厂艺术委员会副主任，新中国培养的第一批交响乐作曲家，著名电影音乐作曲家。先后为《铁道游击队》《焦裕禄》《雷雨》等200多部（集）影视剧作曲，创作《红旗颂》《使命》等10余部大中型交响乐作品、300多首歌曲，《弹起我心爱的土琵琶》等歌曲广为传唱。2011年获第八届中国音乐金钟奖终身成就奖，2014年获第六届上海文学艺术奖终身成就奖。2017年12月，吕其明以《红旗颂》《弹起我心爱的土琵琶》获第十届中国金唱片奖综合类最佳创作奖。2019年12月被评选为“全国离退休干部先进个人”。

吕其明14岁就加入了新四军，在随军的抗敌剧团为新四军战士们鼓舞士气。当时行军条件艰苦，衣食短缺，但新四军的战士们对年纪尚小的吕其明关爱有加，让他感受到了党对他的关爱。“不仅我的哥哥姐姐们照顾我，连我们部队的首长都很喜欢我，对我非常非常爱护，所以我是在这样一种环境中成长的。”即使到现在，每当吕老想起当时的情景，脸上也总会洋溢着微笑。部队中大家的关爱，让艰苦的行军路程变得温暖起来，也帮助年幼的吕其明了解了共产党，了解了这个一心为人民的队伍，他的心中种下了一颗向往的种子。

吕老在20岁学习作曲，35岁写就名曲《红旗颂》，但很少有人知道，他仅用七天就创作出这首名曲。这首乐曲描绘了第一面五星红旗在天安门广场上升起时人们发自内心的对红旗的赞颂。名曲虽为七天写就，但其中蕴含的情感却经过了几十年的积淀。抗战时期的艰苦岁月，父亲牺牲时的鲜血，新中国的成立，每年国庆阅兵时的盛况，都激发了吕其明心中最深厚的感情，也正是有了这些情感的累积，才成就了仅仅七天写就的名曲《红旗颂》。

在吕其明眼中，搞艺术要有奉献精神。多年前，南京雨花台烈士纪念馆邀请他为纪念馆谱曲，他毫不犹豫接受了任务。但他与馆方约法三章：一不取报酬；二不住高级宾馆；三不见媒体不宣传。他以一个普通党员和文艺工作者的身份，到纪念馆瞻仰学习，寻找创作灵感，坚持每天写作十几个小时，半年后《雨花祭》诞生。这部15个乐章、时长约1个小时的音乐作品，深沉、委婉，听来令人思绪万千。之后，他又义不容辞地创作了《龙华祭》，献给为解放上海而牺牲的烈士们。正如我国著名歌唱家廖永昌对他的评价："不同的历史时期，他的音乐风格是不一样的，但有一点没有变——把心交给祖国是没有变的。"

（资料来源：西北政法大学国际法学院党委明德党员工作室，有删改）

讨论：阅读上述案例，你觉得艺术家吕其明老师的哪些品质值得我们学习？

想想做做

学习了本节知识后，请你认真思考总结：作为文化艺术大类职业岗位的从业人员，你应该具备哪些职业心理素养？如何培养此类职业岗位的职业心理素养？请为自己制订一份详细的职业心理素养培育规划书。

参考文献

[1] 段鑫星，赵玲. 大学生心理健康教育[M]. 北京：科学出版社，2003.

[2] 黄希庭. 心理学与人生[M]. 广州：暨南大学出版社，2005.

[3] 贾晓明，陶勑恒. 大学生心理健康——走向和谐与适应[M]. 北京：北京理工大学出版社，2005.

[4] 陈国海，许国彬，肖沛雄. 大学生心理与训练[M]. 广州：中山大学出版社，2005.

[5] 牧之，张震. 心理学与你的生活：各种生活困惑的心理应对策略[M]. 北京：新世界出版社，2006.

[6] 燕良轼. 大学生心理健康教程[M]. 长沙：中南大学出版社，2007.

[7] 李开复. 一网情深：与学生的网上对话[M]. 北京：人民出版社，2007.

[8] 杨晓梅. 大学生理想人格及其塑造途径的研究[J]. 教育探索，2007(7)：117-118.

[9] 胡凯. 大学生心理健康教育教程[M]. 长沙：湖南人民出版社，2009.

[10] 许敏，韩柏，唐荣华，等. 山西省硕士新生心理健康状况与个性特征相关性分析[J]. 山西医科大学学报，2009，40(2)：132-134.

[11] 陈宇红，江光荣. 大学生就业压力的来源和特点[J]. 当代青年研究，2009(11)：55-59.

[12] 龚勋. 湖南省高校大学生心理压力感、人格特征与应对方式及其关系的研究[D]. 长沙：中南大学，2010.

[13] 卢斯亚尼. 自我训练：改变焦虑和抑郁的习惯[M]. 曾早垒，译. 重庆：重庆大学出版社，2012.

[14] 王雷. 基于系统动力学的群体情绪传播机制与影响因素研究[D]. 北京：首都师范大学，2013.

[15] 廖冉，张静. 大学生团体心理辅导方案指南[M]. 北京：知识产权出版社，2013.

[16] 白岩松. 白说[M]. 武汉：长江文艺出版社，2015.

[17] 马斯特斯. 情绪亲密：唤醒 19 种情绪的隐秘力量[M]. 蓝莲花，李奇，译. 北京：世界图书出版公司，2015.

[18] 艾利斯. 理性情绪行为疗法[M]. 郭建，叶建国，郭本禹，译. 重庆：重庆大学出版社，2015.

[19] 徐其清，李后梅. 正确认识和处理大学生生命观教育中的几个重大关系问题[J]. 廊坊师范学院学报(社会科学版)，2016，32(2)：124-128.

[20] 戴吉. 生活中的心理学：阅生活　悦自我[M]. 长沙：中南大学出版社，2017.

图书在版编目(CIP)数据

自助与成长：大学生心理健康素养 / 彭良平，周芝萍主编. --长沙：中南大学出版社，2024. 8.

ISBN 978-7-5487-5891-4

Ⅰ. G444

中国国家版本馆 CIP 数据核字第 2024X7K524 号

自助与成长——大学生心理健康素养

ZIZHU YU CHENGZHANG——DAXUESHENG XINLI JIANKANG SUYANG

彭良平　周芝萍　主编

□出 版 人　林绵优
□责任编辑　唐天赋
□责任印制　李月腾
□出版发行　中南大学出版社
社址：长沙市麓山南路　　邮编：410083
发行科电话：0731-88876770　　传真：0731-88710482
□印　　装　湖南省众鑫印务有限公司

□开　　本　787 mm×1092 mm　1/16　□印张 18. 25　□字数 406 千字
□互联网+图书　二维码内容　视频 1 小时 47 分钟
□版　　次　2024 年 8 月第 1 版　□印次 2024 年 8 月第 1 次印刷
□书　　号　ISBN 978-7-5487-5891-4
□定　　价　45. 00 元